鹿城故事

14

主编 韩承峰
执行主编 杨瑞庆

古吴轩出版社

图书在版编目（CIP）数据

鹿城故事. 14 / 韩承峰主编. -- 苏州 : 古吴轩出版社, 2022.9

ISBN 978-7-5546-1998-8

Ⅰ. ①鹿… Ⅱ. ①韩… Ⅲ. ①文化史－昆山－文集 Ⅳ. ①K295.34-53

中国版本图书馆CIP数据核字（2022）第177693号

封面题签：王　清

责任编辑：俞　都
见习编辑：胡敏韬
责任校对：李爱华　张雨蕊
责任照排：刘　浩

编　　务：陈　琴
封面摄影：徐耀民

书　　名：鹿城故事 14
主　　编：韩承峰
出版发行：古吴轩出版社
地址：苏州市八达街118号苏州新闻大厦30F
电话：0512-65233679　　邮编：215123
印　　刷：苏州显丰印务有限公司
开　　本：890×1240　1/32
印　　张：8.75　　插页：3
字　　数：252千字
版　　次：2022年9月第1版
印　　次：2022年9月第1次印刷
书　　号：ISBN 978-7-5546-1998-8
定　　价：25.00元

目 录

蓬朗籍老红军胡昌治

马一平

红军老干部胡昌治同志，字敬修，出身于昆山蓬阆镇（今蓬朗街道）北街的一个书香世家，是我国近代著名诗人、教育家和画家胡石予先生的四子，民国著名教育家胡叔异先生的胞弟。因为胡昌治生日是农历六月三十日（公历为1907年8月8日），恰是把一年一分为二的日期，所以乳名称“分倌”。

书香门第

蓬朗胡家是个大家族，系文定公（宋代著名经学家胡安国）后裔，明代末年由安徽徽州迁居昆山县蓬阆里，世代从事商业，开设典当铺和南货店，富有家产，在北街建有较大第宅。然而，经过清代太平天国兵燹，第宅尽毁，家产也因之殆尽，家道就此中落。

胡昌治像

胡昌治父亲胡蕴（1868—1938），字介生，号石予。晚清秀才。17岁起在家乡设塾授徒20余年，成绩斐然，学生中有余天遂等5人考中秀才。光绪三十三年（1907）起执教于苏州公立第一中学堂（俗称“草桥中学”，民国后更名“江苏省立第二中学校”，今苏州市第一中学）20年，又陆续在苏州私立振华女校（今苏州市第十中学）、江苏省立第一师范学校和江苏省立第二女子师范学校兼课，教授国文，学生中英才辈出，叶圣陶、顾颉刚、王伯祥、吴湖帆、江小鹣、蒋吟秋、范烟桥、郑逸梅、顾廷龙等一代硕彦均沐受过他的教泽。其擅诗文，为南社耆宿之一，诗才极敏捷，柳亚子以“八叉七步”（八叉，指温庭筠八叉手成八韵；七步，言曹植七步成诗）来盛赞之；工丹青，画梅50年，素享盛誉，名满江左。毕生勤于耕砚，著述颇丰，有《半兰旧庐文稿》等10多种，被近代国学大师金松岑推崇为“江南三大儒”之一。

母亲曹桂贞（1868—1930），为同镇北街曹万和药铺店主曹祥兴的幼女。胡蕴、曹桂贞夫妇育有四子二女。胡昌治长兄胡昌会，字元健，幼从父亲受教，清末废科举，至上海半景园师范传习所学新学，毕业后回家任小学教师，后任太仓县蓬莱乡小学校长；大姐胡昌明，嫁父亲学生同乡陶公亮（晚清秀才）；次兄胡昌学，字希道，太仓县江苏省

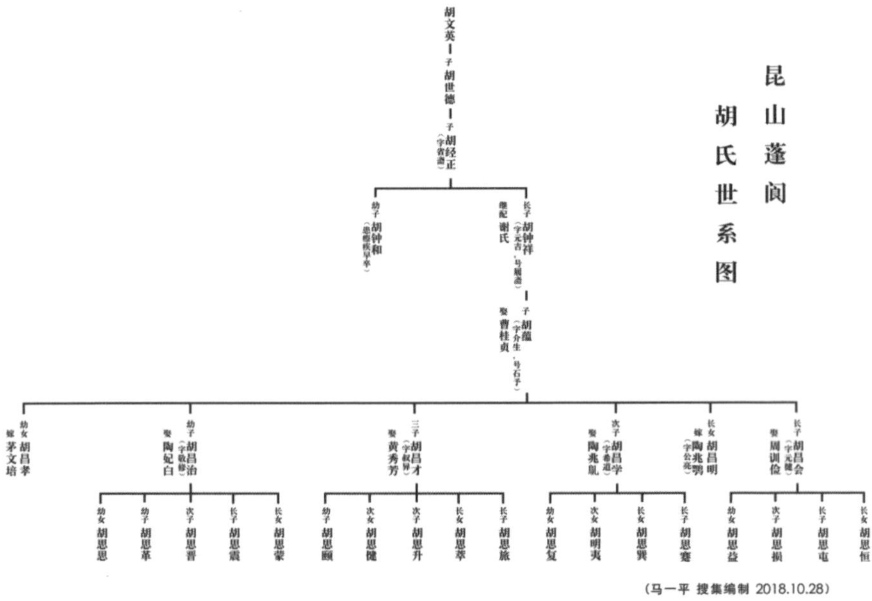

昆山蓬阆胡氏世系图

胡昌治兄妹三人中年时的合影 左起：三兄胡昌才、小妹胡昌孝、胡昌治

立第四中学肄业，长期在家管理家务；三兄胡昌才，字叔异，国立东南大学教育系首届毕业生，获学士学位，后又入美国哥伦比亚大学攻读教育学，获硕士学位，是民国著名小学教育家；妹胡昌孝，江苏省立第一女子师范学校毕业，小学教师。

学生时代

1914年秋，8岁的胡昌治入蓬阆初等小学校读书。寒暑假父亲放假回家，对胡昌治进行庭训，教读古文，要求严格，每一个字的平上去入四声都要朗读正确，有不对的地方立即纠正，使其受益匪浅，打下作格律诗的扎实基础。父亲又不时出个题目要求作文，一面批改一面指导，提高了他的写作水平。父亲还要求他练书法，每天临写欧阳询楷书字帖一张，父亲在写得好的字上画圈，计算数目后给予奖励，以提高其积极性。父亲对胡昌治的思想品德教育尤其严格，经常教育其读圣贤文章就要按圣贤的行动做事。

1918年7月，胡昌治于蓬阆初等小学校毕业，秋天入夏驾桥东庄昆山县立第二高等小学校读书。旋因其母亲不舍其年幼离家住读，于是回蓬阆镇相继入李伯安〔？—1936，名诒仁，清光绪二十二年（1896）昆山县学头名生员、宣统元年（1909）拔贡〕李氏私塾和蓬阆初等小学校英语补习班学习，学习了近一学年。1919年9月，胡昌治被父亲带至苏州，入三元坊江苏省立第一师范学校附属小学校读书，并借住在大太平巷（后并入十全街）72号父亲吴姓文友的家。在这所学校里，胡昌治接触并参加了新文化活动，树立了对科学与民主的信念，锻炼了演说技巧和办事能力，对其后来革命思想的形成起到了重要作用。1921年7月，胡昌治以第一名的成绩从高小毕业，并考入太仓江苏省立第四中学。读了一学期后，次年2月，胡昌治转入苏州江苏省立第二中学校（草桥中学）就读，成了父亲的学校的学生，住在父亲的宿舍内。在这所著名的学校里，胡昌治接受了严格而良好的中学教育。1926年7月，胡昌治经过初中部和高中部的学习，以第一名的成绩毕业，成为江苏省立第二中学校首届高中毕业生，并顺利考入国立东南大学西洋文学系。

1926年9月，胡昌治到南京东南大学报到。当时文科有两个系，一是西洋文学系，二是中国文学系，他选西洋文学系为主系、中国文学系为副系。西洋文学系要在四种外语中选读三种必修课，于是他选英语为第一外语，法语为第二外语，德语为第三外语。但没多久，胡昌治因病请假回到家乡蓬阆镇。不久由于大革命（北伐战争），学校停

《江苏省立第二中学校杂志》封面

课近1年。回到家乡后，胡昌治参加青年革命运动，阅读了《共产主义ABC》等进步书籍，接受了共产主义思想。胡昌治在蓬阆镇组织成立了“求是社”，共有20多名青年参加，他们经常学习革命理论和新文艺，并组织宣传队下乡宣传土地改革和反对地主剥削农民等活动。

1927年9月，学校重新开学，并改名为“国立第四中山大学”，胡昌治回校学习。1928年2月，又改名为“江苏大学”，遭到学校上上下下的反对，引发学生请愿与罢课，最终改称“国立中央大学”。中央大学无固定的毕业期限，只要修完学分总额就可毕业。如果有人经济困难，需要休学一年半载乃至数年，离校工作，挣钱后再来攻读，仍可继续把未修完的学分修完，同样可毕业，这种制度是从美国学来的。胡昌治学习非常刻苦，因要读三国外语，故需要花很多时间读、背、默；副系是中国文学系，全部课文都是古汉语，既要读先秦文献，又要学诗、文、词、赋、元曲，还要写作古文，所以学习负担很重。他常利用星期天来弥补时间上的不足，很少出门游玩，从不出去看电影，每逢暑假总是留校不回家，选修学分课程。就这样，胡昌治仅花了3年半时间，修完了全部学分，1931年1月，提前于国立中央大学文学院毕业，获文学学士学位。胡昌治很特殊，他既是东南大学的末届新生，又是中央大学的首届毕业生。

投身教育

胡昌治大学毕业后，由三哥胡叔异介绍，到南京郊区汤山农民教育馆工作，负责该馆所出的刊物《农民教育》的编写。1931年9月，胡昌治应聘江苏省立太仓中学，担任高中师范班三年级国文课老师兼班主任，并教授高中一年级和初中三年级英文课。九一八事变后，胡昌治发动学生开展了轰轰烈烈的抗日救亡运动，并任太仓县各界反日会会长。

1932年9月后，胡昌治历任苏、沪中小学短期教职。1933年9月，胡昌治由三哥胡叔异介绍，到国立暨南大学实验学校任教，进一步接受了马克思主义学说。胡昌治到上海各家书店遍寻介绍唯物主义或辩证法的书，看到就买，买到就读。同时，他还阅读了原版的恩格斯的著作《反杜林论》，认真学习马克思主义。1934年5月，由三哥胡叔异介绍，胡昌治任上海市卫生局第一科卫生教育股科员。1935年7月，胡昌治出任上海私立正风中学校长。

抗日救亡

胡昌治接任正风中学校长后，第一学期就开设一门社会科学基本知识课程，由他亲任教师，讲解辩证唯物主义。在课堂之外，他继续研读马列主义经典著作，花一百元大洋，托商务印书馆向美国购买英文版《资本论》《列宁选集》《马恩列斯选集》各一部。他聘请了章汉夫、杨放之、于伶、聂绀弩、陈家康、黄一然、王季愚、沙丁、周立波等10多名中共党员及一些进步人士任教师。他对党组织介绍来的经济有困难的进步学生一律免收学费，乃至免收书本费和伙食费。同时，他积极支持并保护师生参加抗日救亡运动，经常邀请爱国人士来校演讲，使学校成为上海救国运动中最坚强的民主堡垒，还是中等学校进步学生的政治难民收容所，引导进步师生走上革命道路。上海各界救国会活动也常借该校举行。一二·九学生抗日救亡运动爆发后，正风中学学生立刻积极响应，游行示威以唤起民众，声援北平学生的爱国行动。1935年12月17日，正风中学学生联合上海各中学，发起成立上海中等学校学生救国会联合会（简称“中学联”），在正风中学举行成立大会，正风中学学生会担任执行委员会主席团成员，领导中等学校学生的抗日救国活动，是中共地下组织领导的抗日救国团体。

与此同时，胡昌治积极参加上海文化界救国会，任政治经济组副组长。上海文化界救国会1935年12月27日成立，参加者有作家、新闻记者、导演、演员、教授、律师、宗教界人士等文化界知名人士300多人，马相伯、沈钧儒、邹韬奋、陶行知、章乃器、厉麟似、李公朴、史良、王造时、江问渔、胡愈之等35人为执行委员，发表了《上海文化界第二次救国运动宣言》（宣言签名275人），提出改变外交政策、开放民众组织、建立民族统一战线、停止内战武装民众、释放政治犯、共赴国难等八项抗日主张，沉重地打击了国民党政府对外妥协政策，对推动全国抗日救亡运动产生了巨大影响。胡昌治还是中共地下组织领导的上海著作人协会的发起人之一。1936年7月12日，上海著作人协会成立大会也在正风中学举行，参加者都是进步作家、理论家，有陶行知、李公朴、艾思奇、吴清友、孙冶方、胡绳、钱俊瑞、周谷城、周予同、恽逸群、薛暮桥、沙千里、章乃器、王造时、胡子婴、成舍我、沈体兰、石西民、金仲华等140余人。胡昌治的进步活动，遭到了国民党当局的极大仇视。1937年5月，因“包庇共产党，从事反对政府活动”的罪名，胡昌治被上海市教育局撤销了校长职务，并被上海市警察局勒令即日离沪。正风中学有600余名学生，随着校长易人，除了部分初一学生（约50名）外，几乎全部走向抗日前线，有不少人奔赴延安和其他革命根据地。不少学生英勇战死沙场，多数人成了新中国成立后的党政领导干部，其中将军有3人，如诸敏等；部长级干部有10余人，如顾明等；还有著名经济学家和金融学家杨培新等。

1937年11月12日，上海沦陷。胡昌治遂率家奔赴大后方从事抗日工作。在西行路上，胡昌治于宜兴杨巷镇遇到其妻族兄陶一球一家，于是一同经宜兴、溧阳、高淳，到达安徽芜湖，再乘船溯长江西行。一路上，胡昌治给陶一球分析抗日战争形势以及对中国前途的看法，进行抗日救亡教育，鼓励他以后回到家乡搞武装抗日，为国家民族作贡献。到四川万县后，两人几乎天天见面，继续一起讨论形势，陶一球的思想由此发生了变化，深刻地认识到要打败日本侵略者，只有依靠共

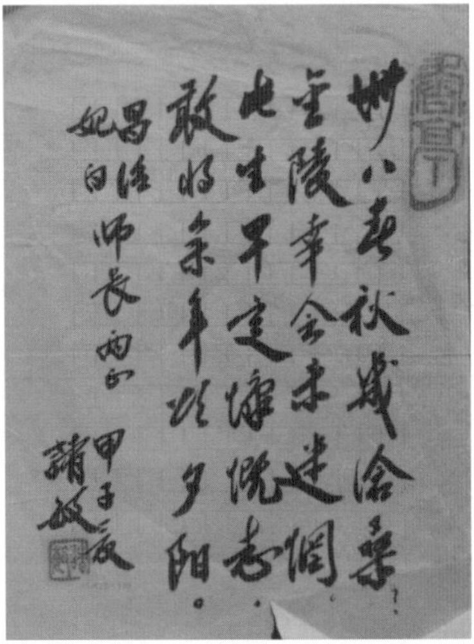

学生诸敏书赠老校长胡昌治的条幅

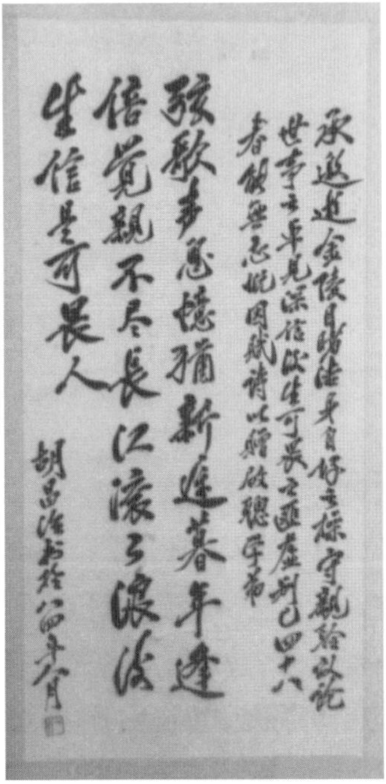

胡昌治书赠诸敏的条幅

产党。1938年5月，陶一球率家由四川万县经武汉、香港转道上海返回家乡。1939年8月，陶一球在中共特科成员何克希的协助下，建立了一支抗日游击队伍，当地群众称之为“陶一球部队”，这是昆山地区受共产党领导的第一支抗日武装力量。之后，陶一球担任了新四军“江抗”第三支队副支队长，在昆东坚持抗日斗争。由于缺少军费，陶一球不惜卖掉了自家大部分田产。1940年7月，谭震林代表党组织批准陶一球为中国共产党特别党员。东路特委还任命陶一球为昆山县行政委员会主任委员。1941年，抗日救国军政治部发出通令，任命陶一球为昆山县县长。

转战川滇

1937年12月，胡昌治到达汉口，参加各界抗敌后援会，任总务干事。1938年1月，至四川万县，参与成立抗日救国会，任执委会委员，终日参加各种救亡运动。2月，胡昌治在万县特支书记欧阳克明的介绍下加入了中国共产党，从1926年开始追求的崇高理想终于实现了。5月，中共四川省工委决定将万县党的特支扩大为县委，在省工委书记罗世文（即小说《红岩》中英雄许云峰的原型之一）的主持下，入党不久的胡昌治成为刚成立的中共万县县委6名委员之一，负责青年运动工作。1939年1月，中共川东特委决定在万县县委的基础上成立万县中心县委（管理川东9县的党组织），胡昌治任中共万县中心县委委员，负责川东青年运动工作。根据川东特委要求，由胡昌治联系其三哥胡叔异，经他同意把其在上海所办的私立国华中学交给他到后方续办，并向四川省教育厅申请备案而获批准。2月，万县中心县委创办了抗大式学校——国华中学，胡昌治任党支部书记，其公开职务为教导主任。在此期间，胡昌治培养了大批青年干部和中共党员，将很多爱国学生送往延安，如谭云鹤、何华生等。1939年6月，学校被国民党军队查封，胡昌治险遭逮捕，在学生党员的报信和护送下脱险，与夫人陶妃白带领全家紧急撤往宜宾、重庆。

1939年8月，中共中央南方局常委兼统战委员会主任董必武同志亲自召见谈话，将胡昌治的组织关系转至中共云南省工委。同月，胡昌治至昆明出任中共云南省工委青年运动委员会干事，后升委员，负责领导国立同济大学、云南大学、上海美术专科学校三所高校的工作，并取得很好的成绩，仅同济大学党支部就在半年不到的时间里发展了近30名新党员，壮大了中共党员队伍。当时党的经费极少，干部都要靠谋得一份社会工作来维持生计。胡昌治当时通过其三哥胡叔异介绍，在国民党军统办的西南运输处附设医疗室当文书，那时生活很艰苦，一家六口（已有四个孩子）租住在城外凤翥街一家木器店沿街的简陋房屋内，木板搭起两张床，还有一张吃饭桌子，余无他物。那时胡昌治年纪轻，精力旺盛，一心干革命，什么都不在乎，好在昆明四季如春，衣服少些也无妨。3个月后，胡昌治又换了工作，任私立华侨中学教师2个月。

1940年10月，胡昌治作为中共云南省工委的特派员来到昭通，领导昭通中心县委（管理迤东7县党的工作），并筹组昭通地委，准备出任地委书记。这一时期他的公开身份是经济部资源委员会下属新改组成立的西南矿产测勘处文书（通过中央大学同学关系谋得）。1941年1月，皖南事变发生。同年3月，胡昌治奉令回昆明接任中共云南省工委委员、宣传部部长。不久，形势更加严峻，1941年6月，南方局下令其与省工委书记马子卿一起撤离昆明，胡昌治全家去贵阳待命。胡昌治随即通过党组织关系找了份工作，在贵阳新开办的煤气车营运公司任总务主任。同年10月，胡昌治奉令撤至八路军驻重庆办事处学习。

隐蔽战线

在曾家岩学习了一段时间后，1941年11月，胡昌治被中共中央南方局派至中共中央社会部上海办事处工作。胡昌治遂带领全家转道从贵州、广西到达广州湾（今湛江），乘海轮至香港，准备再乘海轮赴上海，但不巧遇上了1941年12月7日爆发的太平洋战争，香港至上海的交通中断了，只得滞留在香港。后通过地下党组织与恽逸群、毛道逊、胡考等一些文化人经过九龙、深圳，艰难地转移至东江游击区待命2个月。1942年2月起，胡昌治与上述人员一起辗转广东、江西、浙江（经梅县、韶关，越大庾岭到鹰潭，搭火车到金华，再转浙西），设法打通国民党驻浙西司令员冷鞠的关系，越过汪伪设置的“清乡”封锁线，到江苏常州恽逸群家暂住，然后由恽逸群找关系取得汪伪政府颁发的“良民证”去上海找“小开”（即潘汉年），最后于5月1日到达上海，开始在中共中央社会部上海办事处从事地下情报工作，直至上海解放。

胡昌治在十分险恶的环境中，出生入死、艰苦卓绝地进行了7年中共地下隐蔽战线的艰辛工作。曾由党组织安排先后以汪伪上海特别市南桥区第四分区区长、第三分区区长、北桥区公署第二科科长、国民政府文官处荐任科员等身份，从事情报工作。尤其是打入汪伪中央政府文官处的3个多月，胡昌治冒着生命危险获得了极其重要的情报（汪伪政府全国团级以上的军官姓名、履历、所属部队番号、驻防地点等绝密内容）并转交中共地下党，为抗日战争胜利作出了贡献。

抗日战争胜利后，胡昌治又以徐州铁路局会计处科员、陇海铁路局驻沪办事处科员、运输股长的身份继续从事情报工作，为新中国的成立作出较大贡献。上海解放前夕，中共地下党报务员李白（电影《永不消逝的电波》中我党报务员李侠烈士的生活原型）被国民党特务机关抓获，胡昌治即掩护李白的联系人俞守中避至昆山夏驾桥镇其岳母家，后来将其转移到蓬阆镇老家。胡昌治在那里动员了一批进步青年，做了不少对党有利的工作。胡昌治夫人陶妃白1938年在四川万县即将填写《中国共产党入党志愿书》时，因紧急撤离而未果。1942年，陶妃白在上海经中共地下党领导人同意加入了中国民主同盟，协助胡昌治完成了不少中共情报工作，也作出了较大贡献。

蒙冤岁月

中华人民共和国成立后，胡昌治同志历任上海市人民政府教育局（1956年1月改称“上海市教育局”）办公室秘书、副主任、主任、首届局党组成员兼中等教育处处长。

1955年夏，胡昌治受潘汉年冤案牵连而被审查。1957年6月，被市教育局党组织给予留党察看两年处分，调至上海师范学院，任科学研

1992年5月29日，胡昌治在家翻阅《二十四史》

究室主任。1958年4月18日，又被党组织给予开除党籍处分。同年5月20日，被错定为“阶级异己分子”，给予开除党籍、开除公职、劳动教养的处分。同年6月22日，被送至福建省将乐县上海劳改农场劳动教养。在劳动中跌伤了右腿致股骨颈骨折，又不允许就医，导致股骨头坏死，遂造成下肢残疾。1962年9月13日，解除劳动教养，回到上海家中，没有任何经济收入。1964年“四清”运动中，又被划为“反革命分子”。1966年“文化大革命”开始后，被批斗、强制每天清扫弄堂，监督劳动，失去人身自由。1968年，又被北京公安部门外调小组宣布为“现行反革命分子”。

胡昌治不幸蒙冤受辱20多年，但他对党、对共产主义的信仰始终未变，保持了一位老共产党员坚定不移的优秀品质。在如此极端艰难困苦的环境中，胡昌治二十年如一日孜孜矻矻地坚持从事学术研究。他阅读了大量中外文献资料，包括十分难啃的殷墟甲骨文与西周金文，标点了《十三经注疏》80册，著成了《尚书译释》（20万字）、《中国古代社会研究》（20万字）、《马恩学说与中国古代社会研究》（12万字）三书，惜均未能付梓。

平反昭雪

1976年9月29日，宣布摘去胡昌治“反革命分子”帽子。1978年10

胡昌治与夫人陶妃白晚年合影

月，时任中共中央组织部部长胡耀邦同志在胡昌治要求平反的申诉信上给上海市委组织部亲自批复："抓紧复查办理。"1980年9月12日，中共上海市纪律检查委员会发文，撤销1958年4月18日上海市委批准的上海市专门委员会甄别定案小组对将胡昌治定为"阶级异己分子"，给予开除党籍、开除公职、劳动教养的批复，恢复胡昌治同志中国共产党员党籍与公职，恢复原行政级别十二级。平反昭雪落实政策后，胡昌治即参与筹建上海市教育科学研究所。

1982年，国家出台老干部离职休养制度，胡昌治1983年提出申请，经批准于12月离休，被确定为第二次国内革命战争时期（即红军时期）参加革命的老干部，行政级别提升为十一级，享受十级工资与厅局级干部待遇。离休后，胡昌治应邀为昆山、四川、云南、上海等地的中共党史部门撰写了大量党史回忆录，对上述地区的党史征集整理编写工作作出了宝贵的贡献。他又搜集其父江南大儒胡石予的遗存诗文，撰写了不少介绍文章。

魂归故里

2005年8月9日凌晨3时20分，胡昌治同志在上海华东医院逝世，享年98岁。8月16日，胡昌治同志治丧小组在龙华殡仪馆举行了"胡昌治同志告别会"。而后，其子女将胡老的骨灰盒奉回家乡，安葬在昆山市永乐园公墓，让为实现共产主义理想不屈不挠、艰苦奋斗一生的胡昌治同志与夫人陶妃白女士一起回归故乡安息。

2005年9月，胡昌治获中共中央、国务院、中央军委颁发的中国人民抗日战争胜利60周年纪念章。胡昌治的简历被收入2006年6月编印的《上海市科教党委系统红军时期参加革命老同志荣誉册》。

2017年，经笔者动员推介，胡昌治儿子胡思革、女儿胡思思代表全家向昆山市档案馆捐赠胡昌治个人档案及学习与生活用品，填补了昆山市档案馆红军干部档案的空白。同年12月15日，昆山市档案馆举行了“胡昌治同志个人档案捐赠仪式”。2021年是中国共产党百年华诞，红色档案见证了无数革命先烈牺牲奋斗的壮举，蕴含着独特的历史、文化和教育价值，用好用活红色档案，意义重大。2021年5月，昆山市档案馆联合新华日报社苏州分社推出了《档案话百年》栏目，介绍昆山档案部门多举措挖掘红色档案资源，全面解读红色密码，为昆山打造社会主义现代化建设标杆城市凝聚精神伟力。介绍胡昌治档案的《胡昌治：将毕生心血献给革命事业》是“档案话百年”系列报道的第二集。

昆山市永乐园公墓内胡昌治、陶妃白夫妇合葬墓

2021年7月28日晚，新一届昆山市委常委“履新第一课”暨2021年党员教育公开课在昆山当代昆剧院举行，旨在深入学习贯彻习近平新时代中国特色社会主义思想和总书记在庆祝中国共产党成立100周年大会上的重要讲话精神，深入推进党史学习教育，激励全市各级党组织和广大党员发挥示范带头作用，动员全市上下践行嘱托勇探路、改革创新求突破，为打造社会主义现代化建设标杆城市而不懈奋斗。公开课“故事里的初

2005年9月，胡昌治获中共中央、国务院、中央军委颁发的中国人民抗日战争胜利60周年纪念章

心与使命”以“听总书记讲故事”“讲昆山的故事”为两条主线，运用“播火者”“真勇士”“勤务员”“推窗人”4个人物形象，采取话剧、评弹、朗诵、舞蹈等多种艺术表现形式，全方位呈现“建党前后—革命时期—建设时期—改革时期”4个历史阶段党的峥嵘岁月和昆山改革发展奋斗历程，重温百年征途中的动人瞬间，带领全市党员干部共同接受初心与使命的洗礼。第二篇章《真勇士》通过情景舞蹈“半条被子”，演绎了三位女红军与百姓鱼水情深的感人场景，并邀请昆山籍红军老干部胡昌治的幼子、82岁的胡思革老人现场简要讲述其父胡昌治坚定执着投身革命的传奇一生。

诸敏将军情牵昆山六十载

周长江

在抗日战争时期，昆山的昆东地区率先组建了县内第一支由我党领导的抗日武装力量。1940年夏，中共昆嘉青（昆山、嘉定、青浦）中心县委在昆东成立，由此发展党的组织，扩大抗日武装，建立抗日民主政权，开展抗日斗争，并开辟了以昆东兵希、昆南大市为中心的抗日游击根据地，领导当地人民群众同日寇进行了英勇的斗争，涌现出像诸敏那样的抗日英雄。诸敏由此结缘昆山长达六十载……

1940年6、7月间，担任常熟常备队（武工队）队长的诸敏接到中共东路特委的指示，调往昆东的兵希，参加中共昆（山）嘉（定）县委（1940.6—1940.7）和昆山县委（1940.7—1941.5），任宣传部部长；同年初冬，诸敏南渡吴淞江转至昆南大市，开辟淀山湖抗日游击区。1941年皖南事变后，根据东路特委指示，昆山地区党政组织撤离后，诸敏仍坚持在昆南地区继续开展游击活动。同年8月，在日伪实施苏常太地区第一期“清乡”的险恶环境下，诸敏被任命为中共淀山湖工委书记，领导沪郊的青浦、松江和昆山、吴江一带的抗日武装斗争。1942年秋，诸敏调赴中共浙东区党委工作。

年轻时的诸敏留影

诸敏在昆山的两年多时间内，在艰苦复杂的抗日斗争环境中，贯彻执行我党全民族抗日统一战线的主张，不惧困难、不怕牺牲，团结依靠广大人民群众，宣传抗日救亡，组建抗日武装，领导抗日斗争，打击日伪，锄奸除恶，为开辟和建立昆东、昆南抗日游击根据地作出重要贡献。

立志报国，走上救国救民之路

诸敏（1921—1999）原名朱启聪，又名俞志明，祖籍江苏南京，出生于河南开封。诸敏3岁丧父，母亲含辛茹苦地拉扯兄弟姐妹四人（两兄一姐）长大。母亲是名门闺秀，知书达理，常以传统道德文化教育子女。诸敏童年时代上过私塾，1933年，进入美国教会办的初中，勤学英语，期待将来“求洋”以拯救日益积弱的祖国。青年时代，在已走上革命道路的两位兄长朱启銮、朱启统（周克）的影响下，诸敏积极参加学校组织的抗日救亡运动。

1936年，年仅15岁的诸敏从南京只身来到上海正风中学高一年级插班。当时的正风中学是一所抗日活动十分活跃的学校，校长为胡昌治（蓬朗人、胡石予的四子）。诸敏被推举为学校高年级学生自治会主席。当年12月发生震惊中外的西安事变，激发全民族抗日热潮。诸敏的抗日言行受到国民党驻校军事教官的压制，教官企图开除其学籍，幸由胡昌治等爱国师生暗中保护，才得以保留学籍。诸敏由此同胡昌治结下长达半个世纪的革命师生情谊。

1937年“八一三”淞沪会战后，诸敏弃学从军，在二哥周克的带领下，参加中共江苏省委领导的“淞沪抗日别动队”，奔赴沪郊大场、华漕前线对日作战。1938年4月，诸敏在武汉打入国民党军事委员会战士工作干部训练团学习，其间，由正风中学同学、共产党员杨微尘（杨培新）介绍入党；8月，诸敏进入上海大陆汽车学校，学习驾驶、修理汽车技术，并取得汽车驾驶执照（为他后来调入装甲兵部队打下基础）；10月，诸敏调任上海慈兴难民收容所任副主任，负责安置救助难民，因工作关系，认识明德难民所副主任顾德欢。

1939年8月，诸敏调赴“江抗”东路的吴县太平桥区工作，任区委委员。同年冬，诸敏调往“江抗”常熟东塘市任区委委员，组建东塘市常备队兼任队长。1940年春，投降主义甚嚣尘上，诸敏根据党组织的指示，带领常备队员杀汉奸、除特务，奋战在抗日对敌斗争的最前沿。

奔赴昆山，领导抗日武装斗争

1940年初夏，诸敏接到中共东路特委的指示，奔赴昆东，组建昆（山）嘉（定）县委。6月，在经昆山去上海治病的途中，诸敏乘坐的轮船途经巴城遭日寇检查，因诸敏穿着不像农民，形迹可疑，遭日寇逮捕，被关押在日寇警备队炮楼的牢房里。审讯时，日寇小队长凶神恶煞地盘问诸敏：“你是‘毛猴子’（日寇对抗日武装的蔑称）吗？”诸敏一口咬定：“我是老百姓，在上海教书！”日寇每天对他刑讯拷打一次，他的脸被打肿，双耳被打伤（后被鉴定为三等残废）。面对日寇的严刑拷打、威逼利诱，诸敏坚不吐实，丝毫没有暴露“江抗”司令部的秘密地址和他本人的真实身份。“我能坚持下来，靠的是党的教导：在敌人的刑庭上绝不可暴露身份，在困难时不得出卖同志和革命利益。”

诸敏被关押期间，一位心地善良的伙夫悄悄地送给他一个饭团、一块咸菜和一杯水，使得在狱中的诸敏渡过难关。在被关押的第四天中午，在查不到任何证据的情况下，日寇只得无条件将诸敏释放。而后，诸敏向东路特委汇报了自己遭日寇逮捕、出狱的情况。随后，诸敏直接从上海乘火车抵达沪宁铁路线上的陆家浜火车站，从夏驾桥步行至昆东的兵希村，与县委书记刘开基（石伟）、“联抗”指导员高山见面。一天深夜，昆（山）嘉（定）县委在村东界湾一户人家的竹园里秘密成立，诸敏任宣传部部长。按县委分工，诸敏负责在兵希、蓬朗一带筹建抗日武装，组建县委常备队。7月，东路特委根据东路军政会指示，决定成立昆（山）嘉（定）青（浦）中心县委，顾德欢任书记。同时撤销昆嘉县委，成立昆山县委，由陈正之（华逸民）任书记，诸敏任宣传部部长。中心县委秘密办公地仍在群众基础较好的兵希村。诸敏居住在村北河寸泾的下水沟顾阿祥家。

当时，昆东有一支由陶一球领导的抗日武装力量，经常组织开展抗日游击活动。陶一球是中共特别党员，表面上是国民党蓬朗二区的区长。诸敏利用陶一球的声望，以陶一球的名义发动组织群众，建立游击小组，开展军事训练，编入县委常备队。有一次，诸敏率领常备队宿营在陆家浜火车站边上的小村，村民在田间耕作时主动为常备队当暗哨，一旦发现日寇出动，就跑过来通知，常备队队员就地分散隐蔽，躲过日寇搜查。诸敏领导的常备队经常骚扰日伪军，打击顽匪，引起周边日寇的惊慌和不安。1940年夏，日寇对兵希进行“扫荡”，焚烧百姓房子，抓走部分群众。有一次，莫家湾一户农家遭日寇烧毁，诸敏和常备队队员自愿捐款，作为补偿和慰问。

为了打击日寇的嚣张气焰，诸敏带领常备队对其进行袭扰行动。1940年9、10月间的一天深夜，诸敏率领常备队奔赴陆家浜火车站观察敌情，伺机行动。他和常备队队员用煤油焚烧了火车站西边的一座小铁路桥，把驻守车站的日伪军吓得一夜不敢睡觉，躲在碉堡里乱开枪。诸敏带领常备队队员迅速撤离，日寇派出的铁甲巡道车在铁道上追踪，最终还是扑了个空。这次袭扰行动，震慑了日寇，鼓舞了昆东人民的抗日斗志！

随着昆东地区抗日游击根据地的形成，昆嘉青中心县委遵照上级指示，向吴淞江南面发展，开辟大市、淀山湖水网地区新的抗日游击区。1940年初冬时节，诸敏随中心县委书记顾德欢奔赴昆南淀山湖地区。10月，在大市成立中共淞沪中心县委。诸敏受中心县委直接领导，负责大市一带的工作，他和后明晖一起着手建立大市常备队（同为县委常备队），拥有10多支长枪、几把大刀、几颗手榴弹，诸敏自带一支驳壳枪。从1940年冬至1941年初，在中心县委的领导下，诸敏在昆南地区开展建党建政工作，并兼任大市区委书记。

诸敏带领常备队开展锄奸行动。有一次，一名特务流窜至淀山湖地区刺探“江抗”情报，这名特务在淀山湖边上的一个村庄被常备队战士抓获，经中心县委书记批准，诸敏把抓获的特务枪毙在淀山湖畔。

淀山湖畔燃起抗日烽火，日寇如坐针毡、坐立不安，多次派出日伪军进行“扫荡”。1940年12月的一天凌晨，日伪军分五路向中心县委所在地大市扑来。当时，诸敏和淞沪中心县委的民运干部等人正在大市塔平头村的一户农家开会，进村“扫荡”的日伪军分水陆两路包抄过来，情况十分危急。当地村民冒着生命危险，指引诸敏等人迅速向东南方撤离，就这样摆脱了日伪军的巡查，安全转移。还有一次，日寇突然闯进诸敏居住的塔平头村的孙根生家，诸敏正好外出，他放子弹的盒子仍留在孙家，如被发现，后果不堪设想。老孙急中生智，赶紧将那只子弹盒子藏进狗窝里，避免了一场危机。诸敏事后得悉，连连夸奖房东老孙的沉着冷静、机智勇敢。

1941年初，皖南事变爆发后，国民党顽固派勾结日寇，加强了对昆东南抗日游击区的侵犯。3、4月间，淞沪游击纵队参谋长周达明奉命率领两个中队，孤军深入敌后，牵制围剿忠义救国军袁亚承部。不料，在青浦西岑（巷）谢石关村，突遭忠义救国军的袭击，终因寡不敌众，周达明等战士在突围中壮烈牺牲。昆南淀山湖地区的抗日斗争形势转入艰难阶段。根据上级的指示，昆南地区的党政军成员分批撤离。诸敏奉命在大市坚持抗日工作。淞沪游击纵队政治委员吕炳奎临别时说：“诸敏同志，你们留下来斗争将是十分艰苦的，要特别警惕啊！”不久，顾德欢派交通员传达上级指示，武装斗争转入地下，诸敏把部分枪支埋藏隐蔽起来，挑选了10来个精干的常备队队员组成游击小组，活动在张浦及吴淞江一带。不到一个月，形势更为紧张，敌情更为严重，诸敏根据中心县委指示，解散常备队，分批撤离昆南淀山湖地区。5月，诸敏从陆家浜方向撤离至上海。

同年8月，路南特委（由淞沪中心县委扩建而成）决定在松江成立中共淀山湖工委，诸敏任书记，具体负责领导沪西、昆南、吴江等地的抗日斗争工作。1942年10月，诸敏调离战斗和生活两年多时间的昆山，赴浙东游击区工作。

1949年5月，作为军事指挥者之一，诸敏具体策划、部署、指挥解放绍兴的战斗。1950年12月，诸敏任浙江省宁波军分区副政委。1952年9月，调中央军委装甲兵部队，任坦克预备学校副政委。1958年6月，在参加中央军委扩大会议时，与毛主席等中央军委首长合影。1965年6月，任总参装甲兵部政治部副主任。“文革”时期遭受迫害。1975年3月，诸敏在湖北襄阳向周总理写信并转毛主席，信中提到了当年“在昆山巴城遭日寇扣押”的情况，陈述自己并未暴露身份而被释放，根本没有自首叛变。在周恩来、叶剑英等中央领导的关心下，诸敏的不公正遭遇得到很大改善。

1979年1月，中央军委对诸敏作出平反决定。3月，诸敏重新工作后，主动要求参加对越自卫反击战，为国防现代化建设呕心沥血，运筹决策。1983年6月，任南京高级陆军学校政委。1986年春离休。

情系昆山，余热献给第二故乡

无论是身居军中重职，还是退出戎马生涯，诸敏始终没有忘却昆山这片他在抗日最艰难时期战斗过的热土，饱含着对昆山人民的深厚情谊，时刻关注和支持昆山的各项事业，为昆山改革开放、社会事业和精神文明建设出谋划策、奉献才智，表达他对于昆山人民的感恩之情。

自20世纪80年代至90年代初，诸敏多次应邀回到阔别40多年的昆山，故地重游，亲临兵希、大市两地，受到昆山人民的热情欢迎。1982年11月初，诸敏重返曾经战斗过的地方——兵希，与父老乡亲见面，倍感亲切。看到兵希旧颜变新貌，他感慨地说："处处面貌新，人人乐太平，变得好，好极了！"诸敏马不停蹄地赶赴当年战斗生活过的地方，先来到兵东村界湾的一户人家宅后的竹园，追思当年成立昆嘉县委的情形，又风尘仆仆地来到河寸泾村下水沟，看望顾家后代。诸敏深情地回忆道：1940年6月，自己只身一人来昆，举目无亲，在这里落脚，是淳朴善良的百姓提供食宿，冒着风险给予周到的照顾，让他终生难忘。1986年5月，诸敏来到大市的尚明甸村，同当年房东的后代亲切见面并合影留念。

1984年5月，诸敏热情邀请原上海正风中学校长胡昌治做客南京，师生俩为了救国救民，各奔东西，分别长达48个春秋，两人重逢后互诉衷肠，以诗相赠。诸敏诗文："卌八春秋几沧桑，金陵幸会未迷惘。此生早定慷慨志，敢将余年颂夕阳。"诗意为：回想1937年与恩师离别，经历近半个世纪。在党的感召下，青年时代立下的救国救民的志向依旧坚定，余年照样可以大有作为。过后，胡昌治回赠诗文一首："承邀游金陵，目睹洁身自好之操守，亲验议论世事之平见，深信后生可畏之匪虚。别已四十八春能无感慨？因赋诗以赠启聪学弟：'弦歌声息忆犹新，迟暮年逢倍觉亲。不尽长江滚滚浪，后生信是可畏人。'"深深表达了对于诸敏这位学生为官为人光明磊落的敬佩之情，晚年倍加珍惜师生情谊，对于革命事业充满着信心和期待。

新中国成立后的诸敏将军

1986年至1989年，中共昆山县（市）委党史征集办历时三年编写《昆山革命斗争简史》。其间，诸敏对征集工作十分关心、非常重视、时刻关注。他亲笔书写《淀山湖地区的抗日斗争》革命回忆材料。诸敏先后五次会同夫人肖霞、兄长周克及夫人前来昆山参加编写党史的座谈会、研讨会。1988年6月中旬，诸敏盛邀昆山党史征集办成员亲赴北京，召开座谈会，并邀请在京的顾德欢、吕炳奎、陈杰、俞圣祺等老同志参加，借用装甲兵太平路招待所，召开审订昆山党史初稿的座谈会。他还亲笔为该书题词。

1984年5月，诸敏在南京与胡昌治（右）校长重逢时的合影

1987年5月，诸敏（前排右三）参加昆山县党史征集座谈会合影

当年，上级党组织为昆山第一支抗日武装力量创始人陶一球平反作调查时，诸敏旗帜鲜明地以自己的亲身经历为陶的平反昭雪提供公正可信的证明。在是否平反陶一球的问题上，诸敏兄弟二人存在不同观点，他同二哥周克据理力争，亮明自己为陶一球平反的坚定态度。他积极主张建造以陶一球为原型的抗日英雄群雕纪念馆，并竭力促其办成。

诸敏十分重视发挥党史征集和革命战斗场所存史、资政、育人的功能，他一再强调：编辑出版党史不仅是记录可歌可泣的革命战斗历史，更重要的是教育我们的后代“牢记历史，不忘过去”。1988年5月，诸敏偕夫人再次来昆山。在参观昆山革命烈士陵园时，他郑重地向昆山县委党史办、兵希和大市乡党委提议：在两地建造昆嘉青中心县委成立纪念碑和昆东、昆南抗日游击根据地纪念馆。他还以一名老党员的身份，为兴建这几处革命纪念设施带头捐出一份特殊的党费。

1990年7月1日，诸敏偕兄长周克以及施家骅、王道伟等老革命，出席在兵希建成的“昆（山）嘉（定）青（浦）中心县委建立五十周年纪念碑”落成仪式，受到兵希人民的热烈欢迎。诸敏为新落成的纪念碑揭幕，亲自为周边种植的松柏培土浇水。仪式结束后，诸敏依依不舍地同兵希的父老乡亲挥手道别。当天上午，诸敏出席兵希乡庆祝建党69周年大会，并作了一场生动的兵希革命斗争史报告，他语重心长地告诫全体党员：“我们共产党绝不能重演

1990年7月，诸敏回到昆山时的景象

‘风雨共舟易，盛世联袂难’的历史悲剧，时刻要把人民放在心上。”

1991年10月12日，由诸敏题写的“中共淞沪中心县委、新四军淞沪游击纵队、昆南淀山湖抗日游击根据地建立纪念碑”在大市落成，诸敏因病未能前来，他在9月14日专门写信给大市乡党委、政府，对纪念碑的揭幕表示祝贺。他在信中满怀深情地写道：“我深深感激大市乡父老乡亲们对我们工作的支持、帮助、关怀和对我深深的哺育。没有人民，我们将一事无成，这教育我们永远不可忘记人民、脱离人民。”他满腔热忱地祝愿：“你们要坚定革命信心，把自己的事业办得更好，这样就能团结人民，争取更大的跃进。”诸敏在手脚没有康复的状况下，以超强的革命意志，为大市乡题写“跃进不息”的书法条幅。

诸敏得知昆山有关部门要在亭林公园筹建国防园一事，他立马与自己工作过的装甲兵有关部门（201所）负责同志联系，将部队退役不用的装甲车调拨给昆山。1991年10月下旬，装甲车落户在亭林公园国防园里，为其增色不少。

1993年5月，在亭林公园北麓建造了一座名为“保国亭”的方亭，为铭记54年前的1939年12月27日被日寇屠杀而英勇就义的新四军“江抗”八位烈士而立。当年，由于汉奸告密，在常熟横泾曹家浜的新四军“江抗”后方医院突遭日伪军偷袭，在被俘伤病员被押往昆山的途中，有八名

由诸敏题名的保国亭

“江抗”战士惨遭日寇杀害于马鞍山北麓，为国捐躯。这座“保国亭”的亭名由诸敏亲笔书题。

1995年，在纪念抗日战争胜利50周年之际，经昆山市委批准，在兵希筹建“昆东抗日游击根据地史迹陈列室”。次年春，兵希镇党委有关同志赴北京诸敏寓所，看望在家养病的诸敏，向他汇报陈列室筹建情况，敬请他为陈列室题名，诸敏闻知十分高兴，欣然挥毫题写“昆东抗日游击根据地史迹陈列室”，留下了珍贵的墨宝。1997年5月，陈列室落成，诸敏因病未能出席揭幕仪式。他在抗战胜利50周年时题写的“前事不忘 后事之师”和“发挥各自优势 更肇昆山辉煌”两幅书法作品陈置在陈列室的展板中，让参观者永远铭记这位领导昆山人民进行抗日斗争的抗日老战士。

诸敏不但为昆山红色文化、革命纪念地建设倾注极大的精力，而且十分关注和支持昆山的文化建设。1938年10月，诸敏由党组织安排，担任慈兴难民所副主任，结识了上海慈联难民委员会常委赵朴初（书法家、社会活动家），由此同年长14岁的赵老结下了60多年的革命友情。有此渊源，昆山出版的地方文献和报纸留下许多赵朴初题词的墨宝。1990年，《昆山县志》付梓前，市有关部门通过诸敏，敬请赵朴初为志书题写书名。当年12月，《昆山县志》出版，打开扉页，赵老亲笔书写的“昆山县志”字迹秀气，墨色分明。1993年上半年，《昆山报》复刊，筹备小组报市委同意，拟请赵朴初为《昆山报》题写报名。筹备小组有关成员于6月3日寄信给北京的诸敏，当时诸敏患病在家休养，且行动不便。岂料不到十天时间，就收到诸敏的回信，同时收到赵老的墨宝，报社同仁由衷地感受到诸敏对于昆山深厚的感情。诸敏在回信中讲述了请赵老题写报名的情形：那天，自己抱病亲赴赵宅，当时，86岁的赵老刚从上海回京，身体十分疲惫，竟连续酣睡了20个小时，当听到为《昆山报》题写报名一事，欣然动笔，竟然一下写了两张，一张是横写的，一张是竖写的，并工工整整地钤上自己的印章。诸敏还透露：当时赵老年事已高，有许多地方请他题词，他一般都婉言谢绝。我请他题写时，他欣然答应，并且不要报酬，若要给他报酬他就不写了，赵老一生清廉！

1995年1月19日，诸敏在北京寓所请看望他的《昆山报》的主编转交一封信给昆山市委、市政府领导。他在信中情真意切地表示："作为昆山老兵，对第二故乡的巨大变化极感欣慰，对昆山人民在改革开放中取得的显著成就表示衷心的祝贺。"信尾还说："我正在养病中，待病况好转后，当至昆山访旧，拜谢您们，并求予我以教益。值此春节前夕，特向您们致以节日的最亲切的问候和祝愿！"诸敏年轻时曾当过几个月的记者，1937年在安徽安庆进步小报长江日报社当"外勤记者"，先后写了《大场血战》《从上海到安庆》和《中国不会亡》等抗日文章。

1996年，病中的诸敏再次写下了《思念昆山》的文章，全文分为"在昆山的战斗历程"和"情寄昆山"两个部分。开篇就饱含感情地说："秀丽的昆山是我热爱的第二故乡，往事历历，岁月的车轮记录了我55年来艰苦的革命经历。人间贵有真情在，我忘不了支持与抚育我的昆山父老乡亲。"在第二部分写道："'文革'期间，我遭到残酷的迫害。1979年春，我终于得到了彻底平反。一次，我与南京军区某坦克师参谋长相晤时他对我说：'昆山人民没有说你叛变的！'我感谢昆山人民的公正和信任。"诸敏在文章最后带着满腔激情写道："我爱中华，我爱老家南京，更爱我的第二故乡昆山……我以重病之躯欢呼，昆山的两个文明建设取得多大的成就啊……在昆山市委的领导下，昆山一定能很快建成美丽、青春而朴实的新型的现代化中等城市。"

1999年5月19日，诸敏同志因病在北京逝世。新华社、《人民日报》《解放军报》都刊发了诸敏逝世的消息。《昆山报》丁6月5日在头版显著位置以《在昆山领导过抗日斗争的诸敏同志因病逝世》为题，转发了新华社的消息，昆山市委、市政府向诸敏同志的亲属发去了唁电，并安排驻京办事处的同志代表市委、市政府参加诸敏同志的追悼会，并敬献花圈。

2001年4月，一部记录诸敏六十载革命生涯的文集《难忘的足迹》，由解放军文艺出版社出版发行，中央军委副主席迟浩田在扉页上题词“诸敏将军永远活在我们心中”，张爱萍老将军题写“诸敏文集”。

诸敏，昆山人民永远怀念您！

航天英雄费俊龙

张银龙

航天英雄费俊龙近影

2022年6月5日神舟十四号载人飞船成功发射，陈冬、刘洋和蔡旭哲顺利进驻空间站天和核心舱，正式开启为期6个月的在轨驻留，进行“太空之家”升级扩建等一系列工作。

我国载人航天工程自1992年立项实施以来，成功将14名23人次中国航天员送入太空，掌握了天地往返、空间出舱、交会对接、组合体控制、航天员中期驻留等载人航天关键核心技术，建成了完整配套的载人航天体系。这其中，就有我们昆山的骄子——费俊龙。

地灵人杰出俊龙

费俊龙老家在昆山市巴城镇东阳澄湖村费家浜，此处是阳澄湖大闸蟹的主产地。东阳澄湖村位于阳澄湖东岸，东与巴城湖村及巴城湖、鳗鲤湖相连接，南与绰墩山村及大上海高尔夫球场相连，西是美丽俊秀的阳澄湖，北与新开河村及苏昆太高速公路、苏州绕城高速公路相接。这里水陆交通十分便利，全村区域总面积5.5平方公里，全村563户，2386口人，12个自然村组成14个村民小组。阳澄湖省级旅游度假区和昆山软件园就坐落在辖区的中央。阳澄湖风光旖旎，生态优

费俊龙家乡巴城费家浜风光

美，景色宜人。依靠生态保护的有力举措，打造湖光水色的休闲度假之地，令人流连忘返。拥有各类私营业主380户，从业人员1300多人，年私营业收入5000多万元，其中超百万元的有26户。可以说是蟹美鱼美物产美，人美湖美环境美。

费俊龙1965年出生，在家中排行老三，因为前面已经有两位姐姐，所以当费俊龙出生时，费爸爸给他起了一个女性化的小名“三囡囡”，大名“俊龙”。中国自古以来有崇尚龙的文化，古往今来，海内外亿万中华儿女都把自己称为“龙的传人”，将中华文化称为“龙的文化”。东阳澄湖村有着丰富的水产，喜欢龙也就更加的顺理成章，因此，村民名字中也喜欢带上“龙”——金龙、全龙、生龙、惠龙、建龙等等有一大批，正好体现了村民生龙活虎的干劲和一飞冲天的精神。费俊龙就是其中的杰出代表，横空出世如神龙腾飞。

费家的房子在富裕的昆山地区并不显眼，属于20世纪90年代的楼板房。房子面南坐北，东边是一条河，走出院子，开门见河。

费俊龙10多岁就下田了。按理这个年龄是轮不到下田的，但是，那个时候流行“包工”，开沟、插秧论距离，收割讲面积，割草积肥按分量。已经分包到父母的农活，费俊龙卖力地帮忙一起干。那个时候，学校基本没有回家作业，放学又早。费俊龙放学回家一放下书包就往田里跑，帮助大人干农活挣工分，一天下来也能挣几个工分。田间劳动辛苦繁重，费俊龙却胆大心细，体力活再繁重，他也没摔伤碰伤过。如果那时费俊龙挑河泥时不慎摔倒，也就不会有今天的航天员费俊龙了——招考飞行员，要求全身不能有一条疤痕。

费俊龙父母合影

在左邻右舍大人们的心目中，费俊龙是一位乖孩子。今年70岁开外的费爸爸回忆称，他的三个孩子，要数费俊龙最乖。老大、老二都是“小娘鱼”（女孩子），老三是个“男小官”（男孩子），可比较起来，老三反倒像个“小娘鱼”，而老大、老二却是一副男人脾气，特别是老二，小时候家里有什么零食，分配时总要想方设法多拿一点。姐姐那里是不可能占到便宜的，于是，老二把目标对准了弟弟，从弟弟的份额上占一点便宜。偏偏弟弟并不计较，反倒是大姐有时看不过，要为三弟打抱不平主持公道。

费俊龙10岁那年夏天发生的一件事，让费家二老至今难以忘怀。事情是这样的——

那时，费家浜村头的西瓜成熟了。一天傍晚，费俊龙与两个小伙伴从学校归来路过这片西瓜地。两个小伙伴发现看守瓜田的老爷爷已经回家了，就商量着大家一起下田摘几个西瓜解解馋。那个年代，物资匮乏，西瓜属于稀罕物。今天机会难得，神不知鬼不觉，却没有想到被费俊龙拒绝了。两个小伙伴进行了“动员”，却没有成功，后来干脆不管费俊龙，自顾自下去摘瓜。费家二老称，当晚费俊龙回家一脸不快。父亲询问原因，费俊龙红着脸说，他没有能够阻止两名伙伴下田摘西瓜，感到非常郁闷，甚至还询问父亲第二天是否要向老师报告。

阳澄湖以生产大闸蟹闻名全国，生活在这里的人，都有一手捕鱼捉蟹的本事。平时在路上行走，就能遇到鱼在脚下的水沟里戏水；稻熟季节，螃蟹、甲鱼爬上路基，手到擒来。村里的捕鱼高手，遇到家里来了亲戚，拿起鱼叉到外面转一圈，饭桌上就多了一道河鲜。在巴城中学念初中的费俊龙，就是一个捕鱼捉蟹的高手。

费家二姐回忆说，有一年的初秋，她与弟弟还有村里的几名小伙伴去湖边游泳。其中的一名男生一个猛子扎下去，抓到了一只大闸蟹。这名男生非常骄傲地说，他是所有在湖边游泳的伙伴中捉螃蟹最厉害的一个。当场有两个男生表示不服，提出大家比试比试。于是，一场阳澄湖畔农家少年捉螃蟹大赛拉开帷幕，费俊龙不声不响默默应战。比赛结果让所有人都惊呆了：一直默不作声的费俊龙在1小时内竟然抓到了10斤大闸蟹。

品学兼优多才艺

费俊龙就读于巴城高中时，是位品学兼优的学习标兵。学习上，他肯钻研、肯吃苦、遇到难题，有一种不弄明白不罢休的精神。他作业写得认认真真，笔记记得清清楚楚，从来没有拖拉作业的情况。他为人处世历来低调，从不张扬，但是同学中谁有困难了，他都乐意帮助。

费俊龙还是一位多才多艺的英俊少年。因为品学兼优再加上多才

今日费俊龙初级中学新貌

多艺，他成了高中女生们心中的偶像。20世纪80年代初期，苏州地区举办中学生文艺表演比赛，昆山教育局安排巴城中学等几所学校组织参赛。考虑到农村中学女生文艺方面比较强，学校选定节目时，充分考虑女生的优势，大多数的演员由女同学担当。但是，也必须有男生出场。老师在考虑人选时，反复考虑，最后费俊龙过关斩将，得到了这个仅有的名额，与同校8名女生登台献艺。这台节目为“茶花女舞剧”，女生们载歌载舞，朝气蓬勃，而费俊龙优雅的表演也博得了很多掌声。因为这次比赛，费俊龙成了巴城高中女生们心目中的偶像级人物，成为女生们闲谈的重要话题。据说，高中毕业时，班上一大半女生的留言簿首页是特意留给费俊龙的。

百里挑一上蓝天

1982年，费俊龙17岁，空军赴当地招考飞行员。过去，昆山因为血吸虫病，不要说空军飞行员，就是一般的陆军也很难完成征兵任务。改革开放前夕，昆山市送走“瘟神”，年轻人的体质有了很大提升。费俊龙经过严格选拔，最终顺利入选。资料显示，当年苏州地区总共向空军部队输送了6名飞行员，后来驾机上天的只有3人，而至今留在部队的只有费俊龙一人。

费俊龙脱颖而出被航校选中，但是真正离家前往时，阻力还是有的。费俊龙毕竟是费家的独子，爷爷听到此消息后，火急火燎地跑到儿子屋里大发脾气——不准放走孙子。但是，费俊龙对航校生活充满向往，他立场坚定，非常坚决；费俊龙的父亲又是豁达开放之人。老人家无法说服儿子与他一起阻拦孙子去当飞行员的计划，又急急忙忙赶到巴城中学，找到孙子本人，准备去做让他不考航校的思想工作。费俊龙冷静地面对，他让爷爷坐下喝杯水定心安神后，开始耐心地劝说爷爷。费俊龙的劝说很有效果：他动之以情，再晓之以理——中国是“大家”，费家是“小家”；没有国之“大家”，哪有我们的“小家”？最终，爷爷同意了孙子投笔从戎、攻读航校的志愿。

“既然选择了上天，那就要好好飞。”从军前，父亲的嘱托成了费俊龙的人生座右铭。两年后，他以全优的成绩从空军飞行学院毕业，正式成为一名飞行员。他由于技术过硬而担任了飞行教员，还被评为优秀飞行教员。他在担任飞行技术检查员的岁月里，还将各种事故归类分析，编写了一篇题为《警钟长鸣》的飞行事故调查报告。由于具有过人的勇气、过硬的技术与冷静的头脑，他在32岁那年成为一名年轻的空军特级飞行员。

1985年9月，费俊龙以全优的成绩留校任教。此后，他当过教员、中队长、机关工作人员、技术检查员，一直到1998年被选为航天员。在这十几年时间里，费俊龙主要从事飞行教学训练，带出了30多名学员。在教学的过程中，他也一直没有停止过飞行训练，练就了过硬的飞行技术。

1992年7月，费俊龙带着一名学员进行高空试飞训练，当飞到接近8000米时，油箱指示灯亮了，警示着燃油将不够了。当时离机场比较远，费俊龙当机立断，按空滑迫降的方法飞了回来。回来后发现油箱里一点油都没有了，幸亏他选择了最省油的方案，否则后果不堪设想。

驾驭“神六”遨苍穹

正当费俊龙准备在蓝天上继续描绘自己的人生画卷时，新的挑战出现了：中国载人航天工程呼唤着中国的第一代航天员。1998年1月，费俊龙从1500多名优秀空军飞行员中脱颖而出，与杨利伟、聂海胜、翟志刚等人一起，成为中国人民解放军航天员大队的正式人员。

航天学员的学习任务非同一般，从基础理论学习到体质训练，从专业技术学习到航天环境适应性的训练，从飞行程序与任务模拟到心理适应和救生能力的训练……不论是脑力方面，还是体力方面，都是前所未有的高强度。江南水乡人天生的灵性和细腻，农家子弟特有的追求与毅力，使费俊龙在每个训练项目上都取得了优异的成绩。

费俊龙的细腻与执着达到了令教员都感到吃惊的地步。有一次训练时，教员出了一道题：“导致某异常情况返回的故障模式有几种？”教员准备的标准答案是5种，而费俊龙竟答了6种。经过评析，费俊龙的回答是正确的。费俊龙能从遨游太空的实战出发，思考的内容比常规、比教材更加周到。

在费俊龙训练阶段，妻子王洁承担了全部家务。爱人深明大义，明白丈夫在做着中国人前所未有的工作。尽管丈夫已经是40岁的人了，却和准备中考的儿子展开学习竞赛。

在备飞时期，费俊龙回家乡探亲的行动相当低调。他一到家里就为父母下厨做饭，陪同姐姐、姐夫聊天。难得回到故乡，照理应该看看发小、朋友、同学，但是，费俊龙几乎闭门不出。为做好保密工作，有关航天员训练方面的事情，他从不透露。家人知道他出过几次国，却不知道他是赴俄罗斯加加林宇航员训练中心去接受培训的。当姐姐、姐夫在2000年去北京看望费俊龙时，看到他在俄罗斯加加林宇航员训练中心集训的照片，又发现费俊龙和杨利伟住在上下楼，这才猜想到弟弟费俊龙工作的特殊性和重要性。在相当长的一段时间里，家人们只隐隐约约知道费俊龙的工作伟大而神圣。有一年春节，费俊龙一家三口意外地回到昆山看望亲人。家人听说这次回家探亲是部队的特意安排，而且他的战友们都被安排回家探亲了，大家意识到，中国航天事业又将开始一项新的重要任务了。

在执行“神五”任务时，费俊龙顺利通过初选，进入5人梯队中，但没有通过复选。他静下心来，深入分析落选原因，把5年来学习的理论又从头到尾再细致地看了一遍。那段时间，他从早到晚地学习，笔记就写了10多万字。接着，他又全身心地投入备战“神六”飞行的各项工作中。

在备飞“神六”的训练中，费俊龙与聂海胜组成了一组。面对“神六”，由于飞行天数增加，对航天员的身体条件、对抗航天环境的耐力适应等方面提出了更高要求，为达到训练目的，在常人难以忍受的环境中，他反复训练，练就了良好的心理素质和过硬的适应能力——为适应太空失重状态专门安排了头低位卧床的训练，费俊龙和他的战友们头向下，连续五天躺在倾斜的床上，吃喝拉撒等几乎都要保持卧姿。因为长时间保持卧姿，血液流向头部，连看书都感觉困难，眼睛流泪不止，但他硬是咬紧牙关坚持了122个学时，终于完成了训练任务。

神舟六号计划在太空进行多天飞行。费俊龙把近40万字的飞行手册全部牢记，烂熟于心，将一项项复杂的飞行程序、操作要领以及各种应急处置方案全部背会。

2005年6月，费俊龙入选神舟六号载人航天飞行乘组。10月12日，神舟六号飞船发射升空，费俊龙和聂海胜一起进入太空，展开为期5天的中国航天第二次载人飞船飞行。

11月26日，中共中央、国务院、中央军委在人民大会堂隆重举行大会，庆祝神舟六号载人航天飞行圆满成功。中共中央总书记、国家主席、中央军委主席胡锦涛在大会上发表重要讲话，并为费俊龙、聂海胜颁发了“航天功勋奖章”，并授予他们“英雄航天员”荣誉称号。

航天英雄荣誉多

费俊龙的征空壮举，成为昆山人民一笔宝贵的精神财富。昆山市委、市政府授予费俊龙昆山市“功勋市民”称号，授予费俊龙家“英雄之家”称号。

1991年，费俊龙与同为航校毕业的妻子喜结连理，费俊龙的妻子如今也是一位杰出的航天人，在中国航天工业医学研究所任职。20世纪90年代，费俊龙先后调往甘肃、北京等地空军部队任职。1996年，费俊龙曾荣立二等功。

2006年，费俊龙与聂海胜一起当选“感动中国2005年度人物”，颁奖辞说：“谁能让全世界1/5的心灵随着他们的节奏跳动五天五夜？谁能从前所未有的高度见证中国实力的飞跃？他们出征苍穹，画出龙的轨迹，升空日行八万里，巡天遥看一千河，他们是中国航天的黄金一代。”

2018年10月，费俊龙入选昆山市巴城镇东阳澄湖村“新乡贤名单”。乡贤候选名单有：不离不弃沈秀英、德高望重金祖明、航天英雄费俊龙、好儿媳妇姚凤秀、教子有方蒋阿毛、老人福音王家珍、领头致富王家旺、农家同乐

费俊龙和妻儿的合影

王阿三、身残志坚计志宏、天下桃李余学新、贴心医生顾兴元、退伍军人袁惠根、孝敬公婆全金妹、杏坛行家胡丽娟、养蟹能手计小章、不忘乡情数李伟……

费俊龙是昆山的骄傲。他从东阳澄湖村费家浜起步，一路走来，一路辉煌——空军飞行员、航校老师、优秀教员、飞行技术检查员、空军特级飞行员、中国第一批航天集训队员、英雄航天员……他有着过人的勇气、过硬的技术、冷静的头脑、健硕的体魄，兼有江南人的灵性、水乡人的细腻、阳澄湖人的追求、农家子弟的毅力，从而在每个训练项目上都取得了优异成绩，更在32岁那年成了一位年轻的航天员。

入伍以来，费俊龙获奖无数——

1982年，费俊龙任空军某飞行学院飞行技术检查员。成为飞行员以来，飞过歼教-5等机型，安全飞行1790小时，被评为“空军特级飞行员”。

1985年以来，费俊龙在担任飞行教员期间，被评为“空军优秀飞行教员”；在担任飞行技术检查员期间，他将各种事故归类分析，编写了一篇题为《警钟长鸣》的飞行事故调查报告。

1996年，费俊龙荣立二等功。

授予费俊龙家庭的荣誉牌匾

2005年，费俊龙获得“五四杰出贡献奖章”。

2005年11月26日，荣获“航天功勋奖章”和“英雄航天员”称号。

2007年3月，费俊龙名字成为小行星名。

2010年10月31日，费俊龙入选“2010首届王顺利百年中国人物榜”。

2011年7月，中国航天员大队大队长费俊龙晋升少将军衔。

2011年11月12日，费俊龙正式受聘为南京审计学院荣誉教授。

2012年12月，费俊龙获得“中国宇航学会荣誉会员”称号。

2018年1月，中宣部授予航天员群体“时代楷模”荣誉称号。

2021年4月，中国航天大会上，费俊龙任2021年“中国航天公益形象大使”。

锦溪一家三姐弟的革命经历

陆宜泰

在昆山锦溪有一户平常家庭，三姐弟先后参加革命，书写了光荣家史，他们是大姐陆迅行、二姐陆力行、三弟陆春林，他们都在抗战中出生入死地为党工作过，为中国革命作出了重要贡献。但对他们的事迹的认定却历经坎坷，幸而三姐弟终被组织铭记，被百姓拥戴。

二姐陆力行和大姐陆迅行合影

三弟陆春林留影

陆迅行的事迹

陆迅行（1913.2.1—2009.8.8），陈墓（今锦溪）镇北长寿桥东栅人。原名陆秀娟，曾用名陆景霞。陆迅行出身于一个装卸工人的家庭，家中兄弟姐妹四人，她排行老大。7岁那年，新文化运动传入小镇，当时提倡男女平等，因此陆迅行开始读书认字，后来进了洋学堂免费读了5年书。可是好景不长，由于军阀连年混战，又遭遇天灾，父亲失业，生活从此陷入了困境。为了养家糊口，1930年，才17岁的陆迅行经友人陆琴仙介绍，带着妹妹陆力行背井离乡，到上海鸿兴袜厂去做童工。

1932年“一·二八”事变后，日军入侵上海，工厂倒闭，陆迅行姐妹俩就失业了。后又经人介绍，她们去了一家美商——海宁洋行蛋品加工厂（益民食品一厂前身）做工。在此期间，她和工友们白天在厂里打工，晚上参加工会组织的业余夜校——麦伦中学文化补习班。在这所由地下党员担任教师的学校里，她第一次获得了培训机会，阅读了不少进步书刊，接触了革命思想，并在中共党员教师的指导下，参加了“国难教育社”和“救国会”等抗日救亡组织。那所麦伦中学夜校里的女生，当年还曾参与聂耳、田汉创编的《扬子江风暴》的排练和演出。陆迅行用学到的革命理论启发了厂里的工人姊妹，并组织大家为争取每天两次休息时间而同厂方资本家斗争、交涉，最后取得了胜利。

随着日本帝国主义的侵略脚步步步深入，国家危亡激起了全国抗日救亡运动的蓬勃开展，上海爱国民众也积极地投入其中——抗日歌曲和抗日口号响彻大街小巷，浦江两岸的爱国活动开展得如火如荼。陆迅行厂里的工友们在党组织的宣传发动下，义无反顾地投入这一爱国热潮之中，并在斗争中接受了革命教育，逐步树立起要为共产主义事业而奋斗终身的人生观。

1937年“八一三”战火烧到上海后，日军的飞机大炮狂轰滥炸，闸北、虹口地区的大批工厂和民宅毁于一旦。陆迅行和成千上万的民众一样，成为无家可归的难民，只得躲避在租界的难民收容所里。随着上海租界抗日浪潮的日益高涨，她和广大民众在抗日团体的组织下，走上街头进行募捐，用实际行动支援前方的抗战将士，并且还去慰问伤兵，高唱抗日救亡歌曲，张贴抗日标语、抗日海报，向广大群众宣传党

陆迅行（左）在上海市公安局工作期间的留影

陆迅行留影

陆迅行留影

的抗日政策。同时，陆迅行还参加了要求政府释放爱国“七君子”的示威游行，参与了组织工人与资本家进行斗争的谈判活动。

1938年6月，陆迅行和陆力行姐妹俩一起秘密加入了中国共产党，并和厂里另外几名党员一起建立了海宁洋行第一个党支部。同年7月，姐妹俩因发动厂里工人反对“过外白渡桥时下车步行，并向两旁日军岗哨行礼”的罢工斗争，遭资本家开除而离厂。8月，在中共党组织的安排下，姐妹俩离开上海赴皖南泾县参加了新四军。1941年皖南事变后，陆迅行随江南指挥部突围撤到苏北，先后担任盐阜区公安处机关党支部书记、淮安县公安局局长等职。

1949年春，陆迅行赴北京出席第一次全国妇女代表大会，受到毛主席亲切接见。新中国成立后，陆迅行历任上海市公安局治安处户籍科科长、基建保卫处副处长，上海市公安局档案处副处长，静安区政法部部长，静安区委常委、副区长。1964年起，陆迅行任上海纺织工业局党委监委副书记。“文革”初期，因曾在上海市公安局档案处整理过敌伪档案，陆迅行遭到“四人帮”的迫害，曾在北京秦城监狱被关押四年零八个月，直至1981年才得以平反昭雪。陆迅行复出后，任上海纺织工业局保卫处处长、纪律检查委员会副书记等职。1983年10月离休。2009年8月逝世。

陆力行的事迹

陆力行（1916.1.15—2017.11.14），陆迅行之胞妹。陆力行原名陆秀金，曾用名陆景雯。她和姐姐陆迅行一起去上海鸿兴袜厂做工，后来转到美商海宁洋行蛋品加工厂。她白天在厂里打工，晚上也与姐姐一样，在工会组织的业余夜校——麦伦中学补习文化和政治知识，接受进步思想的教育。当时国难当头，进厂后的陆力行也积极投入抗日救亡运动。

当时，中国共产党积极组织力量投入救济上海难民的工作中。1937年11月，中共江苏省委成立了难民工作委员会，在“难委”的教育培养下，陆力行不但秘密加入了中国共产党，而且还经常参加罢工斗争，后被开除出厂。1938年8月，在中共“难委”的安排下，陆力行也离开上海赴皖南泾县参加新四军。1941年皖南事变后，陆力行被派到新四军二师工作，担任皖南新四军教导总队副排长、组织干事等职。后在江苏盐城、盱眙一带参加抗战。为了从事策反日军的工作，她积极学

陆力行留影

陆力行（右）在皖南参加新四军时的留影

习日语。在她和同事们的耐心教育下，一批日军被俘人员认清了日军的侵华阴谋及其犯下的滔天暴行，都愿意参加反日同盟，为抗日战争的胜利作出了重要的贡献。

1941年起，陆力行在盐城抗大五分校政治部担任秘书一职，翌年入苏北华中党校一队学习。1943年起，在淮南新四军二师政治部担任统计干事。1946年起，先后在苏北淮安华中党校组教处任技术书记，在山东华东军政大学政治部任保卫干事、校部秘书、组织干事。新中国成立后任南京第三高级步兵学校办公室机要秘书等职。1954年，任南京华东空军政治部保卫部副科长。

1955年，陆力行响应国家号召，脱下军装，转业到南京师范学院任党委副书记，兼人事处处长、组织部部长。后来又服从组织安排，到江苏省农业厅担任干部处处长，在任期间，她认真挑选具有丰富经验的农牧业人才出国，去执行重要的援外任务。1965年，调农业部对外联络局任副处长。“文革”初期，她的丈夫——空军政委余立金遭到迫害。陆力行则被关押在秦城监狱达六年零四个多月，于1978年被平反释放。恢复工作后，她先后担任农林部落实政策办公室副主任、人事局处长、纪律检查组成员。“文革”结束后，陆力行任农业部人事

1949年，余立金和陆力行在南京合影

局老干部处处长，在这期间，她曾为多位在“文革”中遭受迫害的干部和专家落实政策，恢复待遇。

1982年12月离休后，陆力行不忘初心，继续发挥余热，不顾年迈体弱，积极关心“三农”事业的发展，关注原单位的各项建设，为实现中华民族伟大复兴的中国梦担负起一位老同志应尽的职责。她忠于党，忠于祖国，忠于人民，对党的事业无比热爱。无论是在革命战争年代，还是在和平建设年代，陆力行都始终保持共产党员本色，严格要求自己。她对待工作力求高标准，对待生活力求低水平，始终保持艰苦朴素、平易近人、团结同志的优良作风，深受同事和部下的敬重。她严于律己，宽厚待人，清正廉洁；她工作积极，生活俭朴，为人正直，作风民主，团结同志，密切联系群众。她始终保持着艰苦朴素的优良传统，将“勤俭节约”四个大字挂在客厅显要的位置，以随时督促自己并以此教育子女传承良好家风。

2017年11月14日，陆力行因病在北京逝世，享年101岁。

余立金（1913—1978），湖北省大冶县人。1928年参加中国工农红军。1930年加入中国共产党。土地革命战争时期，任鄂东南红军独立师副连长、连政治指导员，中国工农红军第六军团十八师五十三团政治委员，第十八师政治部主任、政治委员等。参加过长征。抗日战争时期，任新四军政治部组织部副部长、教导总队政治处主任，中国人民抗日军政大学第五分校政治部主任等。解放战争时期，任淮南军区政治部主任、中共华中分局党校副校长等。中华人民共和国成立后，历任华东军区军政大学副政治委员兼政治部主任、中国人民解放军第三高级步兵学校校长兼政治委员、南京军区空军政治委员、中国人民解放军空军副政治委员兼南京军区空军政治委员、中国人民解放军空军政治委员、中国民航总局第一政治委员、中国人民解放军空军第二政治委员等。1955年被授予中将军衔，荣获二级八一勋章、一级独立自由勋章、一级解放勋章。是第四、五届全国人民代表大会代表，中国共产党第八、十一次全国代表大会代表。

陆春林的事迹

陆春林（1923.3.28—1974.1.31），昆山县陈墓（今锦溪）镇人，乳名大弟弟，曾化名陆永杰。为陆氏姐妹的胞弟。高小毕业后随父在家务农。1938年，到上海帮助两个姐姐做家务，并在上海另谋职业。

当时，两个姐姐因参加共产党后进行抗日宣传活动，而被工厂开除，陆春林也由中共地下党安排进了“华工难童收容所”维持生活。所内有特约专业教师利用业余时间来上课，讲述时事，教授社会科学，宣传革命思想。1939年夏，陆春林也加入了中国共产党。之后，他在地下党为新四军培养通信技术人才的“神州中学无线电训练班”学习。从此他过着严格的集体生活，一切按制度规范生活。每人配发一只电蝉、两节大号电池，每晚5至7时上课，其中一小时上无线电收发报课，由李穆老师教授，机务课由龚谈樵老师教授，内容为电工学和无线电学等。还兼学哲学、政治、社会科学等基础教程，由朱启銮老师教授。英语和数学课由杨昌镛老师教授，体育课由冷风老师执教，行政管理由姜澄衷和陈正明老师执教，他们都是中共党员。陆春林由陈正明老师单线领导，学员中的6名党员组成了一个党小组，发挥党员在班里的模范骨干作用。半年后结业，陆春

少年时代的陆春林留影

林等6名党员全部被派往皖南云岭新四军军部，从此，陆春林参加了新四军部队。

陆春林于1940年1月中旬，由地下党安排，与10多名同学一起领取了所谓的“良民证”，乘火车到常州奔牛东站下车，先到“江抗”老二团驻地，后由侦察员带领，经竹箦桥、茅山，然后过运河，来到新四军一支队司令部，再由兵站送经郎溪、十字铺、宣城、杨柳铺等地，最后抵达云岭军部。从1940年2月起，陆春林在新四军军部无线电训练班继续深造了3个月。1940年5月起，再在军部教导队青年队受训4个月，内容为军政训练，要求非常严格。当时每人分配子弹300发、木柄手榴弹2颗、步枪1支，并规定枪支和子弹不得离身。

从1940年8月起，陆春林在新四军军部直属电台担任实习报务员，当时的电台负责人是通信科科长胡立教，译电员是顾明，报务主任是李树珍，报务员有林英、曹得水、汪番等6人，还有实习报务员张美衔、实习译电员徐根火。这个电台对外称“三山办公室”，意为三科（通信科）在山上的办公室，属于监察侦察台，所以只收不发。

1941年1月发生皖南事变后，这个电台的所有人员都在战斗中失散了。陆春林不幸被捕，被押送到上饶集中营，反动军官审问他：“为什么参加共产党，参加新四军？”陆春林回答说：“我只知道抗日，不知道共产党。”由于他当年只有18岁，反动军官就没有过多追问。因当时尚属国共合作阶段，他先被编入国民党军队的某部二队，1942年夏季重新编队后，被编入三队。1942年夏，他在转移到福建建阳市徐市乡下一所祠堂时，随班长谢邦坤（老红军，被捕前任“江抗”老一团三营副营长兼营政委）假装到河滩洗衣服，乘岗哨不注意时逃跑。他们在荆棘丛中拼命前行，不管身上被刺破流血，翻过几座山岭后，终于逃脱成功。两人暂住在当地农民家中，帮他们在田里干活。因当地的男劳力经常被抓壮丁，不久，谢邦坤因逃避抓壮丁而与陆春林失散了。陆春林则被迫在国民党陆军独立工兵团一营二连当杂务兵，后长官发现他能文识字，又让他顶替空缺的文书。当时，他化名为陆永杰。1948年9月，因弄到了差假证，陆春林有幸与连部上士军需官李为泉等4人一起离开了国民党部队，乘火车回到陈墓老家。

1948年10月，陈子静老师介绍他到陈墓图书馆工作。1949年5月，陈墓镇解放，陆春林非常兴奋，马上报名参加工作，在新政府中干助征。1949年9月后，到淀西区区政府当会计。他夜以继日地忘我工作，因劳累过度而得了肺结核病。1955年，奉调到昆山县正仪镇国营稻麦原种场任会计。1961年1月到上海出差，在公共电车上因心脏病发作而倒地不起，被人急送往静安医院，被诊断为脑梗死。从此他半身瘫痪无法工作，只能休养。他在上海空军455医院住院就医了很长一段时间，又在上海和南京两位姐姐家疗养了一段时间。因为偏瘫无法康复，曾经的女友离他而去，故陆春林终生未娶。后来，他回到农场休养，因半身不遂，做任何事只能靠一只手，生活勉强能自理。由于还有肺病和风湿性心脏病困扰，又常发哮喘，所以他的生活质量很差。

“文革”期间，他因姐夫余立金和姐姐陆迅行、陆力行受迫害而遭牵连，他自己又曾在皖南事变中被捕过，因此，病中的陆春林也倍受迫害。陆迅行出狱后，看到弟弟身患残疾，生活太苦，多次劝他到上海休养治病。1974年1月，他在去上海途中因发病而住进了医院。1月31日，他在出院路上感染风寒，在姐姐家门窗紧闭的室内使用煤气取暖器驱寒，在严重缺氧的情况下，病情突然加重，口吐血痰，虽及时送往医院，终因病重而亡。陆春林去世后，弟弟陆诚侃多次去信昆山县政府，提出申诉。直到1979年，他才得以平反，他的革命贡献才得以被认定。

昆山稻作试验场始末

毛经球

20世纪20年代末，昆山曾建有“中央大学昆山稻作试验场”，后改称“南京大学昆山稻作场”，是1928—1961年间在昆山办的一所农业水稻栽培育种科研单位，曾长期被称为“昆山稻作试验场”。

1927年3月中旬，由于国民革命军进攻南京，时局动荡，东南大学被迫停课，师生只能离开学校。是年6月7日，国民政府教育行政委员会颁布“大学区制”，决定在江苏、浙江两省试行。江苏将成立一所大学，经过周密筹划，就将当时的国立东南大学、河海工科大学、江苏法政大学、江苏医科大学、上海商科大学以及南京工业专门学校、苏州工业专门学校、上海商业专门学校、南京农业专门学校等江苏境内的9所专科以上的公立学校合并，组建为国立第四中山大学。同日，国民政

中央大学第一任校长张乃燕留影

中央大学校门旧影

府教育部任命张乃燕为第四中山大学校长。学校后来改名为“国立中央大学”（以下简称“中央大学”）。

中央大学是国民政府建都南京后组建的国内最高学府，该校秉承了东南大学的办学特色，加之国民政府采用聘名师、高投入、大发展的方法，使得中央大学声名鹊起，成为民国第一学府。

中央大学办起的这个稻作试验场不仅在国内具有很高声望，在国外也有很高声誉。在其三十多年水稻栽培、育种、科研的历史中，为国家培养了一大批农业科学研究人才，在良种培育、良种推广以及提高水稻产量等方面作出了重要贡献。

满怀热情，创建稻作试验场

中央大学的这个稻作试验场办在原来巴城镇的红窑、杨家两村毗连的原红窑三、六、七队和原杨家二队这个地方，在民国时期属于鹿城区青墩乡第四保十五图白塔港村，因为地处白塔港村，所以当地群众称其为“白塔港农场”。

这里原是一片低洼荒田，1928年以前有个广东华侨买下这片低洼荒田后，办了一个垦牧公司。因是广东华侨办的企业，当地农民就叫它“广东公司”。

早在1907年，昆山、新阳两县的绅董就集资创办了一个垦牧公司，目的是振兴实业、开辟利源。因为昆北地处低洼地区，荒地较多，有开办垦牧公司的条件。如寄居昆山的李平书于1907年集股在昆山创办昆新垦牧公司，曾购买荒田万余亩，筑堤种桑，两年后就初见成效。

这个广东垦牧公司开办之初，也曾开塘养鱼、筑堤栽桑，后来因为经营亏损，无力继续经营，就转让给另一个广东人接办。接办的广东人原以为可以扭亏为盈，结果仍无起色，就准备把这个公司转让出手。

当时，中央大学农学院有一个叫顾复的教授。顾复，字震吉，1894年生人，出身于无锡顾家弄的一个书香门第。父亲顾述之是著名教育家，曾任江苏省立第三师范学校校长。顾复自小受到了良好的教育，他目睹我国当时农业的落后，立志要改变这一状况。他在中学毕业后留学日本，于1920年毕业于日本东京帝国大学农学院。回国后，他先后任无锡县藕塘桥小麦试验场场长、苏州农业学校校办农场试验场场长、南京东南大学农科讲师、中央大学农学院副教授等职。他一面教学，一面从事培育良种工作，利用从美国引进的“玉皮”小麦品种与无锡农村乡间的小麦品种进行杂交，终于培育成“锡麦一号”良种，不仅产量高，而且具有抗病虫害、出粉率高的优点。“锡麦一号”迅速在大江南北推广。抗战胜利后，顾复任江苏省立教育学院农业教育系教授，经常带领学生到农村田间观察农作物的生长情况，并且传授选种、育种知识。

新中国建立后，顾复兼管苏南行署农林水利处农业技术。1952年，全国高校院系进行调整，顾复调任苏南农业科学研究分所的望亭苏南稻作试验场场长兼作物组主任。从此，他一心扑到水稻栽培的农业科研中去。

水稻在太湖地区已有六千多年的种植历史，吴地白粳古今闻名。要使它质量更好、产量更高，关键是需要不断培养出新的良种。品种杂交是一个途径，寻找变异植株也是一个途径，后者收效更快，但寻找较难。他几乎跑遍了苏南地区的所有稻作试验站，几乎每一两个月就要跑坏一双布鞋。经过不懈努力，他终于在常锡白粳型的“张舍尖头黄”中，选出了一种能够增产且米质优良的稻种，命名为“粳稻412”；从松青薄稻型的“松江矮宁黄”中，选出了又一高产质优的稻种，命名为“晚稻853”。推广这两个稻种后，水稻产量大幅度增加了，因此，顾复于1957年获得了“全国农业劳动模范”称号。顾复先后被选为江苏省第三届人大代表，江苏省政协第一、二、四届委员。著有《江苏的稻种》《江苏水稻的起源和发展》等著作和论文。顾复于1979年10月6日逝世，享年85岁。

顾复因其祖坟及祭田在巴城乡杨木村南面的茅沙塘西岸，所以年轻时每年春季都要到茅沙塘祖茔扫墓，因此和当地的乡农也熟悉了。在与乡人的闲聊中，顾复得知广东垦牧公司想要全部出让的信息，考虑到昆山巴城一带水源充沛，气候湿润，适宜种植水稻品种，他回到中央大学后，就建议农学院出资购下该地，建场研究水稻种植。经农学院专家论证，再经邹秉文院长批准，中央大学先派助教周祚禄到昆山筹办，不久，即派顾复教授前往主持筹建工作，并定名为“中央大学昆山稻作试验场”，该场成为研究选育水稻良种和供学生实习的试验基地。

《申报》在1926年10月7日刊登了题为《东大农科筹设稻作试验场》的报道：

拟于苏常、沪海道属产稻区域，增设稻作试验场一所，专门注意改良粳稻，并由稻作技师王尧臣、顾震吉二先生亲诣江南一带相度适常场所，现已拟定昆山，场地布置亦有眉目。良以昆山交通利便，界于苏常、沪海二道之间，又为产稻区域之中心，它日改良推广均感便利。至该场事业进行，不日即可开始。

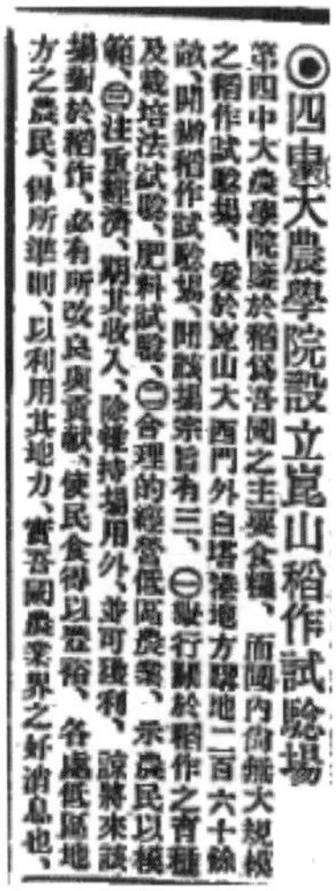
◉四中大農學院設立崑山稻作試驗場
第四中大農學院鑒於稻爲吾國之主要食糧、而國內尚無大規模之稻作試驗場、爰於崑山大西門外白塔港地方購地二百六十餘畝、開辦稻作試驗場、聞該場宗旨有三、㈠舉行關於稻作之育種及栽培法試驗、肥料試驗、㈡合理的經營低區農業、示農民以模範、㈢注重經濟、期其收入、除維持場用外、並可獲利、諒將來該場對於稻作、必有所改良與貢獻、使民食得以豐裕、各處低區地方之農民、得所準則、以利用其地力、實吾國農業界之好消息也、

《申报》报道

《申报》1928年2月24日又刊登了题为《四中大农学院设立昆山稻作试验场》的报道：

第四中大农学院鉴于稻为吾国之主要食粮，而国内尚无大规模之稻作试验场，爰于昆山大西门外白塔港地方购地二百六十余亩，开办稻作试验场。

闻该场宗旨有三：一、举行关于稻作之育种及栽培法试验、肥料试验；二、合理地经营低区农业，示农民以模范；三、注重经济，期其收入，除维持场用外，并可获利。

谅将来该场对于稻作，必有所改良与贡献，使民食得以丰裕，各处低区地方之农民，得所准则，以利用其地力，实吾国农业界之好消息也。

建场初，由助教周祚禄驻场搞试验。周祚禄（1897—1979），中央大学农学院助教。他开创水稻地方品种鉴定，为我国水稻品种改良打下了基础。20世纪30年代曾大力促成湘米销粤的实施，以应备战需要。曾提出粳稻起源新假说，受到了学术界重视，为发展我国水稻生产和科研工作作出了贡献。

不久，周祚禄赴美深造，中央大学就改派助教陶然前往接替管理。1929年，顾复教授奉命赴日考察，是时，水稻专家赵连芳博士刚由美返国，接替了顾复农学院教授的职务，并兼任中央农业实验所稻作系主任，并领导昆山稻作试验场工作。1931年，经赵教授建议、领导批准，院方另派吴恺直到昆山主持场务工作。吴恺直，长沙人，于原中央大学前身东南大学毕业。同来昆山工作的还有他的助手技术员李建寅（兼会计），练习生杨全生、李文宽。吴接任后积极规划，增购土地，扩大试验面积，扩建种子室等。1936年，吴恺直被调往南京孝陵卫农科所工作，中央大学另派农学院研究生福建人汤文通代理场务。1937年，汤文通回福建工作，院方又选派陈维祯（江阴青阳人）来场负责。此时，技术员冯瑞聚亦来场工作，后来李文宽去了安徽芜湖稻作改良场工作。未几，八一三事变爆发，人员星散。抗战期间，试验场被敌伪霸占，试验工作只能停顿。

成果斐然，试验花开全国各地

稻作试验场的主要业务，表现在培训人才、研究技术和示范推广三个方面。

人才培训

在中央大学农学院稻作系读书的学生，一般需在试验场实际操作两个阶段，掌握基本技术后才能毕业。各地从事农业和水稻工作的科研人员也常去取经学习。目前，全国各院校、研究单位的老一辈水稻专家，大都有在昆山稻作试验场实践锻炼的经历。如水稻专家赵连芳博士在试验场工作期间撰写的育种论文引起了日本学者的重视；杨守仁教授在试验场时研究水稻品种分类，后来到沈阳农学院育成了不少新品种；昆虫专家、原中央大学农学院教授邹钟琳研究水稻栽培和避螟害问题也富有成效，被后人借鉴；中国农业科学院小麦专家金善宝院长在试验场搞过稻麦轮作；豆类专家谢成章在场圩岸旱地上作绿豆品种试验，后成为举世闻名的绿豆分类专家；河南省农科院院长柯象寅，江苏省农科院所长杨立炯、研究员周泰初都在试验场下过功夫，后来各有研究成果发表。

研究试验

全场223亩水稻田，除54亩专用于繁育良种之外，其余全为试验田，占了水稻田总面积的四分之三。这项工作着重于育种和栽培，育种又以选育优良品种和杂交育成新品种为主。原中央农业实验所稻作系先后搜集到世界各地和国内优良水稻品种达6000余种之多，其中还有很多是名贵品种。赵连芳博士任系主任并指导稻作试验场工作时，决定将全部品种移到昆山保存并作试验用，故当时每年总能有300个左右的品种搞品比试验。

只要走进试验田，就见稻株高高矮矮——高的过腰、矮的及膝；稻秆粗粗细细——粗的如高粱秸，细的若黄草茎；稻穗有松散的，有紧密的，都沉甸甸地下垂。由于成熟收割期不一，从六月到十一月的都有，故有的才插秧，而有的却已成熟。

在脱粒室里，谷粒也是形形色色的，其形状有近圆，有狭长，有短壮，有尖细；米粒小的像芝麻，大的像葵籽；米色则有白、黄、红、紫各色。真是形状各异、各具特色、香气沁人！例如从安徽省当涂县引进的农家种中籼稻，经过选育，定名为“帽子头”，当时亩产稳定在500斤以上，高的可达600多斤，比当地高产的“大子籼”增加了100多斤，米质列二级，饭香可口，省肥避螟，受农户欢迎，誉满江南，曾普及到浙、闽、湘、赣、川、鄂等省，农户编有顺口溜曰：“帽子头，呱呱叫，清明下种子，小满插秧苗，秋分节后收成高。”

又如，经试验场选出的当地品种中梗“一时兴”，米质好，一般亩产600斤以上，高的达700—800斤。1948年后，引进繁育中粳“中农4号”，秆粗、耐肥、株高、穗大，能抗涝，不倒伏，适于低洼地种植，亩产接近“一时兴”，又能避螟害。李建寅从台湾回来时，也引进了8个中熟粳稻品种，其中“台北7号”“高雄8号”“台中65号”，壳薄、米质优。经培育繁殖和区域性试验证明，台中65号适宜内地栽种，后在湘、赣、川、鄂等省推广，作为大面积籼改粳的替代品种。昆山原有农家品种也不少，单香粳稻培育就有白香粳、乌香粳等10多种，本县及外地要求引种者曾盛极一时。场权下放到县之后，生产任务转变，县里不再继续搞试验，多少年来搜集、保存的水稻品种，良种已内移，其他一般性的就弃而不用了。

为了抗战初期试验品种内移，当时煞费苦心。1937年，敌机屡犯昆山，11月间，农场附近遭轰炸，李建寅率领部分员工将刚收获的试验种择优包装好，冒着生命危险，运到苏北淮阴县，再转移到泰县曲塘区梁带庄，租借农民田办稻作试验场，试种这些小品种，由李暂代场长职；水稻专家王元乾（后任江苏省农林厅高级农艺师）和随同转移的员工李文宽、仲延钧等都亲自动手种植。后因日寇骚扰，地方不靖，王元乾接任高邮稻作试验场场长后，又将小品种转移至高邮繁殖。1940年同成都（试验单位）联系上之后，即设法将有希望的品种辗转运往成都，由中央农业实验所成都工作站周泰初等试验种植。可惜由于气候及途中运输、保管等种种原因，大部分稻种不抽穗或秀而不实，一番心血化成灰烬。

栽培、示范、推广

有品种区域适应性试验，有不同方法的施肥及肥料品种试用；有除草、中耕、灌溉、播种、插秧等试验；有分蘖、拔节、圆秆、孕穗、抽穗、扬花、灌浆、立肉、成熟等不同时期观察记载，建立品种档案。还为推广良种、新品种和农业技术奠定基础，选择试验场附近的陶店、司马泾、红窑、白塔港4个自然村为示范区域，借出良种，指导种植。一般春天供种，秋季收回，昆北各乡农户大多于春天络绎不绝地到场里换种，一般以粮换种者居多。之后，附近农户及生产队队长等常去田间看看，串门学习，中午休息、晚间纳凉时，前去闲话生产。周围一些新定居的农户，原来不敢种水稻的也种了，不会种水稻的成内行了，带动了场周围农村的水稻高产种植。至20世纪50年代中期，中籼“帽子头”已在昆北各乡栽种近30万亩，中粳“一时兴”品种在昆中、昆南地带作为籼改粳的代替品种，推广区域亦在20万亩左右。中粳“中农4号”因能抗涝避螟，更受到全县农户欢迎，籼改粳运动中，栽种面积超过了“一时兴”，成为代替“帽子头”和“一时兴”的优良品种。20世纪50年代中期，晚粳“老来青”进入昆山，试验场又投入繁育，并在张浦乡试种成功，在县委领导的支持下在全县范围内进行推广“中改晚”工作。

办试验场30多年，培养了一批专业人才，其中不少人是后来继承发展这项工作的骨干力量。试验场研究整理水稻品种，保存和提供水稻各品种的原始材料，为进一步搞水稻科研工作创造了条件，对昆山县水稻品种的改良、耕作制度的改变和产量的提高起到了显著作用。特别是昆北各乡原籼稻地区，由于国家大搞水利建设，推广改良农机具，加强对农业生产的领导，改种良种籼稻，进而广种太湖地区的优质薄稻米（粳稻），使“十涝九不收”的昆北地区产量大幅度提高，增加了收入，农民生活大大改善。同时，昆中籼粳混种区、昆南中稻区也换上良种，改种晚稻，为进一步提高产量作出了贡献。

几经波折，稻作试验场宣告结束

在建场之初，顾复教授先对全场278亩土地进行丈量，绘制平面图，再按水稻科研要求，平整后划分为55块田地，并测试了各田块的肥力；在低洼的地方挖塘筑岸，建造了办公室、宿舍、材料房各一幢。一个初具规模的科研场所建立起来了。

吴恺直主持场务工作后，继续购进土地76亩，开垦无主荒地16亩，全场总面积增扩为370亩。其中规划水稻育种的为223亩，鱼塘30亩，其他117亩分别为旱地、田埂、好岸、屋基、晒场、道路等。他们在旱地里种蔬菜、绿肥作物，在零星土地上种豆类、饲料、绿化等，作为职工副食品及鱼饲料基地，这样就形成了一个农、渔、副三者为一体的综合科研生产机构。

同时，又增建了西式房屋4幢，一般用房7幢，分为办公室、种子室、陈列室、实验室、风干室、脱粒室、职工宿舍、厨房、碧谷房、牲口房、机器房、副业房等。又添置柴油抽水机2台，耕牛4头，农船4条，交通船1条，每天进城往返一次，进行购物、送信、取报。

在几里外，就能看到那里场屋巍然，树木苍葱，田块方正，沟渠纵横，道路平坦，圩岸坚固，能灌能排。大田试验项目多，试验仪器设备全，生产工具充足，操作规程系统，陈列展品面广，有水稻标本、病虫标本、米质标本、水稻标本等。因此能顺利地开展各项试验和生产，成为秩序井然的具有较高科研水平的单位。

谁知好景不长。1937年抗日战争全面爆发后，11月，昆山沦陷。这时，场中少数人跟随农学院西迁，部分人员退往苏北，但是，剩余人员仍在坚持科研工作。翌年，稻作场被当地伪保长李福堂（家住场附近的杜桥村）接管。不久，新塘北岸东江村曹长金看到农场里房屋较多，田产丰富，环境又好，比较隐蔽。因此，他派心腹伪装成农场工人，强占稻作场，把农场财物据为己有，并任意挥霍、为所欲为。

抗日战争胜利后的1946年春，农学院院长冯泽芳决定恢复昆山稻作试验场工作，先派杨全生到昆山观察联系，续派李文宽协助，不久仍委派战前负责人吴恺直着手收回房屋、田地等财物，整理恢复，重振旧业。经协商决定，昆山这个试验场由两单位协作合办，改名为“国立中央大学农学院、中央农业实验所昆山稻作试验场”，主要任务扩大为育种、繁种、引种、栽培技术和学生实习，成为一个业务全面的水稻科学研究单位。

1948年，为研究推广晚粳“老来青”，中央农业实验所提出调场长吴恺直去松江稻场工作，另调农学院研究生湖北人黄德楔接替场务，并增加了研究提高复种指数、试种双季稻和夹种稻等项目。

1949年5月13日昆山解放，6月初由农学院军管会派员来接收试验场，6月底又派以刘春芳为组长的三人小组来昆接管场务，并改名为“南京大学昆山稻作场”，黄德楔仍任场长，郑仪任会计，李文宽搞试验工作并负责场部管理（后郑仪因故回浙，会计工作由李兼任）。在党的领导下，场里的一切试验工作照常进行，未有间断。

1951年，黄德楔辞职，农学院派李建寅来昆接任，由李文宽任助理，场里同事称他们为“老李”和“小李”。李建寅是淮阴县袁集乡人，抗战前是本场技术员，抗战胜利后，被派赴台湾工作。在1949年之前，因李母生病而返宁，即任职于南京燕子矶中央电瓷厂。农学院因他是昆山试验场初期创办人之一，熟悉情况，征得他的同意后委以他管理昆山试验场的重任。李建寅到职后，培育繁殖了从台湾带回的“台中65号”中熟粳稻良种，并大面积推广。因原留场人员良莠不齐，如职工子弟小学教师仲某、农场职工陈某等都是潜逃来昆的伪职人员，后被人检举揭发押回原籍，无形中影响了试验场的声誉。

1951年底，农学院认为学生到昆山实习实不方便，往返费时费钱，就另找地方安排实习。为配合当时农业改造需要，将试验场下放给苏南行政公署农林处领导，就把李建寅调回农学院工作。苏南农林处派朱尤存、陈光烈率领唐金元等12名农工到场接收，场名改为“昆山白塔港农场”。朱尤存主持场务，陈光烈担任技术员兼会计，唐金元搞工会工作，李文宽仍留场负责技术指导工作。朱尤存原是武进县一个区的生建科科长，来昆之前他已组织了一个班底，包括原乡民兵中队长唐金元和农工十多人。朱尤存到任后，未同当地协商，就辞退了一部分老工人，但新农工对种水稻并不熟悉，因此工作开展不起来，后来只能将被辞退的老工人再请回来。由于场工之间常有一些矛盾，甚至发生了罢工事件，朱尤存因而被调回苏南农林处。苏南行署为今后便于领导生产，就将试验场下放给昆山县管理。

1952年3月，昆山县接办试验场。1950年，昆山在正仪建立了昆山县第一农场，即今稻麦原种场，于是就将试验场改名为“昆山县第二农场”，派王振殿负责场务。到1953年，王又调出，就派茅虎生来场接任。此时，陈光烈亦调县工作，李文宽调往正仪农场，改由郭连成、邹威凤任技术员，5月间还并进了原巴城区属的关王乡东江村名为“广华公司”的一个小农场。业务以大田生产推广为主。先后繁殖推广了良种“洋早十”“老来青”“农垦58”“苏稻1号”等，在科学种田、普及良种、促进生产、提高产量等方面，作出了应有的贡献。

1958年11月，县里又将试验场下放给巴城区，后巴城区撤区并乡成立公社。1961年，公社将试验场改为畜牧场。不久，再下放给红窑大队。而红窑大队无力办场，就将土地分配给社员耕种。那时，试验场员工大多调离，房屋财物分为三份。其中两份拆迁到正仪农场及花桥苗圃场，一份留原地，尚有少部分分给周市鱼苗场。试验场下放到大队时，将耕地总面积的40%即约80亩分给杨家二队，60%分给红窑大队，其中七队约得60亩，三、六两队各得约30亩，池塘沟渠等为大队所有，少数农工转为社员。就这样，建立30多年的昆山稻作试验场至此宣告彻底解体，不复存在。但是，试验场所取得的历史功绩，是人们永远不能忘怀的。

当代昆山演艺名人群英谱

杨瑞庆

昆山地灵人杰，如从当代（一般指1949年10月1日至今）表演行业去梳理的话，也是大家辈出。有些声名远扬的艺术家虽然早已远离故土，却是实实在在从昆山走出去的精英，成为故乡百姓的骄傲。经盘点，可用一个乐坛唱家、两名演奏大师、三位评弹名人、五朵“戏剧梅花”组成的昆山籍表演艺术家群英谱，来概括新中国成立后昆山演艺事业所取得的卓越成就。

一个乐坛唱家

俞子正（1954—　）

俞子正，昆山玉山镇人，出身于教师家庭，从小得到艺术熏陶，渐渐喜欢上唱歌。“文革”时期，他的求学历程充满着艰难。但他身处逆境，不断进取，还是幸运地得到了多次深造的机会。俞子正1979年毕业于南京师范大学，1983年毕业于上海音乐学院，1987年毕业于日本东京艺术大学研究生院。他多次参加歌唱比赛，取得了骄人的成绩，如1986年在日本国际音乐比赛中获得第三名，在日本文化放送音乐比赛中获得第一名。1986年至1987

俞子正近影

年，他在东京等地演出歌剧《托斯卡》，并举行了20多场个人音乐会，均取得了圆满成功。

1987年，俞子正回到母校南京师范大学任教，那时他的美声演唱已声震乐坛，当年荣获“江苏省音乐舞蹈节”大奖，后获“首届江苏文学艺术奖”。1989年获得教育部颁发的“霍英东全国青年教师奖”。1990年5月破格晋升为教授。从1989年开始担任江苏省政协委员、全国青年联合会委员。1993年获江苏省“新长征突击手”称号。

由于他在声乐演唱和声乐教育方面都卓有成就，1993年起，就担任南京师范大学音乐学院院长、江苏省音乐家协会副主席。2002年，调入上海师范大学，任表演艺术系主任。2008年底，再任南京师范大学音乐学院院长。正当他退休后准备颐养天年时，由于名声在外，2016年被邀请出任宁波大学音乐学院院长，使他又有机会继续书写音乐华章了。

俞子正教授在长期的教学实践中，积累了丰富的经验，曾撰写论文20余篇、专著3部、教材4套，参著多部，如《声乐教学曲集》《声乐教学论》《西方歌剧发展史》等，他的作品大多受到专家的好评，在声乐界产生了较大影响。

1989年，昆山曾邀他回乡参加“琼花歌会”，一曲声情并茂的《把根留住》至今还让人难忘。

两名演奏大师

丁善德（1911—1995）

丁善德，出身于玉山镇上的一个染坊家庭，家境贫寒，生活清苦，既没有来自家庭的从小培养，也没有来自亲朋的从小引导，只是受到了江南丝竹、苏州评弹，特别是昆曲、苏南民歌的影响，从小迷恋音乐。在模仿着敲敲打打、弹弹拉拉中，竟然无师自通，特别是琵琶弹奏已在当地小有名气。今日昆山的一中心小学和市一中是丁善德的母

丁善德留影

校。当时提倡新学，学校十分重视音乐教育，丁善德在学校国乐队中如鱼得水，尽情地发挥着他的音乐才能，并梦想着将来能在音乐事业上大显身手。

为他编织音乐美梦的恩师是时任昆山县中校长的吴粹伦。他发现了丁善德的音乐天赋后，就鼓励他在初中毕业时去报考当时的最高音乐学府——上海国立音专（今上海音乐学院的前身）。果然，丁善德不负众望，一举中榜，从此走上了专业音乐的道路。

在校期间，经导师建议，他改学钢琴。但之前丁善德从未学过，只能从头练起。由于丁善德富有音乐天赋，加上平日里刻苦训练，不久，他的钢琴水平就有了质的飞跃，引人瞩目。他首演了作曲家贺绿汀的成名作《牧童短笛》，并灌制了唱片，成为推介这首中国经典名曲的第一人。之后，丁善德多次在全国各地巡回举办钢琴独奏音乐会，展示了中国人演奏外国乐器的迷人风采。由于丁善德的钢琴水平出类拔萃，还经常受邀担任国际钢琴比赛的评委。

丁善德是一位卓有成就的作曲家，代表作有《新中国交响组曲》《长征交响曲》等；是一位音乐理论家，代表作有《赋格写作技术纲要》《作曲技法探索》等；也是一位经验丰富的教育家，桃李满天下。

他长期担任上海音乐学院的副院长，还兼任过中国音乐家协会的副主席。他经常关心昆山的音乐事业，曾为文化馆购买了那时昆山地区的第一架钢琴，还赠送给母校一中心小学一架三角钢琴，以表对母校的感恩。

陆修棠(1911—1966)

陆修棠，出身于玉山镇北后街的一个知识分子家庭。婉转的水磨腔，幽雅的丝竹乐，悦耳的民间乐曲，在他幼小的心灵里播下了音乐的种子。由于受到乡音的熏染，他饶有兴趣地自学二胡，心灵中的音乐幼芽开始萌发，并逐渐长成参天大树。

陆修棠留影

1924年夏天，陆修棠就读于昆山县中，与同学丁善德一起参加学校组织的国乐队，由于演奏水平出众，令人刮目相看。后来，丁善德先期考取了上海国立音专，常捎去刘天华创作的二胡作品，给了陆修棠极大鼓舞。陆修棠继续精益求精地钻研二胡演奏技艺，1935年，他也终于如愿进入上海国立音专深造。毕业后，他先后到苏州、南京、上海的院校任教。其间，他的二胡演奏日趋清秀洒脱、圆润有味，成为独树一帜的南派代表，受到了广泛好评。1958年，他调入上海音乐学院任民族音乐系教研室主任，从此为二胡教育奉献了毕生的精力。

陆修棠有志于二胡改良，使二胡更有表现力。他在借鉴和吸收西洋拉弦乐器的制作与演奏的基础上，不断革新，逐步完善，终使二胡成为一种深受国人喜爱的民族乐器，而且在世界舞台上也为国际友人所喜爱。通过他几十年的不懈努力，不但演奏了一大批脍炙人口的优秀二胡作品，而且还培养出一大批具有精湛演奏技艺的演奏家和教育家，为发展我国的民族音乐事业作出了杰出贡献。

陆修棠还是一位二胡曲的创作高手，他创作了8首二胡曲，以《怀乡行》最为著名，风靡乐坛数十年。

在他的艺术造诣达到顶峰时，“文革”爆发了。1966年8月31日，陆修棠惨遭迫害，在上海市郊南汇县投河自尽。

三位评弹名人

顾宏伯(1911—1990)

顾宏伯，昆山周市白塔头人。15岁在苏州读中学时就迷上了评弹，没等毕业，就拜光裕书社的评话名家杨莲青为师，学习长篇评话《包公》。他原想学习说唱兼有的弹词，但老师发现他的嗓音沙哑，具有沙中带糯、哑中含光的特点，认为他有一副说大书的绝好嗓子。在先生的劝导下，顾宏伯利用他得天独厚的嗓音条件，走上了学习评话的道路。果然，先生有慧眼，顾宏伯的说表刚柔相济，表现力极强。他不但能发出声如洪钟般的猛男音色，而且还能发出各种纤细的女腔音色。听众简直不敢相信这是从沙哑喉咙中发出的精细声响。顾宏伯发出的曼妙声调，每每令人叹为观止。

顾宏伯留影

顾宏伯向先生学说《包公》时，并不依样画葫芦地照搬，而是进行因人而异的再加工，从而达到锦上添花后的“更上一层楼”。为了说好这部久负盛名的大书，他不但追求语言生动、音色浑厚，而且还追求台风大度、手面丰富的演技。为此，他揣摩京剧中各行当的表演程式，特别注意吸收京剧麒派的表演风格，进行“大书小说”的独特处理，就是在粗犷洒脱的说表中，糅合硬中带柔的表演，把刚正不阿的包公刻画得貌似威严，实则多情，粗中带细，入木三分，给人留下了正气凛然的丰满印象。由于他把包公演到了极致，名声威震书坛，人称评话“活包公”，顾宏伯因此成为说书标杆。

新中国成立后，顾宏伯先生加入了上海长征评弹团。他不但注重挖掘传统书目，而且积极推广现代长篇新书，如《强渡大渡河》《红日》等都是他的精品力作。在他的带头尝试下，现代书不断涌现，这是他对评弹发展的重大贡献，一直成为书坛佳话，颂扬至今。

严雪亭（1913—1983）

严雪亭，原籍昆山。1913年生于吴县，3岁时，其父回到昆山城南包桥小学任教，严雪亭随行，在昆山度过了他的童年。他生性好艺，从小就常跟随大人到昆山城里的书场内聆听评弹，对这种既有生动故事又有精彩唱腔的表演形式情有独钟。当他14岁到苏州的一家银匠铺当学徒时，就去欣赏周围更加丰富的苏州评弹了。一次，他听到弹词大师徐云志演唱的《三笑》，立即被那出神入化的表演吸引。严雪亭不顾父亲反对，毅然决定弃商从艺，并拜徐云志为师，盼望也能出人头地，成为名家。为了自成一派，他选学了具有跌宕悬念的《杨乃武》，这是清末四大奇案之一，情节扑朔迷离，引人入胜。

严雪亭留影

为了说好这部书，严雪亭搜集了大量史料，并掌握了清代各种官场礼仪和民间习俗，使剧本情节更为细腻传神。他吸收通俗话剧的表演方法，运用各地方言，对书中人物进行绘声绘色的刻画，不放过任何一个细节，设置包袱，增加噱头，顿使作品环环紧扣，回回设悬，令人痴迷，魅力无穷。

由于严雪亭聪明过人，在恩师的教诲下进步神速，不久就跻身名家行列。当1948年上海《书坛周刊》举办评选“十人说书名家”的活动时，经听众投票，严雪亭荣登榜首，连他的师傅徐云志也只能屈居在后。他成了名正言顺的“书坛至尊”，因此留下了“评弹皇帝”的美名。

严雪亭先生1952年加盟上海人民评弹团，由于他说唱俱佳，成了显赫一时的台柱。正当他想在艺术上再创辉煌时，却在“文革”中被打成牛鬼蛇神，曾进过“牛棚”，当过门卫，受尽了身体折磨和精神摧残，身心受到了严重创伤。1983年，严雪亭不幸病逝，但他留下了“严风”浓郁的《杨乃武》录音和“严调”鲜明的《一粒米》唱腔，成为评弹界永远怀念的遗音。

谢毓菁（1924—2011）

谢毓菁，出身于昆山评弹世家，其外祖父名噪一时，但因家庭动荡，他只得随母寄人篱下，初住百花街，继迁西寺弄，最后居东塘街。在近民小学（今一中心小学）毕业后，先跟班学唱文明戏，为继承家业，很想拜师学艺，以评弹立身。

谢毓菁留影

在一次听书中，谢毓菁对名家徐云志表演的《落金扇》深深迷恋，很想拜他为师，因难以支付学费只得放弃。但他学艺初衷不改，在家人的帮助下，沪上名家刘天韵先生终于把他收入门下，虽然学费便宜，但必须无偿跟班四年。刘天韵拥有《三笑》和《落金扇》两部脍炙人口的优秀书目，那时他正缺下手配合，就决定尽快将具有艺术天赋的谢毓菁培养成才。在恩师的教诲下，谢毓菁的说噱弹唱样样出挑，终于配成了名师高徒的双档。一时间刘、谢的风采在沪宁线上闻名遐迩，只要书场贴出广告就一票难求。

新中国成立后，提倡说新书、唱新曲，刘、谢创演的新书《小二黑结婚》一鸣惊人，曾荣获评弹会演一等奖。后来新书接踵，佳作迭出，1951年经深入治淮工地后，集体创演了中篇《一定要把淮河修好》，谢毓菁贡献较大，由于擅长编写唱词，留下了多段著名唱段，如陈希安唱的《人民当家做主人》、朱慧珍唱的《新年锣鼓响连天》、蒋月泉唱的《指导员来传言》等，均出自谢毓菁之手，后来都灌制成唱片，影响深远。

“文革”时期，评弹团解散，谢毓菁转业至苏州人民灯泡厂。由于谢毓菁水平出众，粉碎“四人帮”后，很快被落实政策，召回苏州评弹团重操旧业，终于有了东山再起的机会。谢毓菁除了恢复传统书外，还积极尝试现代新书的创作，那时红极一时的《红岩》《敌后武工队》，还有苏州特色书《满意不满意》，都有谢毓菁的付出。他一有空就回到昆山走亲，常与昆山好友刘宗英先生屈膝谈艺，直至走到生命尽头。

五朵“戏剧梅花”

柯军（1965—　）

柯军，昆山陆家人。1978年3月，他报考江苏省戏曲学校昆剧班，在数千名竞争者中脱颖而出，开始了长达八年的科班生涯。他在校经过严格的系统训练，打下了扎实的基本功。柯军不仅擅长武行，而且文武双全。他毕业后被分配到江苏省昆剧院工作，为了提高表演水平，继续拜昆曲名家张金龙、侯少奎先生为师，在排戏过程中，又得到昆曲“传”字辈周传瑛、包传铎、郑传鉴的指教。2004年，又被中国戏曲学院研究生班录取，他的演艺达到了炉火纯青的境界。

柯军近影

由于柯军的艺术才华出众，现在已是国家一级演员。曾获第22届中国戏剧梅花奖，第11届“文华表演奖”，另获文化部“优秀专家”称号、江苏省“德艺双馨”艺术家称号和江苏省“五一劳动奖章”，成为昆剧界著名的拔尖人才。他还被推选为第十一届全国人大代表、江苏省文联副主席、江苏省戏剧家协会主席。

柯军扮相英俊、嗓音洪亮、表演洒脱、情感充沛，擅长以武戏功底糅合文人气质，在勃勃英气中透出淡淡儒雅之风，形成了武中有文的独特表演风格。柯军曾演过《宦门子弟错立身》中的完颜寿马、《小孙屠》中的朱邦杰、《义侠记》中的武松、《夜奔》中的林冲、《桃花扇》中的史可法、《邯郸梦》中的卢生、《铁冠图》中的周遇吉、《千里送京娘》中的赵匡胤等，特别擅长昆剧武生戏，如《伐子都》《挑滑车》《长坂坡》《界牌关》《战冀州》等折子。由于善于动脑，勇于创新，柯军将每个人物都演得栩栩如生、光彩照人。

进入江苏省昆剧院工作后，柯军从演员、院长助理、副院长一路走来，直至出任江苏省昆剧院的党支部书记和院长，带领全团演职人员，为传承昆曲而殚精竭虑、励精图治。由于他做出了有口皆碑的实绩，2015年，组织上任命他担任江苏省演艺集团有限公司的总经理。

李鸿良(1966—　)

李鸿良，昆山玉山镇人。从小表现出艺术天赋，在一中心小红花宣传队中初露锋芒。1978年考取江苏省戏剧学校昆剧科，与柯军同班，专攻丑行。1985年毕业后被分配进江苏省昆剧院工作。先后师从周传沧、范继信、姚继荪、刘异龙、王世瑶、张寄蝶等名家，使他的表演更加细腻传神、诙谐幽默。现为国家一级演员，2011年荣获第25届中国戏剧梅花奖。长期担任江苏省昆剧院副院长，与柯军院长通力合作，为昆剧院的长盛不衰而呕心沥血。柯军上调后，李鸿良接任院长，但他仍然不忘昆曲艺术的修炼，坚持在舞

李鸿良近影

台第一线演出。

由于李鸿良先生擅演丑角，往往是一些小人物或配角，要想出彩，难度更大。为此，他下足了苦功夫，从语言、动作、情感、唱腔全方面追求“丑美”的感染力，如《十五贯》中的娄阿鼠、《孽海记》中的小和尚、《义侠记》中的武大郎，都是他成功塑造的脍炙人口的人物形象。由于在丑行领域开辟出一片新天地，所以他同样得到尊重和喜爱，一举获得了梅花奖。

李鸿良先生除了狠抓专业外，还十分重视文化传承和普及工作。在他的策划下，2006年举办了“昆曲故乡行”活动。在百忙之中他经常带队深入学校、企业，演昆曲、讲昆曲，目的是让基层喜爱昆曲。这个活动他已坚持数年，效果可喜，已初见成效。

他认为昆曲的发源地应该有昆剧院，为此，他经常与昆山的有识之士一起游说，并表态愿意在有生之年为昆山创建昆剧院而效力。在这样的背景下，昆山市政府认为条件已经成熟，终于下决心要办一个立足昆山、面向世界的昆剧院。经过多年筹备，于2015年10月终于挂牌成立昆山当代昆剧院。李鸿良表态，要与柯军等著名昆曲大家一起，为昆山的昆曲传承作出更大的贡献。

俞玖林（1978—　）

俞玖林近影

俞玖林，昆山正仪人，1998年毕业于苏州艺术学校昆剧班，专攻巾生行当。他扮相俊秀，气质潇洒，富有书卷气。师从昆剧名家岳美缇和石小梅，后又拜昆曲表演艺术家汪世瑜为师，使他的演技突飞猛进。因饰演青春版《牡丹亭》中柳梦梅一角，成为中国戏剧最高奖项——2007年第23届中国戏剧梅花奖的得主。

由于他原来的学历不高，为了能系统地掌握表演理论，他先后考取南京艺术学院表演专业和南京大学文学院戏剧影视艺术专业，分获本科和研究生学历，最终为他打下了扎实的理论基础。

在他向艺术高峰攀登的道路上，白先勇改编的青春版《牡丹亭》给了俞玖林展现自己的机会。白先勇改编《牡丹亭》的初衷就是要让高雅文化能够雅俗共赏。青春版《牡丹亭》全部由年轻演员出演，符合剧中人物年龄形象。在不改变原著浪漫格调的前提下，将新版《牡丹亭》提炼得更加精简和富有趣味，符合年轻人的欣赏习惯。

剧组主创人员看中俞玖林的扮相和气质，特别是他的演唱和身段都有可塑潜力，于是就把难度较高的男主人公柳梦梅一角交给了他。俞玖林与扮演杜丽娘的青年演员沈丰英成了才貌双全、唱演俱佳的理想拍档，经过老艺人的精心传教，两位青年演员精细磨合，终于一鸣惊人，好评如潮。

青春版《牡丹亭》的一举成功，顿使俞玖林声名远扬。该剧经常出国或进入大学校园演出，使俞玖林的人气更旺，也使他在苏州昆剧院中成为台柱子演员，从此经常担任主角，如《长生殿》中的唐明皇、《白蛇传》中的许仙，使他获得了更多展示才华的机会，开创出更大的事业。

为了实现他更加远大的昆曲梦想，2014年，俞玖林在他故乡巴城老街挂牌成立俞玖林昆剧工作室。他还积极开展昆曲培训、惠民表演等活动，定期举办昆曲雅集、昆曲沙龙等活动，为当地百姓及外地游客提供一个感知昆曲、学习昆曲、欣赏昆曲的好去处。

周雪峰（1978—　）

周雪峰，昆山淀山湖镇人，那里的村民喜爱看戏，周雪峰从小就在悠扬的地方戏腔调中得到感染，特别是受到在镇上文化站演戏的

周雪峰近影

亲戚陆亚飞的影响，对唱戏也开始跃跃欲试。那年闻听苏州艺术学校昆剧科下乡招生，他报名应试，但由于准备不充分而名落孙山，因此心情十分沮丧。学校考虑不能错失人才，答应周雪峰可去学校自费旁听一年，如果确有水平，来年补取。

周雪峰终于获得了来之不易的旁听机会，不但奋发学习，而且刻苦学戏，一年后，由于各科成绩优秀，他终于取得了梦寐以求的正式学籍。随后的三年学习他更加努力，毕业后正式被分配进入苏州昆剧院工作。

进了剧院后，要想在众多人才中脱颖而出谈何容易。周雪峰明白，如果没有过人之处只能永远跑跑龙套，他当然不会甘心。他先后拜蔡正仁、汪世瑜、岳美缇为师，每逢休息日，他就赶往上海、杭州，去向专家讨教。终于功夫不负有心人，他的巾生、冠生演艺渐渐在昆曲界有口皆碑，如《长生殿》中的唐明皇、《玉簪记》中的潘必正，都是他成功塑造的人物。

他经常在剧团中担任主演，由于演出精彩，被评为国家一级演员。2000年获中国首届昆剧艺术节表演奖，2007年获全国昆曲优秀青年演员展演“十佳演员”，2008年获“江苏省优秀青年戏剧人才”称号和苏州市舞台艺术“新星奖”，2009年荣获红梅金奖。最为可喜的是，2015年荣获第27届中国戏剧梅花奖。

2016年，昆山高新区文体站特为他举办了演出专场。那场演出由《荆钗记·见娘》《牧羊记·望乡》《长生殿·迎像哭像》三个折子戏组成，他唱演俱佳，功力不凡，让观众一饱眼福和耳福，认识了这朵“新梅花”的迷人风采。

顾卫英(1978—　)

顾卫英，昆山巴城人，国家一级演员。原来是江苏省苏州昆剧院主要演员，现在是中国戏曲学院表演系专职教授，主要负责教授昆曲闺门旦。

她于1999年毕业于苏州评弹学校昆剧表演班。2002年毕业于南京艺术学院戏曲表演大专班。2003年在苏州昆曲艺术传承进修班结业。2005年在文化部举办的昆曲旦行演员培训班结业。2012年获得中国戏曲学院艺术硕士学位。第2届中国戏剧红梅奖大奖得主。是首届梅花奖得主张继青的嫡传弟子，还深得二度梅花奖得主张静娴之真传。先后师从昆剧表演艺术家柳继雁、张洵澎、梁谷音、沈世华等名师。

2019年4月24日，北方昆曲剧院特邀顾卫英演出昆曲专场(《牡丹亭·寻梦》《货郎旦·女弹》《玉簪记·琴挑》)，最终荣获第29届中国戏剧梅花奖。

顾卫英扮相端庄秀丽，气质雍容华贵，表演细腻传神，唱腔优雅动听，善于刻画不同阶层和不同类型的古典女性形象。曾多次在港澳台地区，日本、德国、奥地利、法国、美国等国演出。常演的昆曲剧目及其人物有《牡丹亭》中的杜丽娘、《长生殿》中的杨玉环、《玉簪记》中的陈妙常、《白蛇传》中的白素贞、《烂柯山》中的崔氏、《蝴蝶梦》中的田氏等。

顾卫英近影

为了更好地传承昆曲，2019年1月13日，“顾卫英工作室”在她的故乡巴城老街正式揭牌。昆曲“继”字辈年龄最长者柳继雁、“昆曲皇后”张继青、二度梅花奖获得者张静娴等著名昆曲表演艺术家莅临祝贺。

工作室内，琳琅满目的衣着头饰实物和昆曲形象展图令参观者大开眼界。顾卫英说，这里的一草一木、一桌一椅、每件展品都倾注了她对昆曲的热爱。她表示，今后将通过开展教学、培训、沙龙、授课、雅集、曲会、展览等活动，推广昆曲，交流、研习、传承昆曲，让曲迷们在古色古香的老街古宅内近距离感受昆曲之美，真正发挥出工作室的应有作用。

昆山传是楼兴衰纪实

郭志昌

昆山徐乾学（1631—1694）建造的传是楼是江南一带著名的藏书楼，建于清康熙十八年（1679），毁于雍正十二年（1734），前后存在了55年。

传是楼的始建

传是楼主人徐乾学从小喜欢读书，终生与书为伴。除了读书，他的另一爱好就是藏书。他搜集图书的最盛时期是他为官时的24年间，此时正值明末战乱结束，社会日趋安定的清初。明末，连年不断的战争使得许多名门的藏书散落四方。到了清初，许多战乱中散失的珍贵书籍开始在社会上流传。徐乾学此时便趁机广为搜购散落在民间的珍贵图书。

传是楼主人徐乾学画像

当时，全国到处都有他的学生和部属，他便经常委托这些人在各地为他搜求采购书籍。大家都知道他是康熙皇帝曾谕旨称为爱书如命的人，对他来说，一部好书要比任何贵重的礼物都更为珍贵。所以，徐乾学每年都能收购到大批图书。他的藏书大部分是自己花钱购买的，实在买不到的好书，他就借来雇人抄写。为了搜书，他花费了很大的精力和财力。他的这些藏书，不仅为自己编撰刻印丛书提供了充分的资料，也为他人编书刻书提供了极大的方便。

康熙十五年（1676），在翰林院当编修的徐乾学已经45岁了。母亲在家乡病故的噩耗传来后，他因拖欠皇家粮款的旧账尚未厘清而不能及时奔丧，因此在京滞留两个多月后，才能与弟弟一起回到昆山。过了治丧期后，已是来年的春天，他开始在西塘街的马鞍山前实施他多年前制定的规划——修建面积30余亩的新宅院，命名为“冠山堂”。其中，有他当初专为母亲建造的一座园林，名为“澹园”，但被母亲生前改为“憺园”。为了存放他多年来费尽心思搜集来的各类图书，徐乾学就在冠山堂的后院专门建了一座藏书楼。落成之时，他带领几个儿子登上藏书楼，指着72只书柜中的数万卷图书，语重心长地对他们说：“我不传给你们田产地亩和金银珠宝，传给你们的就是这些书啊！”于是，就给藏书楼起名为“传是楼”。

传是楼建成以后，经过口耳相传，引来了周围大批文化名人前来参观，大家交口称赞，有的还写下诗文予以赞颂。如明末清初文学家彭士望的《传是楼藏书记》就写出了传是楼的景观：“楼七楹，跨地亩许，特远人境，无附丽，启后牖，几席与玉峰相接，烟云、卉木、奇石、桑麻、陌阡、宫观、亭沼、园林之属，毕来献伎。”

徐母去世后，著名的史学家、经学家万斯同应邀前来昆山徐家，开始着手帮助徐乾学编纂大型丛书《读礼通考》，在此期间，他目睹了冠山堂及传是楼兴建的全过程，因此专门写了一首长诗《传是楼藏书歌》。面对这一令人叹为观止的书林、书山、书海，见多识广、学问渊博的万斯同佩服得五体投地，他觉得“恍如上林看春卉”，简直看得眼花缭乱、头晕目眩。他企盼“何日重来此室居，拓我心胸启我愚。欧九不学虽自愧，犹愿其中作蠹鱼”。后来，因为他又接到徐乾学二弟、《明史》总监徐元文的盛情邀请，只得离开昆山，先到余姚与老师黄宗羲告别，然后到北京帮助纂修《明史》去了。

清初理学家黄宗羲曾为传是楼作《传是楼藏书记》，散文家汪琬曾作《传是楼记》。吴江徐釚曾说："传是楼所藏，插架盈箱，令观者相顾怡愕，如入群玉之府，为当今第一。"邵长蘅则说："公家居构传是楼，贮书数万卷，视其乡前辈藏书家太仓、虞山，殆为过之。"《苏州府志》谓"传是楼藏书甲天下"。

徐乾学请京城和吴中一带的治印专家为藏书楼治了30多枚印章。其中闲章"黄金满籯不如一经"最为时人和后人所称道。其印章数远远超过了天一阁等中国历史上的许多著名藏书楼。

清代苏州府辖吴县、长洲、元和、常熟、昭文、昆山、新阳、吴江、震泽九县。清初，苏州府的藏书重心在常熟，其中钱谦益的绛云楼的藏书规模足有73橱，已经超过了当时任何地方的藏书楼。顺治七年（1650），绛云楼遭遇火灾后，昆山因为有了传是楼首屈一指的藏书，而独领风骚数十年。但是，传是楼的藏书后被徐氏族人不断出卖，特别是雍正十二年（1734）传是楼遭遇火灾以后，苏州府的藏书重心才转移到了吴县、长洲和元和三县共处一地的苏州城。

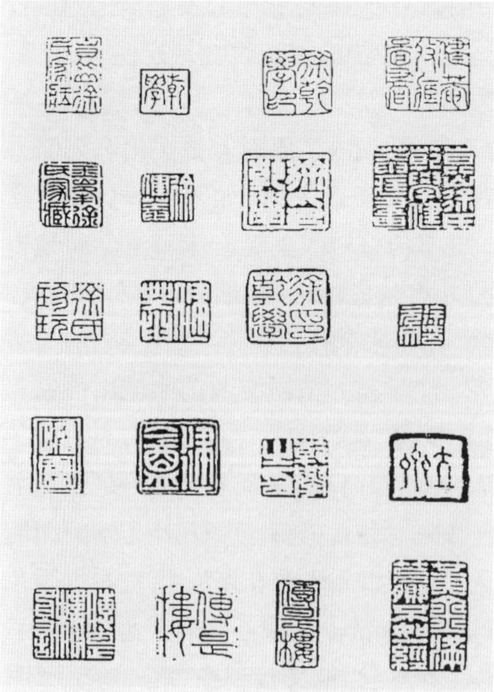

传是楼藏书中所用过的各种印章

康熙二十九年（1690）春节前，徐乾学遭人弹劾，他请求皇帝准许他以扫墓的理由回家尽孝，并且自带资料，带着一帮学者到苏州东山继续编书去了。事情进行得十分顺利，他很快就完成了《大清一统志》的初稿。但没想到，到了六月中旬，他又被人狠狠地告了一状，康熙皇帝只得罢了他的官。这一次其弟徐元文也受牵连丢了官，从大学士的位置上彻底跌落了下来。

传是楼的藏书

彭士望在他的《传是楼藏书记》文章中，还写了传是楼藏书的具体情况，他写道："中置庋阁七十有二，高广径丈有五尺，以藏古今之书，装潢精好，次第胪序，其为之亦勤且笃矣。首经史，以宋版者正位南面；次有《明实录》《奏议》，多抄本；又次诸子百家、二氏、方术、稗官野乘、齐谐，虽极幽秘，人世所未尝有者，靡不具备。曲直纵横，部勒充四阿，各有标目，如拥百城，如控驭数十万士卒，整肃嵯峨，珠联璧合，罔或失次，洵宇内之大观也。"又云："公既为家督尤嗜书，贪多务得，细大不捐，几欲备一代之文献。"

传是楼收藏了数万卷珍贵图书，按照经史子集的部类排编，以千字文编号，一字放在一起，存于7间房子的72个书橱之中，显得井然有序。总共收藏图书3900余种，多数为宋元明刻本，大部分善本原为常熟毛晋汲古阁和钱曾述古堂所藏，显得弥足珍贵。如明刻本《王建诗集》八卷，原由于刻手粗糙，版面模糊，但经毛晋手校重刻，又添加题跋，且经唐寅收藏（有其藏章为证），因此更显珍贵。

徐乾学还专门编有《传是楼藏书目》《传是楼宋元版本书目》《传是楼宋版书目》等多种藏书目录，说明徐乾学对藏书的选择是很严格的，有其独到的眼光。后来，苏州藏书家黄丕烈以百余本宋刻书建起一座"百宋一廛"，而赢得了"藏书大宗"的称号，人们甚至干脆将乾嘉年间的藏书史叫作"百宋一廛之时代"。但是，这样辉煌的藏书成就，徐乾学早在一个半世纪之前就已经做到了。

徐乾学的藏书中，宋元善本多达450种，有的甚至是孤本，绝非后来普通藏书家所能达到的。徐乾学将收集到的唐宋元明的140多种解经之书汇编成1792卷的《通志堂经解》，以他的学生纳兰性德的名义出版，为后世保存了厚重的文献资料。

传是楼这样一座藏书楼除了有收藏书的功能之外，还具备了刻书的条件和功能。康熙三十五年（1696），即徐乾学去世两年之后，徐氏冠山堂刊本的《读礼通考》便问世了。

徐乾学舅父顾炎武于康熙二十一年（1682）病故以后，徐乾学和徐元文两兄弟几乎将舅舅存放于陕西华阴王宏撰家和山西曲沃韩园的所有图书和著作全部运回昆山，既妥善保护了顾炎武的著作和藏书，也极大地丰富了自己藏书楼的藏书。顾炎武的同年朋友曹溶也是一位著名藏书家，在藏书方面也有独特见解，徐乾学非常赞同。比如，曹溶认为“偕同志申借书约，以书不出门为期，第两人各列所欲得，时代先后，卷帙多寡相敌者，彼此各自觅人写之，写毕各以奉归”，借抄的方法可以使好书不出户庭、古书得以流通，而且个人还可以因此而增加自己的藏书。曹溶一提出这一倡议，徐乾学便和天一阁范氏立即响应。于是，远近来了许多抄书人，有的就住在他家里，有的则租房住在附近。清初诗人陈维崧的《憺园赋》里就有这方面的描写。徐乾学和他的传是楼藏书，在流通图书、传播文化方面，作出了当时藏书家无可企及、难能可贵的贡献。

虽然徐乾学力求其藏书能长久保存、永远传世，但是，徐乾学死后，其家境日趋衰落，子孙不能恪守家训，传是楼所藏珍贵图书开始逐渐散失。钮心田《非石日记》中说“传是楼藏书大半归于明珠（康熙朝内重臣）”。部分善本经翰林院编修何焯介绍，归怡亲王之乐善堂（一作“安乐堂”）所收藏。嗣后，怡亲王弘晓之后裔端华被害，收藏之宋元珍本为苏州藏书家黄丕烈所得。嘉庆末年，黄丕烈之藏书散出，为山东聊城杨绍和所得。后传至其曾孙杨敬夫。经20世纪20年代末的土匪扰乱后，部分书籍被焚毁，部分被匪首王金发劫走，卖给了保定奎文堂书店。仅剩的50余箱图书归山东图书馆及北京图书馆收藏。尚有为数不多的珍本辗转流入台湾。

徐衡是徐乾学的七世孙，写过一部《东海公年谱》，是一本研究徐乾学生平的难得资料，至今仍作为手抄本保存在南京大学图书馆。他曾经留下了一个令人伤心的记载：传是楼的藏书最后只剩下了20多种，还有两册书目。

在太平天国运动中，徐乾学之第宅及传是楼遭毁，随后废为桑园达70余年。民国初年，徐乾学后裔顾育季（女）买下此地，赠与皖系头目王揖唐。王自诩“今传是楼主”，欲投资建“今传是楼”，开工不久，终因形势对其不利，加之后来日寇入侵，最终未果。

20世纪50年代中期开始，江苏省昆山中学在徐乾学宅院旧址上逐步建起，面积达180余亩。

传是楼的影响

传是楼建成以后，远近名士纷至沓来，称羡不已。其丰富的藏书成就了许多知名人士的学业和著述。如清初大学问家黄宗羲，他江南的著名藏书楼都去过。顺治七年（1650）三月，他曾前往常熟钱谦益绛云楼尽翻其书。康熙十二年（1673），黄宗羲来到宁波天一阁，也翻阅了那里的全部藏书。当时黄宗羲富有感触地说过：“昆山徐健庵（即徐乾学）使其门生誊写去者不知凡几。”这时，昆山的徐氏传是楼还只在筹建阶段，但他对徐乾学求抄珍本的举动已经早有耳闻。

据载，徐乾学曾经去过天一阁，当时踩着宝书楼的木质楼梯惕然登阁阅书，后来还被作为登楼名人刻名上碑。天一阁在藏书楼的建造规制方面很有可能给予了徐乾学有益的启发，致使他对自己未来的藏书楼结构有了越来越具体和明晰的追求。

康熙十八年(1679)，应天一阁范钦之孙范左垣(廷辅)之请，黄宗羲写下了《天一阁藏书记》一文，文中说道："屈指大江以南，以藏书名者不过三四家……余门人自昆山来者多言健庵所积之富，亦未寓目。"黄宗羲分别于康熙二十二年和乾隆四十一年(1776)来到昆山，到传是楼观书。后来又来了两次。他借阅、抄录所藏珍本，感慨颇多，收获巨大。他曾狮子大张口，一次要借走100册《明文》，约定10年后归还，而徐乾学更是大方，眉头没皱一下就答应了。黄宗羲因此编出了482卷的《明文海》。

朱彝尊利用传是楼的藏书编出了《明诗综》100卷。顾祖禹在这里挖掘到了不少对自己的创作特别有帮助的素材，历三十年之辛苦，终于完成了《读史方舆纪要》这一巨著的创作。纳兰性德曾受业于徐乾学，师生关系十分密切，他笃意经史，曾把友人秦松龄、朱彝尊购求宋元诸家经解，复启于徐乾学，并从藏书楼中借得珍贵抄本140多种，日夜穷研，学业益进，终于成为一代词作大家。陈维崧也在传是楼获益不少。长洲顾嗣立辑刊《元诗选》，也是借阅了传是楼的大量藏书后编就的。

传是楼的藏书没能保存很长时间，倒是《传是楼藏书目》后来风行海内外数百年，有不少中外专家学者凭着它追根溯源，寻找到了各自所需的书籍。

徐乾学死后，他的次子徐炯继承父业，继续收藏秘籍、名画，使得传是楼与常熟钱谦益的绛云楼、元和顾之逵的小读书堆和吴县黄丕烈的士礼居齐名，成为清代江南地区著名的藏书楼。当然，传是楼的创建时间在康熙中期，要比绛云楼晚一些。但它后来居上，特别是后来绛云楼被大火烧掉后，传是楼随即成为苏州地区藏书界的龙头老大了。

传是楼的贡献

徐乾学死去70多年后，《四库全书》开始编纂。乾隆皇帝专谕全国各地征求图书，但各地对皇家征书没有表现出预料中应有的热情，许多地方竟然不予理睬。乾隆三十八年（1773）二月二十三日，乾隆皇帝谕两江总督高晋到徐乾学的传是楼查访一下，看看那里有没有散佚的《永乐大典》。三月二十八日，乾隆皇帝再次下诏求书。第二天，他又迫不及待地专谕两江总督高晋、江苏巡抚萨载，以及浙江巡抚三宝，特别提出“其所隶州郡藏书什倍于别省，征访之事更当向其责成”，并直接点名访求“东南从前藏书最富之家，如昆山徐氏之传是楼、常熟钱家之述古堂、嘉兴项氏之天籁阁、朱氏之曝书亭、杭州赵氏之小山堂、宁波范氏之天一阁，皆其著名者，余亦指不胜屈，并有原藏书目，至今尚为人传录者……”这次专谕，乾隆皇帝显得很着急，特意“由四百里传谕知之”，而且命令一有消息，要马上“寄信前来”。在他点名的江南六家私人藏书大户中，徐乾学的传是楼是名列第一的，而大名鼎鼎的天一阁，却被排在了最后一名。这其中，除了当年康熙皇帝与徐乾学的关系非同一般外，看来徐氏的传是楼，真的是远近闻名、天下皆知的藏书名楼了。此后，在有关到江浙一带旧藏书楼查访书籍的奏折中，都采用了这种排名，传是楼始终在第一位。

高晋等几位大官来回跑了近两个月，闰三月十五日及二十日在奏折中说道：“至徐乾学之传是楼，已于雍正十二年间，不戒于火，书籍悉遭焚毁。”说“书籍悉遭焚毁”未免言过其实，但传是楼被烧毁后再未重建倒是事实。他们到徐乾学之孙徐家梓家，也没有找到朝廷所需之书。

徐乾学在朝中做官时，没有管好自己的亲属和门人，以致他们在当地干了不少坏事，让徐乾学得罪了不少人，有人说传是楼失火，可能是他的仇人干的。后来摘要编入《四库全书》的《通志堂经解》，就是由传是楼流出，在别人那里得到的。由于上面都盖有传是楼和徐乾学的印章，所以算作徐家的藏书。

四库馆并非一无所获。六月二十八日，高晋在觅得徐乾学所刻经学各书开单呈览折中说道：“窃照采访遗书，钦奉上谕，以昆山徐氏之传是楼素有藏书，命臣实力购觅……然徐氏所藏，岂无流播人间书籍。复经谆饬各属，广为搜罗去后。兹据上元县知县曾曰琇觅得已故尚书徐乾学所刻唐宋以来经学各书，共一百三十八种，计一千七百九十卷，呈送前来。臣查徐乾学昔年刊刻此书，原系采借秀水朱氏之曝书亭及常熟钱氏之述古堂，并各藏书家流传秘本，荟萃成编，其为传是楼遗籍无疑。”

此时距徐乾学去世已78年，三徐中最为长寿的徐秉义（1633—1711）也去世61年了。徐家的情况发生了重大变化，早已不是当年的钟鸣鼎食之家了。特别是他的五儿子徐骏因文字狱被砍头以后，家境更是日趋衰落。

传是楼对《四库全书》的编纂作出过间接的贡献。前已提到，黄宗羲、顾祖禹、纳兰性德、朱彝尊、顾嗣立等人编纂的几部大型丛书，正是因为从传是楼获取了在别处没有得到的许多珍本甚至是孤本才得以编撰完成的，后又被纪晓岚等人编入了《四库全书》，追根究底，这也是传是楼的藏书功劳。

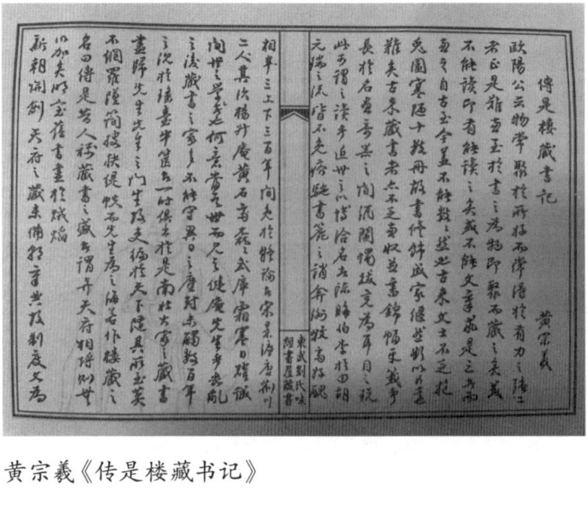
傳是樓藏書記

黃宗羲

黄宗羲《传是楼藏书记》

传是楼的毁圮

徐炯之后，传是楼归其子徐家梓照管。由于不尽心，书籍已开始大量散佚。有的是卖掉的，有的则是被人借去而不予归还的，顾炎武所著的《天下郡国利病书》的手稿，最先就是藏在传是楼的。几年后，可能是觉得不妥或是屈服于舆论压力，徐乾学又将此书还给了顾炎武的嗣子顾衍生。但顾衍生生活窘迫，经济拮据，也没有能力保存这部巨著。在乾隆三十年（1765），他的后人被迫卖给了王莲泾。

到了徐乾学家的第三、第四代人已经是家道中落、捉襟见肘了。徐氏家道遂微，有几家离籍昆山，入皖定居。以至于今天仍生活在昆山的徐氏后人（第十九、第二十和第二十一代）已经为数不多了。与龚自珍同时代的安徽翰林徐宝善，是徐乾学的六世孙。编写了《东海公年谱》的徐衡，是徐乾学的七世孙。到目前，第十九世孙徐振玉（女）已经去世，徐子玉移居美国多年后回归昆山。

在各地藏书楼向皇宫进献的书目数量中，徐乾学的传是楼进献了138种1800余卷。数量不是最少的，但也不是最多的，这确实是因为传是楼在规模上无法与天一阁、述古堂等著名的藏书楼相比。因此，在后来乾隆皇帝制订的为表彰献书有功的藏书家和搜访尽力的督抚学政的奖励办法实施时，按进书500种以上者赏《古今图书集成》一部，进书100种以上者，赏内府初印的《佩文韵府》一部。徐乾学的传是楼应该属于后一种受奖者。传是楼藏书的珍贵性和稀有性可见一斑。

吴晗先生所著《江浙藏书家史略》中考证统计，自晋至清末，江浙藏书家有399人之多，有藏书楼186处。他特别指出吴地的14位藏书家，徐乾学当然名列其中。

2002年出版的《续修四库全书》第920册收录了清初江南六大藏书楼的书目。《天一阁书目四卷》用了297页，其书目中还有每本书的内容简介。而《传是楼书目六卷》只是纯粹的书目，竟用了312页，占了这册大

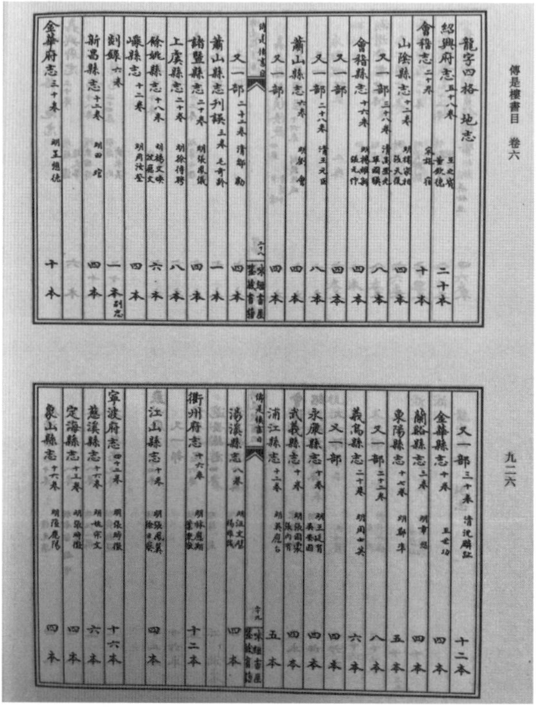
傳是樓書目 卷六

龍字四格 地志
紹興府志 五十八卷 二十本
會稽志 二十卷 宋施宿 十本
山陰縣志 十二卷 四本
又一部 三十八卷 八本
會稽縣志 十六卷 四本
又一部 四本
又一部 二十八卷 八本
蕭山縣志 六卷 明劉會 四本
又一部 四本
又一部 二十二卷 清鄒勷 四本
蕭山縣志刊誤 三卷 毛奇齡 一本
諸暨縣志 二十卷 明張鳳儀 四本
上虞縣志 二十卷 明徐待聘 八本
餘姚縣志 十八卷 明楊文煥 沈應文 六本
嵊縣志 十二卷 明周汝登 四本
剡錄 六卷 一本 剡志
新昌縣志 十三卷 明田琯 四本
金華府志 三十卷 明王懋德 十本

九二六

又一部 三十卷 清沈麟趾 十二本
金華縣志 十卷 四本
蘭谿縣志 三卷 明章懋 四本
東陽縣志 十七卷 五本
又一部 二十二卷 八本
義烏縣志 二十卷 明周士英 六本
又一部 四本
永康縣志 十卷 四本
武義縣志 十卷 四本
浦江縣志 十二卷 五本
湯溪縣志 八卷 四本
衢州府志 十六卷 明林應翔 葉秉敬 十二本
江山縣志 十卷 四本
寧波府志 四十二卷 明張時徹 十六本
慈溪縣志 十六卷 明姚宗文 六本
定海縣志 十三卷 明張時徹 四本
象山縣志 十六卷 四本

传是楼藏书的部分目录

书的三分之一强，由此可见其数量之多。从其规模上讲，早已远远地超过了当年徐乾学舅舅顾炎武家的藏书量（6000余卷）。

今天，经过辗转流传，当年传是楼的藏书，除了少量流落海外之外，绝大多数被保存在北京、上海、山东和南京的图书馆里。

当年，徐乾学利用自己丰富的藏书，为朝廷编纂和参与编纂了许多种重要的大型丛书，为多位著名学者编辑大型丛书提供了丰富的资料，为中国历史留下了皇皇巨著，为中华文化史和文明史作出了自己独特的贡献。

昆山的读书人，历来就有藏书的优良传统，从西晋直到今天，可谓源远流长。但是造于明亡清兴这一特殊时代中的传是楼，却以自己的规模、数量，还有图书种类的特殊性、稀有性而创造了昆山藏书史上的辉煌，创造了中国藏书史上的辉煌。

传是楼是昆山曾经的骄傲。虽然只存在了50多年的时间，但它的影响是巨大的、久远的。至今，它原有的藏书虽然被国内外的各大图书馆分别珍藏，但在总的数量上并无太大的减少，这是由它藏书的珍贵性和独有性所决定的。

近代蓬阆三贤之间的友谊

马一平

蓬阆镇（今蓬朗街道），位于昆山城东30里，不仅历史悠久，风光绮丽，物产富饶，而且人文荟萃。特别在近现代，从蓬阆走出了一大批杰出人才。其中最具代表性的有著名教育家、诗文家、书法家、社会活动家和昆山地方领袖方还（字惟一），著名教育家、诗人和画家胡蕴（字石予），著名诗人和教育家张庸（字景云），著名教育家、诗人和书画篆刻家余天遂等人。

“蓬阆三贤”——方还、胡蕴、张庸，年龄相仿，志趣爱好相同，长大后又同做教师（方还曾从政，但也做了多年各所学校的校长），三人是终生好友。

方还像

方还（1867—1932），初名张方舟，又名张方中，字惟一，清光绪三十三年（1907）请准归宗复方姓，更名还，晚号螾庵。晚清廪贡生，近代著名教育家、诗文家、书法家、社会活动家和昆山地方领袖。清末与同仁创办邑内首所新式学校樾阁学堂，又发起创建亭林学会、昆新教育会和商会，分别被推为会长。宣统年间又当选为江苏省谘议局议员和清政府资政院民选议员，积极参与政事。辛亥革命爆发后，与同盟会会员投身昆山光复运动，胜利后被公推为昆山民政长（相当于县长），为昆山的各项社会事业作出了重要贡献。民国后历任北京师范学校校长、北京女子高等师范学校校长、南通女子师范学校校长、上海招商局公学校长等职。又出任江苏省省长公署和国民政府交通部秘书。其饱学多才，精古文诗词与书法，且才思敏捷，落笔成章，堪称诗、文、书“三绝”。时有“南北两方”（南方还，北方地山）之誉。

胡蕴（1868—1938），字介生，又字石予，别署石翁、萱百、瘦鹤、布衣、丹砾、老跛、闲主人等。晚清秀才，近代著名教育家、诗人和画家，“江南三大儒”之一。1907年起掌教苏州草桥中学，教授国文和修身课近20年，学生中大师辈出，有叶圣陶、顾颉刚、吴湖帆、王伯祥、江小鹣、蒋吟秋、范烟桥、郑逸梅、顾廷龙等。擅诗文，为南社耆宿之一，诗才极敏捷，柳亚子以“八叉七步”（温庭筠八叉手成八韵，曹植七步成诗）盛赞之。遗著有《半兰旧庐诗稿》《半兰旧庐文稿》《秋风诗》《梅花百绝》《半兰旧庐诗话》等10多种。兼工丹青，画梅50年，素享盛誉，名满江左。

胡蕴像

张庸（1868—1919），原名兆荣，改名庸，字景云，号玉海。晚清秀才，近代著名诗人和教育家。光绪十三年（1887）赴苏州、甫里镇（今苏州市吴中区角直镇）当家庭教师，光绪三十一年至三十三年任元和县甫里公学教员。宣统元年（1909）被张謇聘至江苏通州（民国后为南通县），任其独子张怡祖家庭诗文教师6年，次年起兼任通州（南通）师范学校教师，

张庸像

授课循循善诱，更重育人，其道德文章为全校师生所敬重，被张謇誉为“人师之选”。1914年任南通图书馆首任馆务主任。其思想进步，关心时政。病逝南通后，张謇主持其丧事，在南通中公园嘉会堂隆重召开追悼会，1921年3月25日，亲自护送其灵柩至剑山南麓公葬。工诗文，身后有《张景云先生遗诗》（896首）传世。

方还与胡蕴之间的友谊

方还与胡蕴虽都是蓬阆镇人，年龄相仿（方还大一岁），但因方还自幼失怙恃，家境贫寒，育于嘉定县钱门塘张筠亭家（因此袭张姓），故小时候互相不认识。直至清光绪十八年（1892）时，方还才与胡蕴订文字交，相知三载，未谋一面。光绪二十一年春，两人在县学岁考时才相晤。光绪三十二年六月，胡蕴寄赠方还五言三十八句长诗。光绪三十一年，清廷废科举，兴学堂。胡蕴积极顺应时代潮流，不顾年近不惑，于次年七月，与长子胡昌会一起赴沪求新学，分别考入上海东城师范传习所和半景园师范传习所学习新学半年。

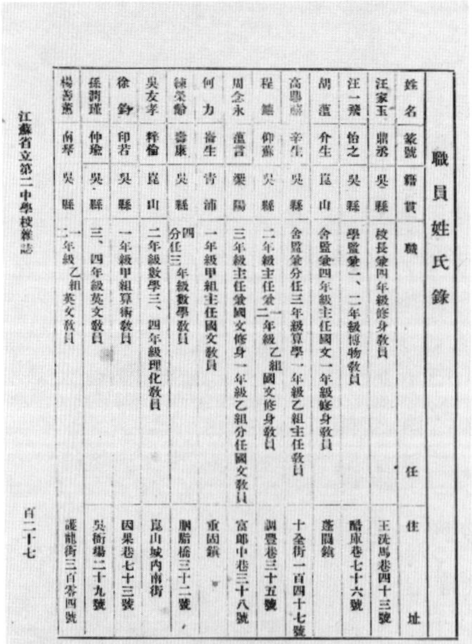

職員姓氏錄

姓名	號	籍貫	職任	住址
汪家玉	鼎丞	吳縣	校長兼四年級修身教員	王洗馬巷四十三號
汪一[illegible]	怡之	吳縣	學監兼一、二年級博物教員	醋庫巷七十六號
胡蘊	介生	崑山	舍監兼四年級主任國文一年級修身教員	蓬閬鎮
高[illegible]	辛生	吳縣	舍監兼分任三年級算學一年級乙組主任教員	十全街一百四十七號
程[illegible]	仰蘇	吳縣	二年級主任兼一二年級乙組國文修身教員	調豐巷三十五號
周念永	蘊言	溧陽	三年級主任兼國文修身一年級乙組分任國文教員	富郎中巷三十八號
何力	崙生	青浦	一年級甲組主任國文教員	重固鎮
[illegible]	壽康	吳縣	分任三四年級數學教員	胭脂橋三十二號
吳友孝	釋倫	崑山	二年級數學三、四年級理化教員	崑山城內南街
徐鈞	印若	吳縣	一年級甲組算術教員	因果巷七十三號
孫調瑾	仲瑜	吳縣	三、四年級英文教員	吳衙場二十九號
楊善燕	南琴	吳縣	一二年級乙組英文教員	護龍街三百零四號

江蘇省立第二中學校雜誌　百二十七

载有胡蕴信息的《江苏省立第二中学校杂志》，第三人为胡蕴

光绪三十三年（1907）初，方还介绍胡蕴赴苏州任教于师范传习所。同年二月，胡蕴受新创办的苏州公立第一中学堂（1911年12月改为吴县县立第一中学校，1913年7月又改为江苏省立第二中学校，1952年起改为

苏州市第一中学，因校址在草校南堍井义坊巷，俗称“草桥中学”）的聘请，授国学和修身课，并任舍监和年级主任。他住在学生宿舍楼上的舍监卧室内，便于管理学生就寝。

1912年秋，胡蕴作《怀惟一》五律一首：

孤坐思君夜，春寒雪满庭。
扶持危乱日，险阻一身经。
短发故应白，玉山谁为青。
平生不少损，灏气陵沧溟。

又作《和惟一》五律四首。

胡蕴性喜山水，然教务在身，家慈在堂，不愿远游，故同年秋起，请友人绘赠《近游图》，并征题咏，以作神游，聊解不能远游之憾。1913年五月，方还书赠胡蕴扇面（《和先生西湖诗》五首），胡蕴作《答惟一来书》五言诗二首答谢。六月，方还又作《题近游图诗》五古二首。

方还《题近游图诗》手迹

1915年三月，方还自北京南下，来草桥学舍看望胡蕴，书近作诗若干首相示，并与胡蕴联床夜话。胡蕴作《蠙庵自都下南回来草桥校舍夜话》五律二首：

何意三千里，一灯照故人。
相逢草桥夜，犹及江南春。
乃胜十年学，语余半载亲。
余言涉诗句，灏气绝游尘。

杯茗黄昏话，海天别梦遥。
君才旧倾倒，余意日沉寥。

寒重稽春尾，雨深偃麦苗。
艰难来日事，须鬓各萧萧。

两诗刊于1916年十月出版的《国学丛选》（国学商兑会会刊）第八集“文类·诗录”和十一月出版的《南社丛刻》（南社社刊）第十九集“诗录”（刊出时诗题改为《螾庵南回来草桥学校夜话》）。

方还与胡蕴是挚友，曾想结成儿女亲家，然因相互许配的儿女一方夭折（胡石予第九女）而未成功。方还次子方鉴（字仲镜，昆仑堂美术馆藏品捐赠者朱福元夫人方韦之父）为草桥中学胡蕴所教班上的学生。一次，方鉴严重违反校规，胡蕴没有因为是好友之子而徇私包庇，而是坚持原则，坚决主张开除其学籍。方鉴被开除后，胡蕴专门致函方还，表示歉意，其大公无私的行为令全校师生大为感动。而方还也是高风亮节，认为是要坚持规矩，没有因为此事而影响到彼此之间的友谊，由此可见老一辈乡贤为人处事的高尚品行。

1917年初，胡蕴收到方还来自北京的书信，作《寄答螾庵》七律一首：

北隔黄河天一涯，南来鸿雁度江淮。
故人书到言衰象，客子吟成总感怀。
夜烛昏昏多幻梦，雪花簌簌此寒斋。
亦知农事年年损，菜麦曾无一处佳。

1920年春，方还自南通（方还时任南通女子师范学校校长）来苏州，与胡蕴相聚，并同宿城外旅馆。胡蕴赠方还五绝四首。别后又寄赠方还《别后寄惟一南通》七律三首：

十年良会曾有几，对坐江楼任月低。
涕笑纷来述故友，桑麻韵事话山妻。
红灯照面热到耳，绿酒灌胸直下脐。
华发苍髯各成叟，依然浩气吐虹霓。

煌煌楼馆万灯明，野客翛然行李轻。

云纸霜毫书旧句，草冠布履献门生。
文章气厚知多寿，酬酢心劳颇累名。
抵足犹谈来日事苏社，六街车马已无声。

乱扑杨花春已深，画阑风暖一开襟。
两人恨隔江南北，万事难言日醉吟。
奚翅君才十倍我，深悲世变百年心。
草桥今日闲无语，独听楼头好鸟音。

1923年，胡石予在上海文学刊物《心声》第1卷第9期上发表《寄惟一》五律一首：

天地与时新，相期惜此辰。
稍廉一世取，倘补百年春。
语雪灯前涕，诗留劫后尘。
迟迟楼外月，来照故乡人。

1925年秋，方还又至江苏省立第二中学校看望胡蕴，遂在胡蕴宿舍“东庐”过夜，竟夕长谈，诗相唱和。

胡蕴作《惟一过宿东庐》：

故人一载不相见，过我翩然喜可知。
几坐谈诗相视笑，长年止酒更称奇。
有怀宿草呼魂魄见示怀亡友诸作，余痛秋风及乱离。
日月滔滔莫回首，共观世变到衰迟。

方还唱和：

垂白关怀惟旧友，空山应有白云知。
入门诧子诗囊富，历劫如仙骨相奇。
竟夕语长灯黯黯，当秋须共草离离。
余年更作丹邱约，冬学春遨计未迟。

1930年10月22日，胡蕴夫人曹桂贞患肺炎不幸病逝，年63岁。胡蕴非常悲伤，作悼亡诗十四首，请挚友方还作《胡妇曹夫人传》、高吹万撰《胡君石予元配曹夫人墓志铭》，后者发表于1931年《联益之友》第177期和1936年《虞社》第223期。

1932年1月28日，淞沪抗战爆发。蓬阆镇为战争前线，胡蕴即尽室避居至吴县角直镇，老友方还已先避难在该镇，其寓居在昔日学生范佩蘅家。胡蕴也在范家租屋暂住，遂与老友促膝欢谈，至夜分始罢。方还回昆山接夫人重至角直后，寓居于学生沈柏寒家。未几，方还又赴苏州、南京，为地方事奔波。胡蕴触景感怀，开始吟咏《离乱诗》（后总成二十二首）。不久，胡蕴与家人也转至上海，寓吕班路蒲柏坊三子胡叔异家避难。

同年4月初，方还患肺炎，被某中医误诊并误用药而不治，10日卒于南京，享年66岁。闻方还患病后，胡蕴曾作寄怀诗七律一首，未及寄出而方还已病逝。在角直时，方还曾向先生索绘一小帧红梅，故回至蓬阆家中一月后补绘一帧红梅，以寄怀诗写入画代题，并在庭中向西再拜后焚化，以祭奠深交40年之老友。

诗曰《寄怀惟一》：

客邸相逢正乱离，余缘晨夕好谈诗。
我来海上归无计，君向都门去始知。
奔走任劳忘老至，他乡卧病系人思。
疮痍满目空婴抱，莫是呻吟分痛时。

方还与张庸之间的友谊

清光绪二十四年（1898），张庸赴元和县甫里镇（今吴中区角直镇）王姓家任家庭教师，与时任甫里书院山长的同乡张方中（方还40岁前姓名）相识，从此成为终生好友。

清光绪十五年（1889），元和县甫里士绅沈国琛（字宽夫）、殷樵材等捐助巨金，在陆龟蒙祠之南重建甫里书院〔原甫里书院咸丰十年（1860）毁于火灾〕，方还被聘为山长而至甫里镇，同时任设在书院内的沈氏家塾教师。

在甫里时，方还与张庸昕夕过从，经常与镇上的文人韵士一起欢聚在镇中的名胜古迹处雅集，诗酒酬唱。方还在《张景云哀辞》中追忆道："……始我识君，吴淞之湄。翩然两生，蛩距因依。我性疏放，君顾而嘻。清风之亭，斗鸭之池。夕阳在山，绿酒盈卮。川原莽漾，草木畏萑。忧来无端，如山嵯嵯。一醉别去，明又扬觯。斯须不见，或病之疑。……"而《张景云先生遗诗》中此时期的相关诗篇有多首，如光绪二十五年（1899）的《甫里馆秋日杂诗之三》：

瘦如碧鹳张惟一，九鼎能扛笔一枝。
百尺楼头呼酒坐，渴虹吸海我题诗。

《与惟一》：

黄鹤楼头逢太白，草元亭下拜扬雄。
平生自遇张惟一，事事甘心在下风。

光绪二十六年（1900）的《与惟一夜饮》：

寥落风尘下，年来百事乖。
难言惟世故，易感是羁怀。
恨每花前得，愁拚酒底埋。
何时抛故砚，别自作生涯。

《苏台怀古与惟一联句》：

春流一曲抱山塘（张惟一），三月东风碧草香（张景云）。
花外莺声开晓阁（张惟一），水中人影倚虚廊（张景云）。
万家箫管仍明月，一簇楼台自绿杨。（张惟一）
望断浣纱溪畔路，碧天无际水茫茫。（张景云）

光绪三十一年（1905），因废科举而兴学堂，沈国琛的次子沈浚源将甫里书院改名为"甫里公学"，推举原山长张方中为校长，张庸被聘为教师。次年，沈国琛的长子长孙沈柏寒（张方中在沈氏家塾时的学生，同盟会会员）从日本留学回国后，与甫里公学的方还、朱文钟等商议，改甫里公学为元和县甫里小学堂，由方还任首任校长。但不久昆新学会（后改称“昆新教育会”）成立，方还被推为会长，又任昆新学务会所的负责人。同时，其发起成立学款经理处（负责整顿、经理全县公共学款和田亩存款等教育经费）。因工作十分繁忙，方还辞去了校长之职。光绪三十二年冬，张庸也辞职离开了甫里。

宣统元年（1909）四月，经方还介绍，张庸被清末状元、著名实业家、教育家和社会活动家张謇聘至通州（今南通），任其独子张怡祖（字孝若）的家庭教师，教授诗文。张怡祖时年12岁，在通州民立师范学校附属小学就读。张庸时常随他回海门直隶厅长乐镇（今海门市常乐镇）家中辅导，长达6年。

次年2月，张謇聘张庸担任通州民立师范学校（1912年更名“江苏省代用师范学校”，代用即代为省立师范，俗称“南通师范学校”）教习。这是张謇清光绪二十八年（1902）创办的我国第一所独立设置的师范学校，也是第一所民办师范学校，且一成立即称“学校”，而不称当时国内新式学校习称的“学堂”，无“学堂”改称“学校”的过程。张

张庸长期任教的南通师范学校全景（1912年）

庸初任讲报，1911年至1914年教授修身课，1914年至1919年教授国文课。他在校授课循循善诱，每晚均有学生到其宿舍请教学问，他则详尽解惑，未有丝毫厌烦之意。其更重育人，时常与学生讨论饮食起居之礼节，对学生倾注满腔热忱，爱生如子，如孵鸡雏。

宣统元年（1909）三月和十月，方还相继当选为江苏省谘议局议员和清政府资政院民选议员（共98名），积极参与政事。他赴京师出席第一次常年会，会上以他为首提出“先行讨论速开国会案”，敦促清政府尽快立宪，推动了君主立宪制的进程。张庸有《寄怀方惟一北京》诗：

兀兀乾坤那得安，一樽浊酒强相宽。
河桥草绿清明近，山店花稀雨雪寒。
话到沧桑应有泪，忧来天地觉无端。
春明门外东风冷，可有闲情一跨鞍。

《再寄惟一》：

嗟余仆仆真无谓，笑汝鬑鬑已有须。
沧海百年容易变，高秋一鹤不胜癯。
清时良会知难再，羸马长途亦孔劬。
猛忆隔年黄浦路，东风弹指未须臾。

宣统三年（1911）三月，方还因调查盐务事到通州，两人又欢聚一堂。受张謇邀请，方还参加了通州师范学校校友会第二次大会，并发表了演说。

张庸有《雨夜喜方惟一来》诗：

雁讯鱼书阻朔南，多时不见鬓毵毵。
正愁酒座逢刘四，岂意江城见魏三。
四野湿云围小阁，二更红烛剧深谈。
入门衣袖淋浪甚，笑问先生那得堪。

《同惟一夜话》：

吾辈而今值几钱，一时笑倒故人前。

不辞海水三千里，浪得诗名二十年。
纵酒几人还痛哭，落花如梦太缠绵。
风风雨雨过寒食，明日河梁又惘然。

方还实地调查所得通九地区的盐业情况，张庸受到了极大的震撼。张庸出身贫寒，对广大劳苦大众本就抱有深深的同情。他即创作了《煎丁苦》五首古风诗，对沿海盐民异常艰苦的生活作了淋漓尽致的描绘，饱含了无限深情，堪比白居易的《卖炭翁》。

《煎丁苦 辛亥三月惟一调查通九场盐时作》：

煎丁苦，十日淫霖泥没髁，垆场潦深不得卤。欲煎无盐炊无草，土壁喁喁抱空釜，昨日一餐今日无。大吏催盐还似火，云何缺额终漏私。头长到门骂囚虏，累汝老子受鞭楚。煎丁缩缩鼠见虎，欲言不成面色土。呜乎一歌兮，煎丁之苦，苦于日日雨。

煎丁苦，昨日淫雨今日晴，赶簸场灰天未明。好待朝阳卤气升，卤白欲花天忽雨。充场盐计旋入土，半日之土粒盐无，忍泪乃望明日补。呜乎再歌兮，煎丁之苦，雨旸不时，虽有神巧人难施。

煎丁苦，昨夜刮海风，茆屋掀去如飞蓬。今日遇烈日，脚踏卤灰如火炙。无盐哭得眼泪空，有盐煎成目眶红。最艰六月一伏火，灶下浑身汗如卤。掀帘走出晚风前，垆场咫尺升九天。呜乎三歌兮，煎丁之苦，寒暑不时，海滨辽远无人知。

煎丁苦，一垆一场一草荡，本来比附沿海上。无奈海势日东迁，垆场卤薄潮不旺。欲移近海苦无钱，废垆之场还征盐。无盐应课乞诸邻，偶一愆期火符纷。奉符之吏何为来，得钱而去否乃灾。呜乎四歌兮，煎丁之苦，东海为田，责令世世生生充灶户。

煎丁苦，煎草为盐母，随垆草荡相比附，今乃开垦十之五。买草煎盐斤五钱，斤盐斤草乃可煎。一桶二百斤，草价一千文。各场平均约此数，又加皂角与油火。运往盐场车与船，二百青铜才抵垣。屏息垣外领桶价，每桶乃只八百外。成本不敷将奈何，如何索钱纷纷多。忙工头长兼打发，修庙育婴还浚河。昨又闻说本场地，议开学堂复抽税。煎丁终身不识字，乃认桶捐供学子，谁实为之有如此。呜乎五歌兮，煎丁之苦，民不如为盗，生不如速死。

1912年农历十月，方还自江南至南通，张庸陪同张謇接待，请其留宿博物苑相禽阁。同乡好友连日把酒欢然，然而讲起故乡事，方还又喟然长叹，兴悲不能已。这是因为辛亥革命武昌起义爆发后，方还与同盟会会员一起投身昆山光复活动，胜利后于宣统三年九月十六日（1911年11月6日）成立昆山军政分府（是年底改称“民政署”），方还被推为民政长（相当于县长），主理县政。但革命初成，时局的艰难程度超出了他的想象。虽然在昆山光复过程中，他与同盟会会员们合作默契，但在革命派眼中，他脱离不了旧士绅的身份，因此受到他们的敌视。同盟会会员张栋成为昆山军政分府司令，赴苏州参加北伐先锋团，不断要求他让商会筹备军饷，使他不胜负担。更为严重的是，辛亥年的大水灾使农民们颗粒无收。县议会本来商议酌情减征赋税，可是江苏都督程德全却命令照常征收漕粮以备军需。老百姓认为政府背信弃义，掀起杨湘泾（今淀山湖）、正义（今正仪）等地农民的抗租风潮，县署派出常防军进行镇压，直到年终方才平息。虽事后方还以民政长的身份亲自到正义慰问调停，并出资给逝亡农民购棺入殓，但还是招致了各方的非议。1912年3月，昆山县议会召集第一次会议，方还以民政长的名义提交两件议案：一是清丈全县土地，二是裁革庄书。清丈土地旨在整顿地方财政、减轻农民额外负担，是一项利民措施，但遭到地方拥田大户地主们的极力阻挠，后来费时十年，才终于完成。庄书，是清代地方的一个特殊群体。清代钱粮征收，由一批勾结成帮的庄书包办，这些人营私舞弊，蠹害乡里，裁革庄书也是当时百姓的心声。当年8月，县议会讨论裁革庄书案之日，爆发了轰动一时的革弊庄书事件。先前力主废除庄书的江苏省议员蔡璜（字望之）被200多名庄书围殴，蔡璜先在杏花楼茶馆被打，后又被架到城西卜庙继续被殴打，前后历时5个小时。方还闻讯后，立即赶到卜庙，当场写下保证书，并经多方劝解，才救出命在旦夕的蔡璜。江苏省议会经调查，对首恶判刑两年，庄书之弊政后来在省议会介入下被废除。

面对昆山上下错综复杂的政局，方还虽勤勤恳恳、废寝忘食地处理公务，但仍左支右绌，感到事无可为。该年10月，方还治县恰满一年，为民国新县政作出了筚路蓝缕之功后，他毅然选择了主动引退，辞去了昆山民政长一职。辞职后，为解除郁闷、调整心情，他有了南通之行。七日后，方还告辞，临别之际，两人皆赋诗为赠，方还之诗已佚，张庸之诗三首尚存。张庸在诗中对方还进行了劝慰，兹录于下：

《壬子十月惟一自江南来啬公曰嘉客也留宿博物苑之相禽阁连日把酒欢然相对话故乡事则又喟焉兴悲不能已越七日别去濒行各赋诗为赠》：

莽莽山城万木秋，一官抛却便东游。
霜高海国呼灯坐，夜静江声绕阁流。
欲折黄花簪短帽，翻怜寒雨滞归舟。
殷勤说有南州老，卧汝高高百尺楼。

生年满百亦无多，况复劳劳鬓易皤。
孤坐对花闻太息，一唏流恨满山河。
诗名早动长淮右，病骨其如浊酒何。
夜半高歌重抖擞，寥天肃肃一鸿过。

海岸霜酣万菊黄，阁中对酒夜茫茫。
家居竟为纤儿坏，此局谁令一国狂。
人事几回呼负负，颠毛一昔各苍苍。
明朝送汝河梁去，千万加餐好自将。

1913年起，方还历任北京师范学校校长、北京女子师范学校（后升格为北京女子高等师范学校）校长等职，为我国近代教育事业作出了贡献。1919年8月，方还应聘出任南通女子师范学校校长。久别的好友重新一起在同城工作，异常欣喜，张庸对方还戏言："我磁汝针。"比喻两人像磁铁与针一样终会吸引在一起。

然不幸的是，同年10月起，张庸身患重病，延医诊治但疗效不好。于是方还每日抽空前往看护。11月21日，张謇抽空前往南通图书馆看望，时张庸病已笃，他对南通怀有很深的感情，表达了身后欲埋葬在其人生最后十年为之鞠躬尽瘁之地的意愿，张謇慨然允诺。

11月24日凌晨1时，张庸客逝于南通图书馆。一切丧葬事宜与费用均由张謇出面料理和承担。12月14日（《张謇日记》所记），在南通城内的中公园嘉会堂隆重召开"张景云先生追悼会"，当地官员、耆宿与南通师范学校师生纷纷到场悼念，白马素车，挽联挽幛很多，盛况空前。

张庸的突然病逝，令方还异常悲伤，他全程参与张庸丧事的料理，并在《南通报》上发表《张景云事略》与《张景云哀辞》，深情地回忆了两人相交相知二十载的深厚友谊，抒发了痛彻肺腑的悲痛之情，颂扬了挚友毕生献身文化教育事业的不朽业绩。他说："还与景云订交廿年，今秋来此，又昕夕过从，一日不见，必遣使存问。即令观透生死，而骤焉永诀，人孰无情？每一念及，怆然陨涕。世间无人外之，佛菩萨当此，亦应酸楚入骨。承委暂代馆事，义不容辞，而车过腹痛，殊难为怀。""景云死，而余益不知肺腑之安托也。"

方还又撰写了《述张景云先生轶事》与挽联，和张謇的挽诗一起刊登在1919年12月16日当地出版的《公园日报》。

《挽张景云先生联》：

同肠郁积哀，昔尝戏言，结交当有二千载；

收泪作豪语，我犹未死，会面且迟五十年。

张謇创办的南通图书馆于1912年10月开始在原东岳庙址建设，

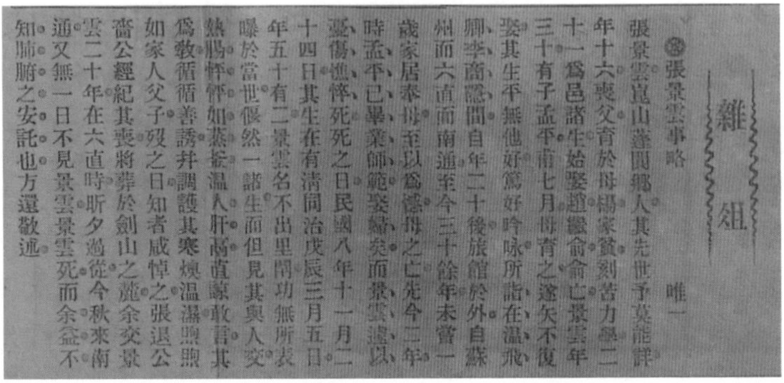

雜俎

◎張景雲事略　唯一

張景雲崑山蓬閬鄉人其先世予莫能詳年十六喪父育於母楊家貧刻苦力學二十一爲邑諸生始娶趙鑾翁命亡景雲年三十有子孟平甫七月母育之遂矢不復娶其生平無他好篤好吟咏所詣在溫飛卿李商隱間自年二十後旅館於外自蘇州而六直而南通至今三十餘年未嘗一歲家居奉母至以爲德母之亡先今二年時孟平已畢業師範娶婦矣而景雲遽以憂傷憔悴死死之日民國八年十一月二十四日其生在有清同治戊辰三月五日年五十有二景雲名不出里閭功無所表曝於當世假然一諾生而但見其與人交熱腸忰忰如蒸蒸溫人肝鬲直諒敢言其爲敎循循善誘并調護其寒燠溫濕煦煦如家人父子歿之日知者咸悼之張退公嗇公經紀其喪將葬於劍山之麓余交景雲二十年在六直時昕夕過從今秋來南通又無一日不見景雲景雲死而余益不知肺腑之安託也方還敬述

1919年《南通报》刊载方还《张景云事略》(局部)

南通图书馆旧影(1914年)

1914年3月工程竣工，即聘张庸担任首任馆务主任，负责图书整理与编目工作。故张庸是我国最早的现代图书馆工作者之一，为普及我国早期公共图书馆事业作出了贡献。1919年11月24日张庸病逝后，图书馆事务则由方还暂兼，直至次年九月由丹徒学者陈祺寿(星南)接任。

张庸去世后，灵柩暂置东寺(太平兴国禅寺)。张謇为之筑墓于长江畔的剑山之阳，并立碑碣(由方还撰文、张謇书写)，碑阴刻“昆山诗人张景云之墓”九个大字。1921年3月25日上午，张謇亲自护送张庸的灵柩到剑山南麓举行公葬。

兹将方还撰稿、张謇书写的《张景云墓碣》全文录于下，以飨读者。

张景云墓碣　昆山方还撰　南通张謇书

君姓张氏，名兆蓉，后更名庸，字景云，昆山蓬阆乡人。其先世不详，少孤，育于母杨。年二十一为县诸生，始娶某，继俞，俞之亡，君年未三十，遂不复娶，孑身馆四方。子孟平甫七月，杨复育之，长有室矣，杨始亡，而君犹旅食于外。己未十月，殇于南通图书馆，年五十有二，张謇经纪其丧。辛酉二月，为葬于剑山之阳，题其碣曰：昆山诗人张景云之墓。盖君为人敦性蕴情，妪噢群物，其所不得志发为文词，芬郁悱恻，一如其为人，诗尤卓荦可传。乌乎！如君者可谓天之畸人矣。顾天能畸其生，终不能畸其可存之名。人亦安在？不可自见，而必为天所畸耶？方还与之游尤旧，于是为之铭曰：

吴淞之渍，始我识君。而君温温，我溺于文。君喜为诗，我薄不为。

1921年3月25日，南通各界在剑山南麓为张庸举行公葬

曾不君知，知乃大哀。哀君之生，子乳母茕。娶妇辄鳏，破家远行。蒺藜刺刺，迷阳披披。放歌对酒，美人暮迟。一别飘蓬，介君于通。岁月邂逅，夔蛟怜风。匪阿匪颇，君怙孔多。爱至或讦，不感则那。君于曹偶，若饮以酒。觥觥万石，我酌一斗。君于后生，如伏厥孵。时其温燠，化而为雏。以君所期，而或一施。而不一施，而褓者谁。南山有碑，南州有词。堂堂九字，以昭来兹。

江宁郭绍生刻

中华民国十年辛酉

1921年昆山方还撰、南通张謇书、江宁郭绍生刻的《张景云墓碣》碑拓（刊于1948年《南通县金石志》）

胡蕴与张庸之间的友谊

胡蕴与张庸年同龄（张庸大一日）居同街（两家相距仅百步），幼同学（共十年），趣同好（都喜诗），又带戚谊（张庸胞弟是胡蕴大姐的嗣子），故自小就是好友，长大都从事教育行业。

因张庸胞弟是胡蕴同父异母的大姐张胡氏（大胡蕴10多岁）的嗣子（原丈夫族侄），故张庸虽与胡蕴同龄，但也随弟尊称胡蕴为舅舅。两人自幼即为亲密无间的同学好友，少时常在一起读书，有时亲密地同宿一床，同学达十年。又同喜诗，经常秉烛话诗。

清光绪十二年（1886），两人与同镇陆世勋（字功辅）、唐颂文（号北隐）、熊琴山及嘉定县望仙桥镇（距蓬阆镇东南十里）的张启秦（字孝臣，号顽鸥，后号病苋）、杨珍（字佩甫，号雪庐，景云舅表兄）等同学、文友7人效仿竹林七贤，结成文社——竹林社，常相过从，月必一会，作诗唱和，影响了蓬阆一镇风气，以至于稍识文字者均爱好吟诗作对，就连开小酒店的熊掌柜，尽管识字不多，也学着作诗，犹有“双亲头渐白，诸妹眼看长”等诗句为镇人所传诵。胡蕴、张庸、张启秦、杨珍四人尤为亲密，文酒之会，岁无虚时。

翌年，胡蕴与张庸春天应县试，夏天应府试，均获前列。秋天应院试，主考官为江苏学政王先谦〔1842—1918，字益吾，号葵园。湖南长沙人，同治进士，仕至国子监祭酒。光绪十一年至十四年（1885—1888）任江苏学政，任内选拔人才，政绩突出。是清末著名经学家、史学家、语言文字学家和诗文家，一生著作宏富〕，考题文为“手之舞之”“诸冯”，诗为“野烟深处夕阳中”，结果两人分别以第十二名、第十四名的成绩考入新阳县学，成为生员（俗称“秀才”）。此科新阳县学共录取生员17名，同镇另一同学陆世勋更以第十名成绩入庠，一镇同科录取了3名秀才，引起了轰动，一时传为科举佳话。考取秀才的当年，张庸赴苏州做家庭教师，欲得消遣之法，胡蕴劝其学画，张庸乃乞胡蕴画梅12册作为范本。胡蕴并作《送锦云馆吴门》七绝二首：

杯酒笑谭驱俗累，扁舟琴鹤载行囊。
本无离别可言处，佳山佳水是故乡。

文字相知才子少，江山遗迹古人多。
春风一度重游地，慷慨登临感慨歌。

这是目前所见胡蕴遗诗中最早的诗作。

宣统元年四月（1909年5月），张庸赴通州任教后，还常与胡蕴书信往返，诗相唱和。宣统三年十一月某夜，张庸在海门长乐镇读到《天铎报》上的胡蕴诗，往复吟咏数遍，心跳不能自已，因此和作五律四首附在报尾。同年冬，张庸作《寒夜寄怀嘉定张孝臣》七律四首，刊于《南通师范校友会杂志》第2期（1912年）。胡蕴读到后即次原韵奉和七律四首。

民国元年（1912）1月1日，孙中山在南京宣誓就任临时大总统，宣告中华民国临时政府成立。胡蕴私塾时的学生余天遂（1879—1930，号疚侬，亦昆山县蓬阆镇人，南社著名诗人、书画家和教育家）被聘任为孙中山临时大总统府秘书。因张勋逃出南京后带兵于徐州一带负隅顽抗，1月11日，孙中山命姚雨平为总司令，率广东北伐军沿津浦铁路北上讨伐，余天遂投笔从戎，加入姚雨平戎幕，直接参加攻打张勋的战斗。余天遂从南京出发那天，胡蕴作《送疚侬入粤军》诗赠学生，以壮行色：

杯酒分襟欲暮天，送行诗句补驰笺。
征途风雪三千里，旧业文章二十年。
忧国自应歌当哭，去家无复梦相牵。
却劳病眼登高望，万里平沙漠漠烟。

此诗被收入于1912年出版的《南社丛刻》第七集“诗选”。余天遂则有告别先生诗《参加北伐倚装步石予夫子原韵》：

无限愁情不老天，销魂诗句漫题笺。
吴门风雨今三载，马帐笙歌旧廿年。
身世最怜趋俗惯，心期久恨有家牵。
书生戎马关山月，蹴破黄河万里烟。

其中，“书生戎马关山月”在《南社丛刻》刊出时改为“阿侬此去真豪放”。而“吴门风雨今三载，马帐笙歌旧廿年”作为“马帐”的释义示例被收入了《汉语大词典》。

张庸在通州报刊上读到胡蕴《送疚侬入粤军》诗，亦步其原韵作七律八首（刊于1912年、1913年《南通师范校友会杂志》第2、3期），遥送之，其第二首云：

搔首苍茫漫问天，一篇虫鸟苦心笺。
江淮烽火连三月，歌哭文章倘百年。
浊酒酣时狂欲死，家山唱破恨空牵。
年来百事输君处，心折茶炉一缕烟。

忧国之叹，书生豪气，家国情怀，三人的唱和诗均写得极佳，既叙政治军事大事，又蕴含浓厚诗意。

1913年秋，胡蕴作《又感》七律四首，张庸奉和七律四律，刊于《南通师范校友会杂志》第4期（1914年）。1915年秋，胡蕴作《赠别景云》七律一首：

秋堂话雨晚凉天，容易分襟上客船。
不尽感伤思旧俗，至多忧叹惜青年。
田园寥落归何日，须鬓苍凉老共怜。
莽莽海山劳远望，一书珍重暮云边。

此诗后刊于《江苏省立第二中学校杂志》第1期（1917年出刊）和1926年6月4日《新新日报》第二版《半兰旧庐诗草（八）》。

1919年11月24日，张庸客逝南通。获悉噩耗后，胡蕴在苏州作《哭景云诗》五律四首和《再吊景云》七律一首。五律第二首云：

南州张季子，生死不忘君。
宾馆十年席，狼山三尺坟景云愿葬狼山，张啬公慨然许任营墓事
此才真磊落，作鬼亦芳芬。
他日渡江去，悲歌表墓文。

《再吊景云》：

话到悲凉泣数行，秋风承唁北溪堂儿子昌会丧，君来吊唁
别来书简曾通问，此后音容遂渺茫。
同辈诗豪刘梦得，千秋墓傍骆宾王狼山有骆宾王墓
此才不死不知惜，说与乡人总感伤。

1920年1月11日，夏桥东庄昆山县立第二高等小学校举行张景云先生追悼会，胡蕴撰《张景云哀词》一章四言九十六句，以志悼念。后刊于1920年10月出版之《国学丛选》第十二集“文类·文录”栏和1923年1月12日《小说日报》第十版。

张庸甥同镇李伯厚雇人抄缮张庸遗诗一部给胡蕴先生，胡蕴乃作《张景云遗诗序》，刊于1920年《北野杂志》第1卷第3期、1920年10月出版的《国学丛选》第十二集“文类·文录”栏与1922年12月22日《无锡新报》。

第十版　中華民國十二年一月十二日　小說日報　星期五　壬戌年十一月廿六日

藝林

張景雲哀詞　胡石子

野乘

傳善祥別傳（廿五）　丁啸云

筆削

儷餘雜拾　劉昌槙

刊载胡石予撰《张景云哀词》的《小说日报》

因友朋欲刊张庸遗诗，胡蕴特为之题诗一首：

才华艳发本天生，十载江关

更老成。

身世萧寒秋在骨，海天辽廓鹤留声。

孤吟自惜芬芳抱，百劫难消悱恻情。

四十年来思旧梦，雪窗残烛听鸡鸣。

此诗刊于1920年的《北野杂志》第1卷第3期和1922年12月22日《无锡新报》。

1936年5月，胡蕴犹以病残之躯选删审定《张景云先生遗诗》，并为之作了跋。

作者按：一、文中日期，汉字为农历（因无法考清公历换算），阿拉伯数字为公历。二、题目中“蓬阆”的“阆”，因三贤去世时蓬阆地名尚未改蓬朗，故保留“阆”。

盘点昆山体坛精英

陆宜泰

早在2002年，昆山体坛元老程上培先生就编著了《昆山体育古今录》一书，介绍了昆山籍名人所担任的体坛职务和所经历的体坛盛事。该书是昆山体育史上第一本具有史料性内涵的专著。受此启发，笔者也就这个专题，介绍一下民国时期直至新中国成立初期的昆山籍名人在体坛上有目共睹的作为——有的在体育行政职务上鞠躬尽瘁，有的在体育教师岗位上呕心沥血，有的在专业运动项目上出类拔萃，都留下了具有精英水准的令人难忘的身影。

体育官员

邵汝干（1891—1982）

昆山人。宣统三年（1911），辛亥革命爆发，参加革命军光复上海，1918年毕业于南京高等师范学校体育科，次年创办南京体育师范学校，自任校长。1935年任上海市教育局首任体育督学，次年任上海市体育场场长。参加欧洲体育考察团，考察第十一届奥运会及欧洲体育。全面抗战开始后，两次被日伪拘捕入狱，即使受到严刑相逼，他也坚不吐实，后以其年老获释。抗战胜利后任上海市体育协会总干事、上海体育馆馆长。

邵汝干留影

1948年任东亚体专教授，兼教务委员。1956年，在上海市体委工作，同年参加民革。著有《小学准备体操目录》等书。

沈体兰（1897—1976）

昆山周庄（原属吴江）人。早年毕业于东吴大学，入英国牛津大学获文学硕士学位。他长期致力于教育事业。1920年，担任上海麦伦中学（今继光中学）校长。他很重视体育教育，因此，麦伦中学于1934年建造了一座室内体育馆。九一八事变时，沈体兰支持在校学生的各项爱国救亡活动。八一三战役爆发后，沈体兰加入保卫中国大同盟抗日救亡组织，并受宋庆龄委托，奔赴多个国家宣传中国抗战。

沈体兰在东吴大学时的留影

解放战争期间，任圣约翰大学教授。在北平参加全国青年代表大会，欢迎毛泽东、朱德进入北平。

1949年初，沈体兰应邀参加新政协筹备工作，任全国第一届政治协商会议副秘书长。10月1日，参加开国大典。1950年任华东军政委员会教育部副部长，1953年调任华东体育委员会主任。1955年起任上海市体委主任。1958年起任上海市政协副主席。沈体兰还先后担任全国人大代表和上海市人大代表、上海市人民委员会委员、全国政协委员、中国民主同盟中央委员、上海市委常委、民主促进会上海市委常务理事等职。

运动员

丁人鲲（1898—1983）

昆山陈墓（今锦溪）人。幼承家学，1915年交通部上海工业专门学

丁人鲲留影

校（上海交通大学前身）中学部毕业。1918年于该校土木科（第十届）毕业，同年参加北平清华学校的庚款留学生考试，以清华1919年专科生身份，获官费名额前往美国康奈尔大学深造，获土木工程科硕士学位。

丁人鲲在学生时代不仅学业成绩优异，且热爱体育运动，擅长网球及足球。留美期间作为中国体育代表团成员，赴新西兰参加“远东国际运动会”，获网球男子单打亚军，为祖国和家乡赢得了荣誉。

丁人鲲于1923年回国，先后担任福建厦门大学体育系主任、上海交通大学体育系主任等职。曾经协助美国汽车公司中国总代理的凌志扬先生和中华全国体育协进会干事蒋湘青组建上海网球联合会。苏州网球代表队则由丁人鲲、冯家淮、冯家声、凌志扬、凌惠扬五人组成，丁人鲲是主将。

丁人鲲一生未参加过任何党派，除了担任体育系主任外，未曾担任过别的行政职务。1974年退休返回苏州，颐养天年。由于青年时爱

丁人鲲和丁人夔（丁人鲲之弟）出征新西兰

好体育，所以即使年老也健步如飞。1983年逝世，享年86岁。

陆曙轮留影

陆曙轮（1900—1980）

昆山锦溪人。出身书香门第，早年受业于苏州著名画家陈伽庵先生门下，并开始习字，埋头于笔情墨趣之中，和金石书画家吕凤子、刘治征、吴逸群、温闾运相交甚厚，常常在一起切磋书艺，终日不倦。1939年，他的《秋山萧寺图》山水画入选全国第二届美术展，并在《美术生活》特大号刊出。陆曙轮诗、书、画有“三绝”之称。其山水画得元人神韵，又擅于画梅。书法作品曾多次参加中日书法交流和省市展览。陆曙轮还精于金石碑帖的考鉴，酷爱收藏，所藏碑帖拓本数千种。

陆曙轮9岁时弈棋已在苏州出名，有“神童”之称。至20世纪30年代，其棋艺已名满江南，1942年曾代表国家和日本高段棋手桥本宇太郎、濑越宪作对弈，成绩可嘉。苏州解放后，多次获苏州地区围棋冠亚军，还多次出任裁判。

徐振东（1902—1955）

昆山人。1925年毕业于沪江大学土木工程系，获学士学位；1929年在美国密歇根大学毕业，获工学硕士学位。

徐振东业余爱好体育，各类球类运动都喜欢，在美国时打过橄榄球，是参与这项运动的第一个中国人。他与球王李惠堂也很熟，还共同组织过中国足球队去日本参加远东足球赛。

徐振东(后排左)与万国足球赛队员合影

曾任沪江大学体育主任兼商科教员,并任沪江大学篮球队主教练、体育指导,率上海棒球队荣获远东棒球赛冠军。还曾担任上海中外棒球联合会会长、华东大学体育联合会本届各大学联合运动会田径赛委员长兼总干事、中华篮球队管理兼教练,战胜英、美等国外侨队,获上海万国篮球锦标,为华东体育史上的创举,当选华东大学体育会会长。

徐振东曾出任上海中华运动裁判会书记兼足球、篮球委员等。1929年任中华运动裁判会足球主席委员、篮球委员。次年任中华全国体育协进会筹备远东运动会副总干事、上海中华运动裁判会会长,上海篮球会委员长、主席委员,曾任中国足球队总干事赴日本参加远东足球赛。

1944年任上海联合会副主席、上海篮球联会审查会员。1947年任沪江校友会主席、上海市体育协会运动裁判委员会主席。

丁人夔(1902—1953)

昆山陈墓(今锦溪)人。12岁时跟随比他大5岁的二哥丁人鲲离开家乡,赴上海在交通部上海工业专门学校(上海交通大学前身)附属小学读书,1918年考入该校铁道管理科,1925年交通大学毕业。

他们兄弟俩从小都酷爱体育运动。丁人鲲擅长网球、足球;丁人夔尤其擅长足球,在校时担任交通大学学生会体育部部长和南洋足球队队员。当年上海交大同学录纪念册刊载题为《兵家胜负在最后之五分钟》的文章,给予丁人夔褒扬。

他当年又是国家中华足球队队员。队长是赫赫有名的球王李惠堂，丁人夔速度快，射门有力，是足球队中有名的主力左前锋，人称“左铁脚”。他跟随李惠堂队长，多次代表中国队赴美国、新西兰、加拿大等国家参加足球比赛，为夺取好名次发挥了很大的作用。

他多次与二哥丁人鲲一起代表中国青年队和大学生队出国参加体育运动会。当时他以上海交通大学足球队队员的身份，参加了1924年5月22日至24日在武昌公共体育场举行的全国第三届体育运

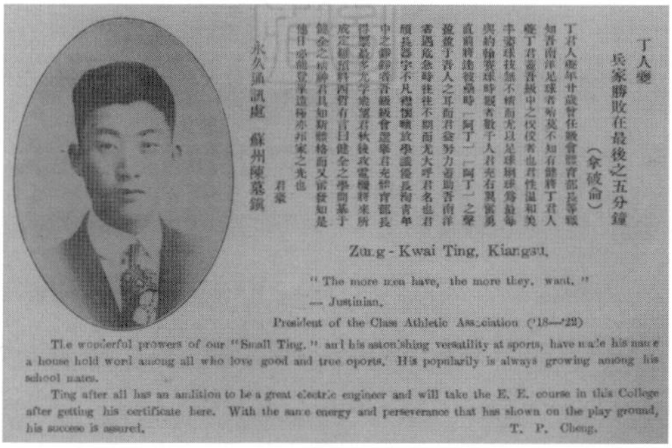
丁人夔

兵家勝敗在最後之五分鐘

（拿破侖）

永久通訊處　蘇州陳墓鎮

Zung-Kwai Ting, Kiangsu.

"The more men have, the more they want."

— Justinian.

President of the Class Athletic Association ('18—'22)

The wonderful prowers of our "Small Ting," and his astonishing versatility at sports, have made his name a house hold word among all who love good and true sports. His popularily is always growing among his school mates.

Ting after all has an ambition to be a great electric engineer and will take the E. E. course in this College after getting his certificate here. With the same energy and perseverance that has shown on the play ground, his success is assured.

T. P. Cheng.

丁人夔在上海交通大学读书时担任班级运动协会主席时的留影及对他的评论

上海交通大学网球队队员合影

动会，以娴熟的带球技巧和精妙的射门绝技，带领球队夺得了足球比赛的金牌。

1936年出版的《全国足球名将录》是这样记载的：“丁人夔为前南洋大学著名球员，尤精足球，任左翼，脚头犀利，人称‘高射炮’。为昔时乐群足球会中之一员虎将，曾出席全国、分区足球赛，后因体弱放弃球场生活。”

丁人夔生平喜交朋友、兴趣广泛，除酷爱足球之外，爱骑马、摄影，音乐上擅长小提琴、吉他。他的英语基础又好，足球队出国比赛时，他兼任翻译。后来曾一度应聘担任苏州东吴大学体育教师。

由于年轻时在国外比赛曾遭外国球员暗算而被踢伤腰部，后来旧伤复发，腰背弯曲，47岁时辞职回故乡，后为生计担任当地中心小学英语教员。1953年6月5日病故，享年52岁。

陈三才（1902—1940）

昆山陈墓（今锦溪）人。自幼聪明好学，14岁从江苏省立二中（现苏州市一中）毕业，被保送北京清华学校。1920年毕业后赴美留学。在校期间曾任留美学生会主席，并担任足球队、网球队队长。1924年毕业后入美国著名的西屋电机公司实习工作。1926年回国后在上海经营北极电器公司。平时关心国家大事，热心公益事业，曾担任上海清华同学会会长、联青社社长。1931年发起组织中国工程师学会，顾毓琇任副会长。抗日战争期间，他积极投入，出钱又出力，亲赴抗日前线，协助军队构筑工事等等。后因参与谋刺大汉奸汪精卫未遂事泄，被日伪“76号”特务抓捕，1940年10月2日被害于南京雨花台，英年39岁。临终时，视死如归、大义凛然。

1942年2月1日，黄炎培、顾毓琇等社会名流共41人在重庆发起追悼大会，隆重纪念陈三才烈士。黄炎培、冯玉祥等在追悼会上演讲并作诗悼念。抗战胜利后，他的同龄知己、同窗好友顾毓琇教授在上海

陈三才在美国网球场上

陈三才（前排中）参加的留美大学足球队，他任队长

国际礼拜堂主持追悼会，缅怀英烈忠魂。

在顾毓琇教授的关怀下，2001年清华大学九十周年校庆时，将陈三才的英名（陈定达）铸刻在“祖国儿女·清华英烈”纪念碑上。2014年12月8日，经江苏省民政厅并请示民政部优抚局烈士褒扬处，同意认定陈三才烈士身份。为隆重纪念中国人民抗日战争暨世界反法西斯战争胜利75周年，经党中央、国务院批准，2020年9月2日公布第三批185名著名抗日英烈、英雄群体名录，陈三才名列其中。

丁人骅（1909—1988）

昆山陈墓（今锦溪）人。1926—1929年就读于上海江苏公立商业专门学校，在校积极参加体育活动，经常代表学校参加市级体育赛事。在校期间，他曾参加五卅惨案游行，到沪宁铁路为受难同胞募捐。毕业后住苏州梵门桥弄家中，有时帮他人补习会计与英语。1937年回到陈墓家乡，正值全面抗战时期，因家乡儿童失学较多，就

丁人骅留影

江苏公立商业专门学校1929级足球队合影，后排右四为丁人骅

与他人合力创办戊寅补习学校，后因敌伪接管，伪校长王启玉主张灌输奴化教育，丁人骅竭力反对，学校被迫停办。随后为了生活，曾开过小杂货店。皖南事变时期，党的文职干部曾在他家避难，受到过他的庇护。

新中国成立初期，他义务帮助政府工作。1951年到上海愚园路宏业花园居民福利会任文书，同年被上海古城文具工厂录用。1958年因政治运动受牵连，被撤职返回家乡，在大东窑厂当过临时工。

“文革”期间，由于他有英语特长，先后在昆山新镇中学和陈墓中学从事英语教育。1985年获平反。1988年因病在家中离世。

教练员

陆文治（1917—1999）

昆山陈墓（今锦溪）人。专职体育教师。早年就读于吴江县中学、苏州伯乐中学，后考入苏州私立中山体育专科学校，于1935年毕业。曾

陆文治留影

陆文治和槃亭中学篮球队

在陕西省西安尊德女中、江苏武进树人中学任体育教员。全面抗战爆发后，怀揣救国育人思想，毅然回家乡工作。其间，曾与朱达德（剑山）一起在陈墓镇办过戊寅私塾。后任陈墓吴县两级小学、昆山县陈墓中心小学教师兼陈墓槃亭中学体育教师。多次参与组织全县教育系统体育赛事。1949年5月，参加陈墓镇支前征粮工作。1950年2月，担任淀西区政府文教助理、陈墓镇支前委员会副主任。同年8月，当选陈墓镇副镇长。1951年8月，调昆山县初级师范学校任总务主任兼体育教师。后任昆山县第二中学总务主任等。

1970年下放农村，曾负责昆山成茂（锦溪）红霞中学筹建工作，任总务主任。1977年退休，1990年享受离休干部待遇。陆文治同志一生艰苦奋斗，清正廉洁，忠于教育工作，桃李满天下，为家乡人民的教育事业作出了重要贡献。

王琮（1928—2009）

昆山陈墓（今锦溪）人。曾任辽宁大连海运学院体育教研室副主任。职业体育副教授。中国农工民主党党员。

1947年于昆山县立中学毕业后，于上海明德女中附校、上海旅工子弟学校任教。1948年先后在上海市立体育专科学校、国立南京大学体育科任教。同年8月起在江苏无锡青城中学、上海澄衷中学、上海航务学院任体育教师。1953年起调至辽宁大连海运学院任体育教师，副教授。1956年起兼任大连体操协会委员、交通部中等学校体育教师培训班教师。主讲田径、体操、足球以及运动场地设计与建筑等课程。曾任高教部办的全国高等学校体育教师体操进修班之篮、排球进修班（苏联专家主讲）办公室秘书，旅大市手球教练，大连海运学院体育教研室副主任、代主任，青年教师体操理论及技术指导教师，交通部属院校体育论文评选委员，田径运动会仲裁委员，交通部属院校体育教师讲习班主讲教师，农工民主党大连海运学院支部副主任委员，农工民主党大连市委文教委员等职。

王琮在督训学生

1989年10月8日，王琮（左）与国家教委体育司副司长朱奉诚合影

陈华越（1929—2018）

昆山陈墓（今锦溪）人。曾任四川师大附中高级教师兼师大教育系生理学教师。四川省游泳代表队队长、国家级游泳裁判员、全国优秀裁判员、民盟盟员。

幼年随父母在香港、昆明、南京等地读书，南京第四中学毕业。1952年毕业于广西大学理学院生物系。除生物学专业之外，毕生酷爱游泳和田径运动并成绩优秀。1953年被选入西南区田径代表队，赴京参加国庆后举行的全国田径、体操、自行车运动会，受到贺龙元帅的接见。1954年又入选了四川省游泳代表队，并担任队长。

1957年，工农速成中学改为四川师大附中，陈华越继续担任生物教研组组长，并兼任四川师大教育系生理学教师。1974年，学校体育教师严重缺乏，他为解决学校的困难，主动承担体育教学工作直到退休。在体育教学和业余训练中，他又不断地作出新的贡献，成立了田径队和游泳队。游泳队在第一个夏季训练结束后，参加了成都市的东城区游泳比赛，获得了大多项目的第一名。田径队只能在学校200米跑道的运动场上训练。由于运用了在生物系读书时学到的解剖学、生理学等方面的知识，再加上自身多年来在训练中取得的经验，他结合起

青年时的陈华越

老年时的陈华越

来指导学生，使学生的成绩快速提高，在成都市中学生田径比赛中获团体总分冠军。先后向省、市体工队输送了9名优秀的专业运动员，向省、市业余体校三级班和体育学院输送了数十名学生，多次受到省、市体委和省、市教育部门的表彰，在其努力下师大附中被定为田径传统项目学校。陈华越1981年被评为成都市优秀体育教师。1983年被省体委和省教育厅评为四川省体育传统项目学校先进工作者。同年，又被国家体委和教育部评为全国体育传统学校先进工作者。

由于他在游泳裁判工作中表现突出，经国家体委严格考试，成绩优秀，1984年被授予“游泳国家级裁判员”称号，曾先后担任全国性比赛的总裁判或副总裁判共15次，并多次在全国和省级大赛中被授予“体育道德风尚奖裁判员”和“全国优秀裁判员”称号。

除了游泳竞赛工作外，他还多次被国家体委指派担任重大龙舟赛的主要裁判，例如1992年在江西九江举办的“庐山杯”国际龙舟赛担任副总裁判长；1993年在北京十三陵举办的“炎黄杯”世界华侨华人龙舟系列赛担任第一副总裁判长等。2002年，陈华越在崇州“体彩杯”第七届全国冬泳锦标赛上担任总裁判。

他在担任成都市游泳裁判委员会主任的20多年里，非常重视对成都市游泳裁判队伍的建设，为成都市游泳裁判队伍培养了9名国家级裁判员、62名一级裁判员，国家体委和国家教委之后在成都接连举办了多次重大的全国性的比赛，如1993年8月代表国家最高运动水平及规格的第七届全运会蹼泳比赛。由于工作成绩显著，陈华越1992年被授予“全国优秀游泳工作者”称号。他在长达40多年的教师生涯中，为国家培育了一批又一批的优秀学子，可谓桃李满天下。

丁惟英（1941—　）

昆山陈墓（今锦溪）人。中国民主建国会会员、高级教练、国家级裁判员。1953年陈墓中心小学毕业后，考进了昆山县中，爱好体育活动，曾打破昆山县跳高纪录。1956年考入上海体育学校后，由学校提名直升上海体育学院。后由于不慎受伤，无奈终止了系统深造。1959年毕业于上海体育学院预科，被分配至上海市长宁区体育系统工作。1960年开始从事航空模型与航海模型业余训练工作，直至退休。1982年被评为上海市与全国青少年优秀科技辅导员。1985年由国家体委授予新中国体育开拓者荣誉奖章。1986年被评为上海市体育先进。1987年在北京怀柔的全国教练员专项理论考试中成绩优秀。1988年经上海市体委评审，成为上海市第一批获得体育专业技术职称的高级教练员。1989年又被评为上海市业余少体校优秀教练员。1992年与1996年两次获得国家体委颁发的世界冠军训练启蒙奖，两次被评为全国体育训练先进工作者。1998年又由国家体育总局授予中华人民共和国体育运动荣誉奖章。

丁惟英近影

丁惟英获得的体育奖章

丁惟英在30多年的体育教育训练中，培养了优秀运动员如浦海清、李世豪等10余人，他们获得了“国家级运动健将”称号，其中多名运动员获“国际级运动健将”称号，多人代表国家参加世界锦标赛等国际赛事，有7人次获得世界冠军，4人次获得世界亚军，多人多次打破全国纪录，甚至打破世界纪录。

丁惟英在职期间，曾任长宁区业余军事体育学校教务主任、副校长、校长，长宁区体委副主任，长宁区体育总会副主席等职。曾任上海市航空模型协会第二、三届副主席。1997年至今，任长宁区政协之友社理事。退休后仍任长宁区汽车摩托车运动协会副会长。

明代有个昆山籍驸马邬景和

周 刚

明代有个昆山籍驸马邬景和，这个驸马到底是怎样一个人？昆山的地方志和古人笔记上都有记载，笔者经过搜集整理，从以下几个问题出发一一讲述：

邬景和是怎样被选上驸马的？

清康熙间千墩人陈元谟编著的《淞南志》卷六“人物”条记载：“邬景和，字时济，号玉峰。先世居淞南周巷（今属张浦镇），以闾右徙实京师。迨生景和，器宇不凡，工诗善书。年十六，召选入宫，太后南面，世宗侍坐。赐宴。同选者皆过矜失措，景和举止雅闲，饮嚼自如，太后大喜曰：‘真吾家儿。’命宫保教习内廷。”

淞南，指吴淞江昆山段南面的南港、张浦、千墩、石浦等地方，《淞南志》记载的就是那几个镇的历史人文故事。邬景和祖上住在昆山吴淞江南的周巷，后来“以闾右徙实京师”，就是说，他搬到了皇城北京。但在古代，百姓是不能随便迁居京城的，必须发了大财后，才能充实京都闾右。闾右，指古代京城的富人区。闾，指里巷的大门。自秦代始，京城凡富户可居闾里大门之右。此句的意思是，邬家先祖家原在周巷，因为发财了，才有资格从周巷迁徙入京，充实到富人区。

下面几句“迨生景和，器宇不凡，工诗善书。年十六，召选入宫，太后南面，世宗侍坐”的意思是，邬家在京城生了个男孩景和，长大后，器宇不凡，用现在话说，是个小帅哥，并且诗作得好、字也写得好。邬景和十六岁时，恰逢皇家为公主选婿，他被挑上了，被召入内宫。到了宫中，太后朝南，明世宗朱厚熜（即嘉靖皇帝）侧面陪坐，因为选婿是帝皇家事，长辈作主，所以太后坐正位，说明这仪式很隆重。

《淞南志》接着记载：“（太后）赐宴。同选者皆过矜失措，景和举止雅闲，饮嚼自如，太后大喜曰：‘真吾家儿。’命宫保教习内廷。”

那次被挑中的候选驸马有好几个，太后问了一回话，就赐大家喝酒。所谓“酒能见真性”，赐宴是太后出的考题。

这些小伙子（同选者）过于紧张了，太后赐酒啊，在朝为官的也很难有这种机会，却让他们碰上了。他们都有点手足失措了，忘了礼仪（即“皆过矜失措”）。只有邬景和“举止雅闲，饮嚼自如”，说明他荣辱不惊，很有教养，表现很得体，所以太后大喜，“命宫保教习内廷”。宫保，即太子太保、太子少保的统称，才高位重，大多负责皇家子弟教学。太后命宫保去内廷教习邬景和诗文和礼仪，说明他被初选上了。

古代权贵家选婿都这样，所以类似太后选中邬景和这段情节，历史上也发生过。

东晋开国元勋王导，官至丞相，王家更是金陵大族，子侄都很优秀。有一次，太尉郗鉴派门生去王家为女儿挑一个女婿。门生到了王家，王导说：“他们都在东厢房，你自己去看吧。”门生回去后，向太尉郗鉴汇报，说：“王氏诸子都在东厢房，一个个都才貌出众，听说太尉派人来选婿，都又惊又喜，忘乎所以，只有坦腹坐在东边床上的一位，只顾自己吃东西，不把选婿当回事儿。”太尉曰：“正此佳婿邪！”于是，这个东床坦腹而食者，成了太尉府女婿。这个小伙子，就是王羲之，后来成了大名鼎鼎的书法家。从此，古人把女婿叫作“东床”。不过，这“床”不是睡觉的床，而是汉代从西域传来的高脚椅子，很宽大，称“胡床”，至晚唐后，改低床脚，人足可以放下，才有椅子之名。因为王羲之当时“坦腹而食”，古人又把女婿称作“令坦”。

郘景和是怎样在皇室生活的?

《淞南志》接着记载宫保怎么考邬景和:“(宫保)吴白楼试以对:‘御沟水泮流红叶。’应声曰:‘金谷春深见落花。’送国子肄业。二年,尚永福长公主,世宗姐也。”

吴白楼出的上联是“御沟水泮流红叶”,这是个典故,说唐代诗人顾况在御沟中拾到宫女的红叶传书,后来成了眷属。邬景和对的下联是“金谷春深见落花”,意思是西晋石崇筑金谷园藏美女绿珠,结果绿珠坠楼而亡。他的下联对上联也用爱情典故,结局却相反,属于巧对,所以他被留在国子监即太学深造。两年后,与永福长公主完婚。公主,为世宗姐也。

邬景和当了永福公主的夫婿后,“诏拜驸马都尉,掌宗人府事,特许肩舆入直,再赐乘马行禁中,宠眷优渥”。邬景和被封了驸马都尉,不过,凡皇家女婿都有这头衔,不稀奇。但他被授了实职:“掌宗人府事。”就是管理皇家子弟的事。这职位一般由年高德重的皇族担任,他邬景和一个外姓人,照样当上了,算得上“优渥”了。这还不算,还“特许肩舆入直,再赐乘马行禁中”,可以坐轿子直入内宫,骑马在禁中行走,那是何等风光啊!

郘景和是怎样被放还昆山的?

嘉靖皇帝沉湎道教,长期不理朝政,邬景和为此跟皇帝闹了别扭。《淞南志》记载:“世宗喜玄教,顾问景和,以不谙玄理辞免。复赐金币,景和自疏无功,辞,愿洗心涤虑,效马革裹尸之报。忤旨放还,与从兄克忠归老周巷。”

当时,严嵩父子把持朝政,坏人得势,忠良遭殃,东南沿海又累遭倭寇蹂躏,邬景和正为这内外不宁的政事烦心,皇帝却跟他谈长生不老的玄理，郏景和回说不懂。皇帝给他金银，他说无功不受禄，并且发狠劲，说情愿洗心革面，为平倭而马革裹尸。这就拂了嘉靖皇帝的面子，于是他被放还老家(昆山原籍)。

郏景和说的也许不是狠话，而是心里话。明代嘉靖间是倭寇扰掠我国东南沿海地区最猖獗的年代，郏景和的家乡昆山受害颇深，是重灾区之一。康熙《昆山县志》记载了倭寇第二次扰掠昆山的情况：嘉靖三十三年(1554)，三千多日本浪人(倭寇)分乘百余条盗船，从东门和青阳江入侵昆山。昆山守军和百姓在县令祝乾寿的带领下，历经45天顽强抵抗，最终还是城破。倭寇入城后杀人放火，疯狂抢掠。梁辰鱼也是这个时代的人，他目睹这惨状，曾写下七律《甲寅感怀》，其中有“晋世铜驮荆棘满，石家金谷水云屯”的描述。铜驮，指晋代洛阳宫门铜制的骆驼；金谷，即金谷园，晋代石崇富丽的歌舞场。八王之乱后，铜驮上长满了荆棘，金谷园也只见水云，一片荒芜，梁辰鱼以此形容昆山遭倭寇劫掠后的萧条情况。郏景和虽然生活在皇家，养尊处优，钟鸣鼎食，但也知道家乡遭受的苦难。再加上他为人正直，胸怀百姓，所以拒绝了皇帝的金银，说出“愿洗心涤虑，效马革裹尸之报”的心里话，即回家乡为剿灭倭寇出力。

《淞南志》编者陈元谟，字灿辰，昆山千墩镇人，是吴中著名的饱学之士，亦以孝闻乡里。其父死时，他曾庐墓守孝三年；其母病时，他对天起誓，愿减寿一纪(少活十二年)，母病果然好转了。陈元谟平时以课学为生，有感于府县方志对淞南地方的记述尚有不足，于是编辑《淞南志》。在编写过程中，他立志访求故实，并参考了叶盛的《水东日记》《归太仆集》和张大复的《梅花草堂笔谈》等昆山先贤著作，著成十六卷，其间还将手稿分赠友好征询意见。清代巡抚衙门在苏州，时江苏巡抚张伯行于苏州文庙筑紫阳书院，以重视教化，提倡好学之风，陈又将志稿呈张。张为《淞南志》作序，赞同陈元谟编志的初衷，说“玉山片石作海疆，而吴淞以南胜迹名区尤多可记”，并对陈元谟和《淞南志》都作出了好评。所以《淞南志》是一部旁搜博采、内容翔实的乡镇方志，其中明代邬景和的资料详尽可靠，为史学界所重视。

龚炜在《巢林笔谈》中是怎样描述邬景和的?

清代乾隆间昆山人龚炜的《巢林笔谈》中也有关于邬景和的记载：“公讳景和，字时泰，尚肃皇（嘉靖皇帝）妹长公主。公主早薨，以不应元文命忤旨，放归昆山，僦数椽以居，萧然闲远……故老相传，公姿貌中常，选尚之日，一时公卿子弟咸但矜持，公独饮啖如常。太后谓是能食天禄者，遂得尚主。此与右军坦腹相类，故终为戚畹名臣。”

这段话说的是邬景被太后选为驸马的过程，后来为什么被嘉靖皇帝放回昆山，跟《淞南志》记载的基本相似。文中说的“此与右军坦腹相类”的“右军”即王羲之，他曾官右军将军，史称“王右军”。“坦腹相类”，即邬景和被选上女婿的情节，跟王羲之“坦腹东床”相似。但这些话中要注意的是“公主早薨”四个字。薨，皇族死称薨。嘉靖皇帝跟邬景和语言不合，就把他放归原籍，似乎有点不近情理。按说他们是郎舅关系，俗话说“郎舅亲，打断骨头连着筋”，嘉靖皇帝为什么不顾亲妹妹的感觉？龚炜在这里提供了一个重要信息：原来，“公主早薨”，即公主早已去世了，也许老太后也已经过世了，嘉靖皇帝才没有后顾之忧，而且邬景和还拿架拿势唱高调，对不起，落得个耳根清净，放你还乡吧。

新版《巢林笔谈》封影

另有一个疑问：《淞南志》说永

福公主是嘉靖的姐姐，龚炜却说是妹妹，到底是姐姐还是妹妹？还没有找到第三家证据，反正他跟皇帝是郎舅关系这一点是没有错的。

《巢林笔谈》的作者龚炜，清康熙、乾隆间昆山望族之后，妻王氏，出于太仓名门，夫妻俩皆饱读经史，工诗文，善丝竹，所谓“夫唱妇随”。龚炜历40余年，著《巢林笔谈》，列488条及《续编》208条，内容广泛，记社会民情、风俗掌故、人祸天灾、人文逸事，为社会经济和文史研究者提供了资料，也为方志家所重视。

《巢林笔谈》139条的邬都尉《八山叠翠诗》中还有邬景和在昆山生活的记载。文中说邬景和被放归昆山后，“僦数椽以居，萧然闲远”，即在拱宸门外建了个小院子，和文友们在那儿诗酒怡情，悠然物外。拱宸门即昆山北门，小园子名“棘园”。邬景和是个多才多艺之人，该文有陆伯载《赠公歌》（公即邬景和）：“三江九岭恣游历，胸中夙有烟霞癖。挥毫洒洒若飞泉，琢句融融疑剖壁。”

从陆伯载的赠诗中可以看出，邬景和爱旅游，在山水间濡染了远离尘嚣的烟霞之气，他的书法洋洋洒洒像飞动的山泉，他的诗句更像从壁中剖出的莹润之玉，可想其风致不同常人。

邬景和的才情很高，龚炜介绍他能作“八山叠翠诗”和“包山叠翠诗”。所谓《八山叠翠诗》，说白了是一种文字游戏，就是用8个“山”字起头，组成八句诗句，从下到上叠成山形，从左到右或从右到左往下斜读，都成为句子。“包山叠翠诗”的包山在太湖西山，与龙洞相邻，山下的包山寺恢宏博大，是著名古刹。这种文体烦琐复杂，属于巧制，极少有人学得来。

相传邬景和还搞过一种“数字成语入诗”的游戏，就是一句成语中要有2个数字，而且两者相加，是另一个数字。这种游戏源于民间，在击鼓传花中常用。即鼓声停时，如果花落在第7个人手里，他就要说一个两数相加等于7的成语。下面以几个数为例：“半信半疑”，表示1；“一举两得”，表示3；“三言两语”，表示5；“不三不四”，表示7；“三令五审”，表示8……但在文人那儿，大多用来行酒令，而且花头更多，还要把这句成语吟成一句诗，或一句唱词。如酒令行到第10人，成语用“二八佳人”，还要把它吟成诗或唱词。如果他吟“二八佳人移莲步”，这一句入诗或作唱词都可以。而难的是轮到下一个吟的句子，意思要同前一句衔接。如下一个是1，他若吟“倒使我半信半疑”，意思是美人怎么会出场呢？也算过关。这种文字游戏，在奢靡成风、戏曲盛行的明代中后期是很流行的。

新皇帝是怎样召回邬景和的？

邬景和在家乡优哉游哉地玩了十年光景，嘉靖皇帝去世，儿子朱载垕接位，年号隆庆，就诏回了邬景和。

《淞南志》记载，邬景和还朝后，向皇帝“陈安民、足国、御卤、平倭四事，颇见采纳。寻卒，赠少保，谥荣间，赐祭葬如例。大学士淮南李公铭其墓，称其读书嗜学，老而不倦，举动庄肃，可谓贵而能降者矣”。

老皇帝跟邬景和合不来，新皇帝还是认可这个姑夫的，登基后就诏回了他。邬景和复职后，马上建议安抚百姓、增加国库收入、节省皇家开支和平倭四事。倭寇虽已势退，但仍不能放松，皇帝一一采纳。冰冻三尺非一日之寒，因嘉靖皇帝在位45年，长期怠政，已给明王朝种下了一蹶不振的祸根，积重一时难返。不久，邬景和也去世了。邬景和死后，隆庆皇帝给他很高的待遇，赠了少保头衔，谥号荣简，还按此规格赐了祭葬。

邬景和死后葬在昆山哪里？

《菉溪志》“坟墓”条：“驸马坟在香严观三天门西首，未知始末。或谓即明孝宗时尚永福公主之邬(景和)也。”菉溪，菉葭的雅称，即现在的陆家镇。

文中说邬驸马坟在香严观三天门西首，《菉溪志》介绍：“香严观，创自前明嘉靖间，号称宏丽，而无碑记，故府邑志逸之。或谓即邬驸马香火院也。”意思是，这座道观创自明代嘉靖间，虽然很壮观，但没有留下碑记，苏州府志、昆山县志都漏记了，有人说是邬驸马的香火院。香火院，或是邬驸马的家院。《菉溪志》接着说，明末归庄于玉皇宝座书“开化人天”匾额，康熙、乾隆间，邑人多次劝募重修，于是三天门、天库及前殿、正殿两廊规模焕然，甲于一镇。还说“三天门极高，因有丐匪盘踞，为鸡鸣塘杨氏所毁”。

三天门应是香严观玄武真君道场。道观的门，都称“天门”，如泰山东岳庙，供的是东岳大帝，属于道观，所以正门叫“南天门”。因为香严观也是一座道观，所以门称“天门”。但是三天门后来因乞丐盘踞，最后被鸡鸣塘(花桥村名)杨氏毁掉了。

因为三天门已经毁了，所以《菉溪志》编者说“未知始末”和“或谓”，就是不知其来龙去脉，没有文字依据，属于道听途说。因为是听说的，所以《菉溪志》编者就照搬，把邬景和说成是“明代孝宗皇帝永福公主的夫婿”。孝宗是明代弘治皇帝的庙号，嘉靖皇帝的庙号是世宗，孝宗应是世宗之误。之所以会发生这种错误，要从《菉溪志》编者诸世器的经历说起。

诸世器是清乾隆间菉葭镇南马上村人，字敬甫，号竹庄。年十五就补博士弟子(秀才中文学科的拔萃者)，可惜去省城乡试十余次都落第。乾隆二十七年(1762)，皇帝南巡，献赋行在(献文章给在行在的乾隆皇帝)，召试，以小误罢。时太仓人毕沅赴任陕西巡抚，招诸入幕，其间游燕齐秦晋，州府官员知其才，邀其为府、邑撰志多种，他在客居中还辑写了家乡菉葭的《菉溪志》四卷。十二年后，诸世器回故里，《菉溪志》梓行于世。

诸世器的福星毕沅是乾隆间状元，有《续资治通鉴》传世。当时他赴陕西任巡抚，欣赏诸世器才学，带在了身边。陕西地方闻诸世器才名，请他为不少州、县写了志，同时他也为家乡写了《菉溪志》。也许诸世器远在千里之外为家乡撰志，手头资料不全，很多地方凭记忆或传说，所以对这个坟是不是邬驸马的拿捏不准，于是加了下面一段话："考史志，景和削职归籍后，公主已薨。嘉靖三十五年，入贺圣诞毕，因言：'臣以五世祖寄籍锦衣卫，世居北地。今被罪南徙，扶服入贺，退而私省，公主坟墓荆棘不翦，逝者魂魄相吊于数千里外，不得春秋祭扫，惟陛下幸哀故主，使得寄籍原卫，长与相依。'帝怜而许之。据此，则荣简墓不得在昆山矣。"

上面的话翻成白话是：邬驸马回乡时，公主早已作古。后来于嘉靖三十五年（1556）入贺皇帝生日时上言，说他靠五世祖牌头挂了个锦衣卫衔，才算北京人。因获罪南回原籍，现在入贺后私省：公主墓孤零荒芜，希望回到京城，可以与公主墓长与相依。他说得言辞恳切，嘉靖皇帝觉得可怜，就同意了。

于是诸世器说，既然邬景和又去京城做官，荣简（邬景和死后隆庆皇帝给他的谥号）墓就不可能在昆山。

但是，"嘉靖三十五年入贺圣诞"这段情节值得推敲。先说邬景和这人。他在朝时看不惯嘉靖皇帝痴迷道教长期怠政的做派，而且还拂了皇帝的脸面，才被放归。说明邬景和的品格清正孤高，即使其间真去朝贺圣诞，纯属皇家礼节，他也不会趁机向嘉靖皇帝乞怜求饶。

邬景和什么时候还朝？《淞南志》说的"隆庆朝，复诏，陈安民、足国、御卤、平倭四事，颇见采纳"和《巢林笔谈》说的"隆庆改元，诏征还朝"比较可靠。

再有，隆庆皇帝给邬景和的谥号"荣简"两字，是很有深意的。荣，邬景和生前为皇家亲戚，一生荣华富贵，表示了他的身份。后面的"简"字是关键。"简"字用法很多，可以作简朴解，即把荣华富贵不当一回事，这有点符合郘景和生前行状。但是简字在古文中还有个词：简仪。简仪是测量葬地风水的仪器，古代官宦人家选墓址时必用。

这和淮南李公在铭文中说他“贵而能降”也呼应了，人都死了，还怎么降？因为郘景和要求死后回乡安葬，弄得像草民一个，岂不是降？而且是大降特降。

古人用词往往精练，何况皇帝是惜字如金的人，更让人难猜。

绰墩山北的驸马塘与郘景和有何关系？

名人的游踪往往扑朔迷离，郘景和罢官还乡后，在阳澄湖边的驸马塘也筑了别墅。《信义志稿·卷三·志地》记载：“驸马都尉郘景和别墅，在信义之北驸马塘。按：邑志载景和别墅在拱宸门外，名‘棘园’。”棘园即前面说过的他在昆山北门外的小园。

郘景和的驸马别墅在阳澄湖边，绰墩山北，那儿山影晴岚，风光旖旎，是他跟文友们雅集的好地方。因为是驸马的别墅，大家把别墅前的河叫“驸马塘”，以至村也以河名。

清乾隆间昆山诗人徐传诗有《驸马塘》诗：“傅粉何郎绝妙姿，凤箫声彻降王姬。不知池馆归来后，可忆殀央殿里时。”

诗的开头二句“傅粉何郎绝妙姿，凤箫声彻降王姬”，形容郘景和是个风流倜傥的皇家女婿。“傅粉何郎”，典出曹魏时的美男子何晏。何晏（约190—249），东汉大将军何进的孙子，少年时随母亲为曹操收养，后来做了魏公主的驸马。何晏美姿容，面孔特别白，像搽过粉一样，于是人称“傅粉何郎”。“凤箫声彻降王姬”，描绘公主下嫁的盛况。后面的“不知池馆归来后，可忆殀央殿里时”这两句的意思是：你跟皇帝闹别扭，回昆山后在这儿筑了池馆园林，过着优哉游哉的日子，可是，不知道你还记得当年“殀央殿”的事吗？“殀央殿”，殀，音同怨，按字意解释是优伶穿了戏服屈膝侧卧的姿势，明王朝取其义，把宫中让人憩息的地方取名“夗央殿”。那次太后选婿，就在夗央殿设宴招待候选的青年，邬景和表现得坦然大度，才夺了魁。

诗作者徐传诗，正仪人，家住正仪西亭子，号西亭。其伯祖徐昂发，康熙间曾任江西学政，是著名书法家，吴中四家之一。徐传诗家学渊源，壮年时游学岭南、湘楚多年，谙熟地方风物，对本邑的历史人文掌故尤为熟悉，所以他知道邬景和的情况，这首诗摘自他编著的《星湄诗话》。

也许邬景和在阳澄湖一带留下了好名声，死后，百姓把他尊为神，每年农历六月十四日在绰墩山举行庙会，供的驸马大王就是他。

绰墩山的庙会至今年仍按时在绰山遗址的广场上举行，香客祭祀的红纸上是这么写的：“昆山县朱塘乡第三保驸马大王。”朱塘乡是唐代以后至明清时巴城和正仪的行政区划名，正仪北的绰墩一带都属第三保。庙会留饭，还请民间戏班演戏，请戏班的钱，吃的饭菜及香烛费用，由各自然村轮流负担，按各家人口分摊，有人统管结算，一般都有结余，留到下期再用。这天，参加庙会的不单是绰墩邻近村里的人，还有从唯亭、正仪、昆山各地赶来的人，人山人海，热闹非凡。

1993年建大上海高尔夫球场，整个行政村拆迁，“驸马塘”这个村名从此在地图上消失。

明初葛芝与他的昆山同人们

郑涌泉

明末清初，昆山出了一位人物。然而，这个人似乎没有引起史学界的关注，因此各种资料上的记载少之又少。在他的家乡，很多人甚至没有听说过他的名字。那么这个人是谁呢？他姓葛名芝，是明末清初的一位学者、诗人、文学家。

葛芝，原名云芝，字瑞五，号龙仙，又号骑龙山人。年过不惑，隐居于吴县的青芝山中，因为这座山的形状看上去有点像一条躺着的龙，所以他又改号为“卧龙山人”。葛芝生于明万历四十六年（1618），卒年不详。著有《纪年前录》《续纪年前录》《容膝居杂录》及《卧龙山人集》等。《卧龙山人集》清康熙九年（1670）自刻本现藏于天津图书馆。昆山图书馆地方文献室藏有《卧龙山人集》十四卷抄本，原为民国年间曾任昆山县教育局局长的潘风鸣先生所珍藏。十多年前，潘先生的小女儿、当时居住于上海奉贤区的年逾古稀的潘洁民老太太亲自来昆将这份珍贵的礼物赠送给了故乡的图书馆。

葛芝画像

葛芝的祖父葛锡璠官至河南按察使，相当于现在的省监委领导。葛锡璠为官清廉，受到各方好评，治家严而有方，所交往者都是当时高风亮节之士。葛芝常常跟在祖父身边，耳濡目染，从小就养成了慷慨好义的特性。明天启六年（1626），有一位吴县人名叫周顺昌，是位进士，在朝做官。周顺昌为人正气凛然，疾恶如仇，最终被阉党头头太监魏忠贤所害，死于狱中。所谓“阉党”，就是掌握大权的太监以及投靠他们的官僚所结成的政治集团。崇祯初年，朝廷为周顺昌平反，追谥“忠介”。清代有部昆曲《清忠谱》，就演绎了周顺昌的这一段悲壮故事。周顺昌被害时葛芝只有九岁，还是个孩童，听说了这件事，居然“立屏侧垂涕，曰：嗟乎！使假之十季，何遂不从公于难乎”（见《卧龙山人集·序》），意思是：听到周顺昌遇难的消息，（葛芝）站在屏风旁一边流着眼泪一边说：假如我再年长十岁，也许我会追随周顺昌前辈一道慷慨就义的！可见葛芝从小就已经对“忠义”两个字有着强烈的认识和感受。

《卧龙山人集》封面

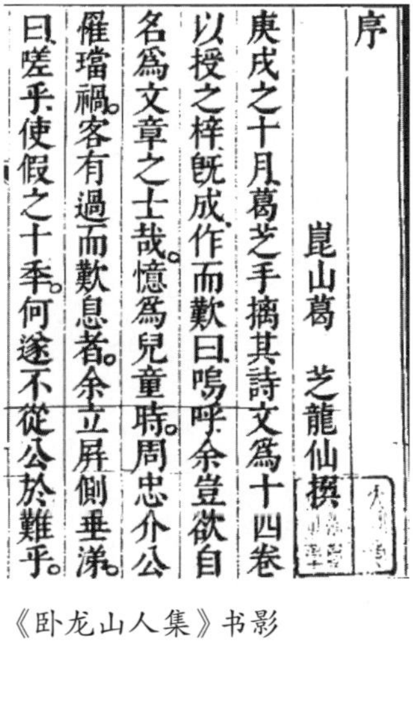
序
崑山葛　芝龍仙撰
庚戌之十月葛芝手摘其詩文爲十四卷以授之梓旣成。作而歎曰嗚呼。余豈欲自名爲文章之士哉。憶爲兒童時。周忠介公罹璫禍。客有過而歎息者。余立屏側垂涕。曰嗟乎使假之十季。何遂不從公於難乎。

《卧龙山人集》书影

葛芝十五岁那年被补为昆山“增广生”，这是秀才的一种。明清两代把由公家供给膳食的秀才叫作“廪膳生”。后来秀才名额增多了，增加出来的名额叫作“增广生”。之后，葛芝又拜太仓文学大家张溥为师。十七岁时，葛芝娶张溥的好朋友张采的女儿为妻。当时，社会上有个组织名曰“复社”，是以江南士大夫为核心的文学性质的团体。复社于明崇祯六年（1633）在苏州虎丘成立，领袖人物就是张溥、张采，时称“娄东二张”，葛芝也是这个组织的成员。复社是明末一个有点奇特的团体，表面看上去是一个文学组织，成员大都是读书人，提出了一些文学改革的主张；同时成员们又积极参与社会政治活动，继东林党之后，在明末历史上发挥过不小的作用。入清后，复社因过多参与政治，有影响社会稳定的“嫌疑”，顺治九年（1652）被清政府取缔，不得不宣布解散。

葛芝本就年少多才，加之家门声势以及社会声望都很高的“娄东二张”的极力推许，以至于每写出来一篇文章，人们都认为是“高文”而争先恐后阅读，地方官员和绅士都降低身价争着和他交往。岂料葛芝的脾气个性像他的祖父一样耿直，“而葛子夷然不屑也”，根本就不在乎，完全不当一回事情。

青年时代的葛芝，人生之路并非一帆风顺。当复社被攻击时，葛芝由于与身处政治漩涡中心的张溥、张采关系密切，亲身体会到现实的残酷，这种经历深深影响了葛芝对世道人心的看法，更作为一个重要题材在他的作品尤其是乐府诗中反复出现，成为他生命中不可磨灭的印记。

葛芝还未满而立之年，又逢朝代更替，目睹很多家人友朋死于兵灾，他思念故友、心生感慨，豪情壮志顿失，从此一蹶不振，于是他在顺治二年（1645）放弃了秀才这个功名。跟众多遗民一样，改朝换代的痛苦经历也导致了葛芝生命中的一次标志性转折。自此以后的十多年间，葛芝专心问道，对佛、道、儒三教的经典著作无所不读，立志要将三教的教义融合起来，形成自己的一家之说。然而谁能料到，顺治末年，葛芝又硬生生被牵连到江南奏销案里去了。

按朝廷规定，各地方州县每年将钱粮征收的实数向朝廷奏报，由户部按照这个实数来注销之前欠缴的钱粮，名曰“奏销”。顺治十八年（1661），朝廷将上一年欠缴钱粮的苏州、松江、常州、镇江四个府加上溧阳一个县，不管是秀才、举人还是进士，凡钱粮没缴足的，一律革去功名；是现任官员的，一律降两级调用，有的还可能因莫须有的罪名遭遇牢狱之灾。这次事件共计黜降一万三千余人，其中不少人被逮捕。据传昆山叶方蔼算下来只差一文钱，也被废黜，故此民间有“进士不值一文钱”之说。还有昆山著名的徐氏三兄弟中的老大、探花徐乾学和老三、状元徐元文也被卷进这桩案子之中。这是发生在江南地区的重大事件，表面看只涉及经济，实际上是一次政治打压，对象是江南的士绅阶级。

奏销案中，葛芝几乎散尽了家财，才免于受难，从此以后他心如死灰，几乎与世隔绝。四十三岁那年，父亲葛鼐去世了，葛芝再无牵挂。处理完家事后，带着妻子张氏隐居在吴县的青芝山中，以著述、修道为念，仅与极少几个人有过往来，直到终老，他没有参与过任何世事。葛芝在其《卧龙山人集》的《序》中说：“年过二十余，见国家纷纭多故，辄有揽辔澄清之志。未几，两京继没，江左骚动，隐于蓬藋之间，于是壮心锐气一旦都尽矣。”《江苏艺文志·苏州卷》说葛芝“砥砺学行，工古文字。入清，潜心理学，好王守仁致良知之学。尝摒弃家累，入山独栖一室，竟日冥坐”。王守仁，号阳明，明代思想家、军事家，心学集大成者。阳明心学后来传入了日本、朝鲜等国，弟子极众，世称“姚江学派”。习近平总书记说过：“王阳明的心学正是中国传统文化中的精华，是增强中国人文化自信的切入点之一。”

葛芝和叶家才俊之关系

葛芝与当时很多著名的昆山文人有交谊，如被后人尊为“昆山三贤”中的顾炎武、朱柏庐，以及“三贤”之一的归震川先生的曾孙归庄，还有昆山著名望族叶氏家族中的叶国华及他的长子叶奕荃、次子叶奕苞以及这个家族中的其他成员，等等。朱柏庐先生与葛芝是知交好友，两人时常往来，交流学问，探讨文人之间的某些不同观点。朱柏庐先生感觉葛芝思维缜密，是自己学习的榜样，很欣慰自己有这么一位知心好朋友。康熙五年（1666），朱柏庐先生病倒在床，葛芝专程前去探望。

葛芝跟昆山望族叶家具有密切的关系，因为明代叶家在昆山乃至江南一带的影响比较大，昆山人几乎没有不知道半茧园这座古代园林的，如今，这座园林的一小部分遗迹还存在于昆山市第一人民医院内。半茧园原名“春玉圃”，是明嘉靖年间举人叶恭焕建造的。传到了他的孙子叶国华手里后，在原来的基础上又增加了二十余亩地，这样整个春玉圃的面积达到六十多亩。因为整个园林呈椭圆形，像是一枚硕大无比的蚕茧，于是就改名为“茧园”。园内有大云堂、据梧轩、樾阁、霞笠、小有堂、唐亭、绿天经、梅花馆、春及轩、白泉等诸多名胜景点，成为江南名园。叶国华在晚年时将茧园分为三部分给了三个儿子。他的第二个儿子叶奕苞得到了东面的一部分，重新整理了一下，遂命名为“半茧园”，以新的面貌示人。再后来，沧海桑田，随着叶家的变迁，园林渐渐衰落。

葛芝跟叶国华乃是忘年之交，情谊深厚。叶国华（1586—1671），字德荣，号白泉，万历四十三年（1615）举人。历任国子监学录、刑部主事，后改任工部主事。叶国华风流倜傥，温文尔雅，史书上说他“耆年硕望，掩映江左，一门群从”，年高而有才有德，追随他的人很多，在江南一带非常有威望。葛芝对叶国华这位同乡长者的学识和精气神向来十分仰慕，写了不少诗来歌颂他，表达了深深的敬仰之意。叶国华“闻弦歌而知雅意”，对葛芝也是非常欣赏，经常邀他到茧园来做客，品尝茶果，听琴谈文。葛芝多次到叶家拜望，曾按照叶国华所作诗的韵脚赋诗酬答，记述了欢聚的景象，有“坐久明河里，杯深落叶前。悠悠同笑语，微尚愧谈玄”等诗句。葛芝还曾写下《叶水部茧园燕集歌》，他与叶国华同感于岁月流逝、时光不再，“冉冉少华宁常在”“况我蹉跎君非少”，发出了“人生不乐今何待”的感慨。两位忘年之交常常在茧园内狂歌痛饮、赏酒眠花，“痛饮百觞公莫笑，醉来暂向花间眠”“眠时花落惊还起，出门哑哑乌啼树”，如此纵酒狂歌的欢乐场景，对葛芝和叶国华而言，如人生境遇中的一泓清泉，沁人心脾。

叶国华七十寿辰时，写了《和沈启南所作诗四章》。这个头一开，一时间跟着和诗的多达数百人。叶国华叫儿子叶奕苞把这些诗认真编辑刻印成一本书，特地请葛芝作序，这说明了他对葛芝的重视是远远超过一般人的。

葛芝与叶国华的长子叶奕荃也是莫逆之交。叶奕荃（1608—1645），字元晖，一字水修，曾以诸生（秀才）的身份入太学，在诗、词、文各方面都很有造诣，他为人正直刚强，慷慨好义。叶奕荃早年也加入过复社，与葛芝以诗文相交，往来频繁，情谊深厚，堪称知己。后来叶奕荃因对复社有意见，遂愤而退出，葛芝非但没有因为这个组织的领袖人物之一张采是自己的老丈人而对叶奕荃心怀不满，反而对叶奕荃此举非常理解，深为推重，他在一篇文章里写道：我还很年轻时，吴中盛行集结文社，主要组织者大多是所谓“清流”，难免会按照他们的那一套“规矩”对其他成员管头管脚而束缚思想，你（按：指叶奕荃）对此不以为然，退出复社，了解你的人知道你立意高远，是不可多得的人才。这段话既叙述了叶奕荃退出复社的原因及经过，也表明葛芝对复社里积压已久的那些弊端也怀有同样态度。后来葛芝把女儿嫁给了叶奕荃次子，两人成了亲家。顺治二年（1645），清兵攻破昆山城，正在杭州出差的叶国华渺无音信，生死未卜。叶奕荃冒着刀光剑影赶赴杭州寻父，半路上惨死在乱民的刀下，最后竟然连尸首都未曾找到。叶家人无可奈何，只能为其建造了一座衣冠冢，葛芝亲自为他撰写了悼文镌刻在石碑上，称其为“义士”。

葛芝与叶国华的次子叶奕苞的关系有点特殊。叶奕苞（1629—1686），字九来，一字凤雏，号二泉，别署群玉山樵，是一位学者、金石家、藏书家，还写过不少昆曲剧本，对昆曲的传承发展作出了贡献。葛芝是叶奕苞的老师，后来又成为他的知心好友。有文献资料如是记载：“九来，国华次子，少师事葛芝。”叶奕苞在自己的文集中也称葛芝为“瑞五师”，十分尊敬他。

葛芝丰富的人生阅历、独特的处世哲学、厚重的文学底蕴深刻影响了叶奕苞的思想性情和文学创作，使他陶冶其中，正如桃李之遇东风。在葛芝的谆谆教诲下，叶奕苞终于成长为一个不可多得的人才。叶奕苞对葛芝是十分感激的，他在诗中写道："落其实者思其树，饮其流者怀其源。"没错，品尝了果实理所应当想到树木，痛饮了甘泉理所应当想到源头。葛芝和叶奕苞的关系又不仅仅是师生，而是有多种身份关系和复杂的情感纽带相连接。葛芝与叶奕苞的往来并不局限于文学切磋，于生活琐事之上也多有互通。如叶奕苞喜筑新居之时，葛芝赋诗相贺：

新筑城南近，应名扪虱庵。
燕来春结垒，客至日停骖。
万卷帘前架，百花雨后潭。
闲庭何所种，第一是宜男。

葛芝与叶奕苞情谊深重，也有部分原因是两人共同经历了国变，都有失去亲友而备尝痛苦的遭遇。这种经历的共通感加深了两人之间的情感和契合程度。

除叶国华父子之外，葛芝与叶氏家族的其他子弟亦有文字上的交集，如他与叶奕苞的堂兄叶方蔼、叶方恒之间均互有交游。叶方蔼与叶方恒两人为亲兄弟，都是叶奕苞的叔父叶重华之子。叶方蔼（1629—1682），字子吉，号讱庵。顺治十六年（1659）进士，官至礼部尚书，谥号文敏。葛芝《卧龙山人集》录有与叶方蔼交游诗两首：一首记录叶方蔼到葛芝处做客，主客二人赋诗赠答；另一首记录叶方蔼去访问葛芝而正好葛芝外出不在家，叶方蔼久等不遇，于是临走时留下这首诗给葛芝。叶方恒（1615—1682），字嵋初，号学亭，顺治十五年（1658）进士，任职贵阳府推官（掌管诉讼、监狱等事务）。康熙八年（1669）任莱芜县令。葛芝与叶方恒是发小，二人的关系是十分亲密的。

通过以上介绍可以知道葛芝是一位受到当时昆山文化人尊重的人。下面要着重讲述的是，葛芝与“归奇顾怪”之间的关系，是一种让人疑窦丛生的关系，真是所谓“剪不断理还乱”的“历史之谜”。

葛芝和“归奇顾怪”之关系

所谓“归奇顾怪”，指的是明末清初昆山两位特立独行、横空出世、行为有点难以让人理解之人。“归”，指的是号称“明文第一”的归有光（震川先生）的曾孙、诗人和文学家归庄；“顾”指的是伟大的思想家顾炎武（亭林先生）。这两个人是好朋友，互相敬重、互相推崇。清同治《苏州府志》是这么说的：归庄一生与顾炎武最有交集，两人以博雅独行相推许，都“不谐于俗”，很少与人交往，当时的昆山本地人认为这两人性格有点怪异，不同于常人，所以就将他俩称为“归奇顾怪”。清代江藩撰写的《汉学师承记·顾炎武》中说：顾炎武读书一目十行，性情耿介，绝不与人交往，唯独跟归庄相交甚欢。两人还一起加入复社，乡里人把他俩叫作“归奇顾怪”。

葛芝与顾炎武、归庄是同乡，都具有反清复明的思想，都加入过复社，三人是最好的朋友，堪称“知己”，这从《卧龙山人集》中不少诗文的字里行间可以看得出来。

先来看看葛芝对顾炎武的感情。《卧龙山人集·卷五》中收入七言近体诗两百首，开头七律二首题为《顾宁人见寄辞家二律，次韵酬之》，“宁人”是顾炎武先生的字。全诗如下：

其一

吾亦辞家欲浪游，萧然独驾五湖舟。
东临沧海千峰碧，夜渡钱塘万壑秋。
几处幽人为市卒，何方同调吊灵修。
风吹芦荻乌啼柳，疑是青门有故侯。

其二

不学穷途阮子悲，长游五岳是吾师。
神龙蛰户三冬日，野鹤盘空千里时。
勾漏丹砂无计就，匡庐莲社有心期。
归来却笑陶彭泽，酒后依然忆五儿。

受尽挫折的亭林先生要离开家乡到北方去了，读了万卷书，再行万里路，让自己更加充实，能做更多有利于社会的事情。北游之前，亭林先生写了两首题为《辞家》的律诗寄给葛芝，向他告别，葛芝随即兴致勃勃地用亭林诗的原韵和诗以表示答谢。诗中写道：先生你辞家北游了，我也准备辞家南游去了。东临沧海，夜渡钱塘，准备独自驾着小舟游遍五湖。而你则长游五岳，真是我的老师啊，我们都不像魏晋时的阮籍那样穷途末路，我们也不到庐山的白莲社去修仙，我们都是怀着远大志向的。等我们归来再相遇时，我们一起来笑话陶彭泽吧，他一喝酒就老是会想起他的五个儿子来（东晋大诗人陶渊明曾任彭泽县令，所以后人称他为“陶彭泽”，他的五个儿子据说非懒即笨，陶渊明自己也说“虽有五男儿，总不好纸笔”）。这些话是只有对知心好友才

顾炎武画像

归庄画像

说的。

再来看看葛芝对归庄的推崇。《卧龙山人集》中有若干首诗是写给归庄的，如《答元恭》《寄归元恭》《送元恭游淮上》《诸声杂咏和归元恭》等等，字里行间无不充满了浓浓的深情。

有人为归庄画了一幅画像，头戴僧帽，身着僧衣僧裤，脚穿僧鞋，低眉垂目地端坐在一只蒲团上面。葛芝仔细欣赏了这幅画像，爱不释手并赞不绝口，当即挥笔写了一篇短文《归元恭像赞》。这篇充满真情的文章写得非常到位：“居然僧也。而口择仁义之言，目通孔孟之书，蹦跌于蒲团之上，而一纪以来同管宁之膝穿木榻、范粲之卧床不起……气凌万夫而恒见笑于三尺侏儒。吾见其亭亭之容灿灿之目，岂终老山泽而混樵渔者耶？”文中运用了“管宁割席”“范粲卧床”等典故，颂扬归庄不图富贵、不畏权势的高风亮节，并说这样的高士怎么能平平淡淡地终老于山野呢？

《卧龙山人集》里还有一篇应归庄的要求而写的十分重要的文章，就是《归元恭文集序》。在序中，葛芝对归庄赞赏有加：“吾友归子元恭少以气自豪，能饮酒，工行草，酒酣兴发辄引笔疾书……负郭无一亩之田，陋巷无悬磬之室……而浩然之气不为衰止。”葛芝还高度称颂归庄的铮铮铁骨：“今归子之为人也，不以饥寒改节，不以急难易志，不以穷通毁誉扰其

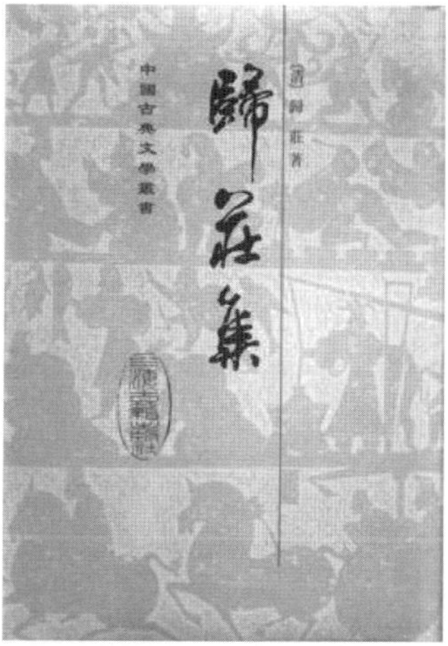

《归庄集》书影

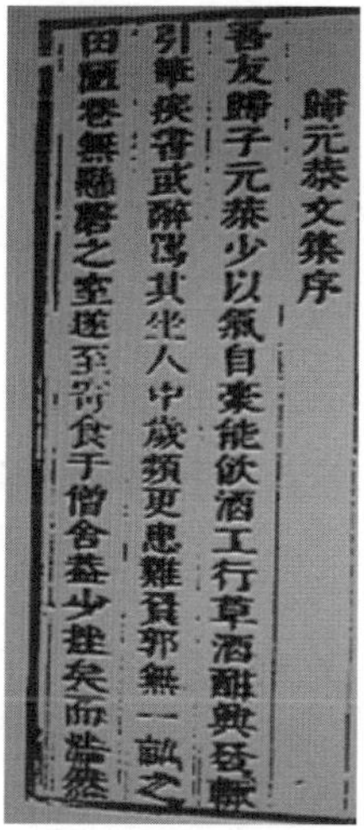

歸元恭文集序

吾友歸子元恭少以氣自豪能飲酒工行草酒酣興發輒引筆疾書或醉罵其坐人中歲頻更患難負郭無一畝之田陋巷無懸磬之室遂至寄食于僧舍蓋少挫矣而浩然

葛芝为归庄集作序

灵台，其天全兮，其本固兮……”他读归庄的作品有一种肃然起敬的感觉：“所谓浩然之气在也。”他还引用了归庄自己的话：“南山有木，不揉不足以成器也，北山有金，不镕不足以就纯也。”葛芝对归庄求道的刻苦精神和对人生独到的见解非常钦佩，他的序毫无疑问是对归庄作品的知己之评。

请人为自己的文字或应邀为他人的文字作序，在当时是非至交不为的，可见葛、归二人的关系与葛、顾一样，非同一般。

葛、顾二人有诗作唱和互赠，而且是顾炎武赠诗在先，葛芝酬答在后，这说明顾炎武对葛芝是非常重视的。然而，笔者仔细查阅亭林先生的诗作，包括王蘧常先生所编的《顾亭林诗集汇注》（上海古籍出版社1983年版）及王冀民先生所编的《顾亭林诗笺释》（中华书局1998年版）所收入的今存顾亭林诗四百余首，其中查不到葛芝所提到、所酬答的顾炎武寄给他的《辞家二律》，也没有提到葛芝这个同乡兼好友的片言只字，似乎从来就不认识这个人。

再则，几乎所有的顾炎武研究者也从未提到过顾、葛两人有过什么往来，更别说友情了。谢正光教授在其所著《清初诗文与士人交游考》（南京大学出版社2001年版）一书中说：“今即据亭林所撰诗文及后人纂辑之资料若干种，考得明末清初尝与亭林交接者凡二百三十五人。”并将所有人的姓名、籍贯、科名、官职及交往之时间地点详细地列了一份《顾亭林交游表》，哪怕与顾炎武只见过一次面的也都记录在案。遗憾的是，在这份二百三十五人的名单里，根本看不到关于葛芝其人其事的任何蛛丝马迹。

再来查阅一下归庄的著述。在目前所能看到的各种版本的《归庄集》中，并没有收入葛芝为他写的那篇序。现存归庄的六百余首（篇）诗文中，也仅仅收录了写给葛芝的一封信《与葛瑞五》，信中有这样的话：“弟固乐于远游，而境内无归生，则文社骚坛，易为雄霸，亦未始非公等之利也。”意思很明白：我不在昆山对你们是有好处的，你们更容易在昆山的文坛称王称霸了。这句话可以说是玩笑，是调侃，也可以说是牢骚。究竟是何意思，殊难理解。

葛芝对他俩的深情厚谊洋溢于字里行间，而顾、归二人在其著作中却丝毫没有同样的情感反映，这究竟是怎么回事？葛芝是一个正直率真之人，他完全没有必要“剃头担子一头热”去“造假”，去绞尽脑汁虚构他跟顾、归二人的诗文往来，这样做毫无意义，“而葛子夷然不屑也”。顾、归二人也不至于毫无理由地翻脸不认人，拒葛芝于千里之外，完全视同陌路，这于情于理都说不通。遗憾的是，本人查阅了很多资料，包括一些专门研究明代遗民的文字，未见有人提出这样的问题，更遑论答案了。

本人在昆山市图书馆工作时，曾以图书馆地方文献室的名义写信给中国社会科学院历史研究所的相关高级专家，提出这个历史谜团，遗憾的是并未收到回复。我还曾在某省级刊物上发表过类似文字，亦无人给以解释或表示同感。难不成，葛芝与“归奇顾怪”之间的关系真的成了千古难解之谜？本人学识浅陋，又缺乏相关资料，只能妄加揣测，未知能否自圆其说。

其一，顾炎武和归庄反清复明的精神是终生不渝的，而葛芝则早已“壮心锐气一旦都尽矣”，不再过问社会政事，因此顾、归二人在思想上与葛芝彻底划清了界线。

其二，跟叶方恒其人其事有关。叶方恒与顾炎武所属的两个家族本都是昆山豪门，而且祖上还有点亲戚关系，叶方恒本人跟顾炎武、归庄、葛芝等人原本私交也是很不错的。然而，后来叶方恒竟然利用顾氏家族因为内部矛盾及其他原因所造成的困难，对顾炎武的家产巧取豪夺。更有甚者，叶方恒还勾结原顾氏的家仆陆恩，造谣顾炎武暗中“通海”（即与蜗居在闽浙沿海的南明集团有联系，意图反清复明），对顾炎武进行政治迫害，到后来竟买凶意欲置顾炎武于死地，最终逼得顾炎武只能舍弃家产远离故土。

在叶、顾两人矛盾公开化的整个过程中，归庄等一些正直的昆山文化人除了谴责叶方恒的不仁不义，还不辞辛劳地在叶、顾之间往返奔走，调解矛盾，尽管最后未能劝动叶方恒回头是岸，至少是做了最大的努力的。然而，并无资料表明葛芝对叶方恒有片言只语的责备以及对顾炎武有过一丝一毫的支持和帮助，这也就难怪顾、归二人对葛芝的看法彻底改变了。

其三，后人在整理顾、归二人的诗文时有所疏漏，这也不是绝对没有可能的。

衷心希望专家学者们终能拨云见天，给葛芝、给后人们一个明明白白的合理交代。

教育有方的朱柏庐先生

王关义

朱柏庐画像

明末清初鼎革时期，昆山遗民的生存之路是不同的，朱柏庐选择了教书。二十四岁始，朱柏庐因家境贫寒而为塾师，“授徒赡母，下抚弟妹”，养家糊口。先是在乡里做应人之聘的上门塾师，后因教学效果好，被“争设席以延君”，忙不过来，遂设馆于家做坐家塾师，子弟甚多。约五十六岁受聘去太湖东山席氏（朱氏远亲）塾，当上客席塾师教席氏弟子席永渤长达十年之久。待席永渤毕业后补诸生，朱柏庐又回昆当坐家塾师，直至临终。朱柏庐一生教学有教无类，贵贱遵行；提倡师道尊严；俨然用心，重道养德；自编教材，因材施教。所以其为世人称道，成就了一道遗民塾教的文化风景。

不分贵贱　收为弟子

“有教无类”是孔子的教育法则，朱柏庐是孔门信徒，自当奉行。

富人要教，穷人也要教；自家人要教，外头人也要教，甚至反对他的人照样教。譬如柴艺循家富，他教；毛云翼家贫，他也教。而且当两人发生口角时，他还去做和事佬（见下文）。吴钦是自家人，族甥，但家贫，当然要教，还教了出名堂——中了副榜贡生，当了知县，王喆生是外头人，官宦之后，不能不教，而且也教出名堂来——考上进士，当上博士生考试的监考官，就在皇帝身边。有点过节的人也教。这就叫“有教无类”，教育一切适龄少儿，而且教有成效。譬如叶家，名门望族，祖上做官，这一辈人也有做官的，地方上名声也不错，其老五叶方蔚与他还有私交，但偏偏收了朱氏家族的朱佳为奴，这是败坏朱家门风的，于是引起一场“惩逆奴”之争，成了反对他的人，但叶家人请他教书，他照样去教，而且教得蛮辛苦。事情是这样的：顺治十五年（1658），朱柏庐教的对象是叶家老三叶方至遗下的唯一儿子叶廷玉（名振珽）。叶方至是顺治时的副榜，可惜早早病故，留下寡妇李氏来教子，于是请了朱柏庐坐馆。可惜李氏过于疼爱其子，致使叶廷玉任性而不听话，调皮捣蛋。朱柏庐执教严厉，无有不听其教的，偏偏碰上这个“钉头货”，课上大声喧哗，插嘴打扰，肆意离座乱跑，不守规矩，而且屡教不改。朱柏庐是个讲究师道尊严的学究，严以罚，可是戒尺打下去无用，立壁角无用，状告其母亲李氏更是无用。

叶廷玉作业不完成，学业一塌糊涂，这样下去，不但对主人没法交代，还败坏自己名声，怎么办？朱柏庐便用以退为进的办法处理，他决定提出辞馆。一辞馆，本来怀溺爱之心的母亲李氏急了，一来儿子没人教了，二来家里出了个顽童，不体面。李氏便上门去请，朱柏庐不来；再去赔礼请，朱柏庐仍不来；只得请老五兄弟叶方蔚来请。叶方蔚淡泊名利，与朱柏庐是同道好友，朱柏庐不能不给面子，便答应又来了。这么“三请”倒也叫那个顽童叶廷玉看在眼里、想在心里了：自己的调皮竟然牵动这么多人？毕竟是小孩，心里虚了。朱柏庐看看火候已到，便直接写信给叶廷玉立出规矩，让他写保证书，叶廷玉呆忒，“挺”不住了，写了保证书。

接着朱柏庐上门约法三章：一是不可目无师长，需遵循儒家礼仪；二是不可多言妄动，需一本正经地读书，用范仲淹的“毁誉、欢戚、富贵、贫贱”不动于心的求学之道和人生理念来促使自己向上；三是限日完成课务，必须门门及格，不虚度光阴。这也就是灌输他守纪、专心、刻苦的读书态度，终于使其醒悟。

叶廷玉自始用功读书，终于考上诸生。这就是民间所说的“刘邦约法进咸阳，柏庐三章收‘饭桶’（顽童）”。尔后叶廷玉德才兼备，待老师有礼，助人为乐，做义事。有一次夜饮度节，看窗外白雪纷飞，朱柏庐触景生情，感叹一位好友生活清苦，不知此刻饥寒与否。叶廷玉听了便于次日送去白米十斛，聊解断炊之苦。“为师思贫一声叹，学生慰师十斛粮”被传为儒林佳话。这就叫“贵贱遵行、教育树人”。

教育家人　看重家风

朱柏庐重视家庭教育，担负兄长之责。兄弟姐妹六人，他是长兄。弟为用白、用皞、用商三人，四弟用商为遗腹子，与朱柏庐相差近二十岁。用商少不更事，母亲又偏爱，所以疏懒散漫，多有好酒诸类之“积习”，学业废弛，成人后家道困窘，还是不思进取，醉酒时躺在桥脚下，被人耻笑，败了朱家名声。朱柏庐虽心中苦恼，但看在他生来与父亲未有一睁之见，还是晓之以理，并终于为他谋得一村学究（乡村教师）之职。用商却犹豫，嫌乡下太苦，刮风下雨，道路泥泞，老酒也吃不成。朱柏庐三次劝告无效，便设家宴请用商吃酒，然后说：“今天是为你饯行的，到乡下去教书营生，不去也得去。”长兄为父，朱柏庐说出狠话，用商怎敢不听？于是答应赴教。

朱柏庐倒是想到兄弟分别，喜忧参半。他连夜秉烛而书，叮嘱道：“吾弟此去，若能奋然振起，大改从前积习，则成家立业，已由于此；若依旧两年光景（老样子），则将来败坏，不知到底，吾能恝（漠不关心）然于此去乎？”他希望四弟“自到馆后，尽心竭力教诸学生”，远离惰性，改过自新。可谓一针见血，针针是情。并指出具体做法：一要夜眠早起，二要与酒无情，三要教书及时到位。要从行动上认识自己过去的不是，“宜自猛悔”“从此竖起脊梁，挣起精神，不惟家道有望，抑且人品益进”。可谓苦口婆心，说尽心里话，道尽情中理。朱柏庐又自愧家境贫寒不能给予四弟资助，但相比之下，认为还是以成得一业为好，业能开源，涓涓而来，即使细小，但是活的。朱柏庐这样开导四弟，与四弟在事业上互相勉励，生活上互相关心，两者“如影之与形，声之与响”。这样的开导勉励家人，就是修炼人品，振兴家道，借以贵在立志立德立业的理念。《治家格言》里就有了“家门和顺，虽饔飧不继，亦有余欢”之辞。

朱柏庐重家风，对乡里的优秀家风极为看重。顾升辅，昆山人，昆山望族，朝廷重臣顾鼎臣之六世孙，明末诸生，家住昆山祖宅雍里，幼丧父母，入清以后以社塾教徒为生，德高望重，寿长，八十七岁正寝。顾升辅搜集顾氏先祖顾恂、顾鼎臣诸人遗训编辑成《雍里世德录》，也可以说是昆山顾氏家训集，其用意是以利“申明祖训”接受谆谆告诫，推广遗愿。顾升辅与朱柏庐为同道好友，祖上又是世交〔两家祖上有“斯文雅社”“觞咏周旋”，祖辈朱希周和顾潜同为弘治九年（1496）进士〕，书成后请朱柏庐作书序，朱柏庐欣然命笔。序文中告明“吾邑科第之盛、子孙之蕃（众多），顾氏为最”，但世事变异，就不去求功名了（暗指顾升辅）。这就是顾氏家风，告诫子孙应弘扬祖德，继承忠贞义烈的美好传统。（忠贞义烈指顾鼎臣之曾孙顾咸正、顾咸建兄弟，兄为反清遇害，弟为明殉节。从略）序文结语前则引用豫章（南昌）人罗氏所言，“祖宗成法不可废，德泽不可恃”，否则后人不过三代必然走向衰败。这对当今之人也是一声警钟。（见《愧讷集·卷三·雍里世德录》）

朱柏庐的《朱子家训》更是覆盖社稷黎民、重视家庭教育的范本。

重视启蒙　尊师重教

昆人诸生张圻入清后隐身市井，致力于研究程朱性理的哲学思想。主张自觉地学习圣贤理念，在实践中完善自我，从而使自己的人格圆满，明显与朱柏庐为同道。《学士要箴》是关于师塾教育的书籍，原编著者是常熟人蒋伊，张圻加以增补修辑，共五卷十分类，《养蒙要箴》是书中的第五分类，是关于教养童蒙幼学的格言汇编。

朱柏庐对《养蒙要箴》一书很是重视，于康熙十七年（1678）为《养蒙要箴》作跋，指出启蒙教育是一个人懂得人生的第一步，与往后的学术成绩或吏治政绩有很大关系，如果启蒙不足则与他的老师学术不正、功底不深有很大关系。老师的作用是不可忽视的，因此要尊师重教，提倡师道尊严（严者亦为尊敬）。中国传统文化历来提倡“隆师”（看重老师），把天、地、君、亲、师并立，教师的地位可见一斑。尊师重教包括家长一方的重视和教师的自爱。家长必须负担责任，包括利禄；教师则不能为眼前的物质利益而忘记自己的天职。所以“师道尊严”是一个很崇高的名词。

为了履行“师道尊严”，朱柏庐又从反面针砭朝政多有弊病与教育有关，批评世风不正与师德不正有关。朝政世风不正的现象又反过来造成“仕者但知有利禄，而天下无治功（政绩）；教者但知其脩脯（干肉，代酬金），而天下无学术（指学识修养、道德教养）”的后果。这是一个连锁关系。

接着说明启蒙教育的地位。当时的情况是启蒙（养蒙）老师（初级职称，教《三字经》之类的）与经师（高级职称，教四书五经之类的）在待遇上相差较大，他们年俸不满三石，“潦倒青衫”（指贫困），这与蒙师任重道远、“蒙以养正”的作用是不相匹配的，也就是说应提高待遇。“为师者尤不可不自重，而为主人者尤不可不重先生。”这个“重”与“不重”就包含待遇。教者和被教者相辅相成，家长和教师互尊互敬，把“师道尊严”说得兼容得体，在今天也不失为借鉴。

这里又透出一个信息：对朱柏庐来说“传道授业解惑”的职守和“师道尊严”的立身已经刻入骨髓，否则他就成不了乡贤名师。

批评玩物　致力学业

康熙三十六年（1698），朱柏庐病重，人知他是“过用心，太耗气所致”，劝他停止教学，在家静养。可他说：“既任之而不终其事，或终之而苟且塞责，均为有负神明。”表示终身为教，教则恪尽职守，否则对不起祖宗。可惜次年便谢世。但见他一生极忠诚他的教育事业，深具教师职业道德。

这里讲一个朱柏庐关心“流生”的故事。朱柏庐有个及门学生叫顾省公（昆山人），孜孜求学，很得朱柏庐的重视。但后来因父母溺爱，居家自学，也就不去朱门问字请业了，是个“流生”。朱柏庐以为他好学在家，倒也放心。但有一天看见顾省公在与朱云锦下棋，而且兴趣盎然，不禁心里一震。朱云锦何许人也？昆山人，清顺治十四年（1657）举人，但因诠误（言论有误）被废，抑郁失志而消极了，用弈棋来消磨时光，已年过五十。朱柏庐想，顾省公这不是在随之消沉吗？他虽然不是我的学生了，但毕竟当过我的学生，“一日为师，终身父母”，反过来说我也应终身为其师。他便写信劝顾省公不要玩物丧志，朱云锦已经五十多岁了，已无追求向往了，顾省公还年轻，与他是不一样的，不要沉溺于围棋之娱，要好好读书。“读书不独可以益智，亦可以养望（培养名声）。”他说：“难道你忘了我过去对你的苦心教导吗？难道你贪图一时之乐吗？难道你不想求取圣人之道吗？”朱柏庐一连用了几个反问句，严厉指出从来没有轻视好学的人，也从来没有看重放纵游乐、败坏法度的人，可谓语重心长。接着以购货计较一金一锱之轻重为喻，说明立身修身要比购货之乐重要得多。又现身说法，自己年轻时记忆力强，年老了记忆力衰退了，“掩卷而便复茫然”，其意劝他珍惜年少时光。又接着告诫他父母让他在家修学是一种期望，要珍惜“年当力强”，孜孜于学问，真正满足父母的期望而以尽孝心，不要造成“少者以松，老者以悲”的后果。最后警告他：现在迷恋围棋而不醒，将会迷恋更大的赌局，放纵自己不加约束会歧途难返。朱柏庐这封信，动之以情，晓之以理，为挽救一个青年可谓用心良苦。顾省公终于迷途知返，没有辜负朱柏庐的一片好心。倒是朱云锦不开心了，他俩也是有交情的，觉得朱柏庐这是看轻了他，便反唇相讥：“我是当过举人的，你是什么？一个秀才而已。”朱柏庐只当耳边风。他知道，批评玩物丧志，借以劝慰学生致力学业是教师的良知。

朱柏庐对他的得意门生王喆生（字不庵）也有过这样的教诲：要以历代先贤为榜样，检点自己的操行，不要因“居处服玩”的生活小节而改变志向和情趣。王喆生专心于学业，于康熙二十一年（1682）中进士。在工部任职专于职责，有“治功”（政绩）。退位后又重著作，与顾炎武也有过交往。

“玩物丧志”“逸游败度”是那个时候对读书人的告诫，有其合理的一面。朱柏庐演绎了“师道尊严”中以自身修炼和严格要求为内核的重教精神，是昆山遗民风景里的一支烛光。

正视科举　不为所累

隋唐以后，科举选士是朝廷招揽人才的有效方法，大多数读书人视科举为施展抱负的必由之路。一旦金榜题名，便光宗耀祖。但做官的毕竟是少数，大多数名落孙山。明清以八股文取士，更是束缚读书人的思想，所以部分有识之士加以讽刺和批评。譬如洄溪人徐灵胎用唱道情（一种说唱艺术）的形式讽刺道：“读书人，最不济。览时文，烂如泥。国家弃为求材计，谁知道变作了欺人技。三句承题，两句破

朱柏庐《治家格言》封影

题，便是圣门高第——辜负光阴，白白昏迷一世。就教他骗得高官，也是百姓朝廷的晦气。”明清时代每三年乡试一次（昆山诸生至南京考试院赶考，其址在现夫子庙贡院），试后中举者第二年进京会试取进士，进士分三甲，一甲的三人称“鼎甲”，即状元、榜眼、探花。加上之前考秀才这一层，层层选拔，可见是很难的。

康熙年间，学生归澍乡试落榜，很是苦闷，朱柏庐告诫他不要为考试得失所累，考的是文艺（指八股文），考得好有功业不要扬扬得意，考得不好不要怏怏绝望，“所恃者植品制行者而已”，即树立品德，规定行为准则，修养自己；有了“植品制行”，“到处有事业成就”，“鼎甲太司不足以为重，布衣韦带（平头百姓）不足以为轻”。归澍受教，也做起教书先生。关于怎样对待科举，朱柏庐有着难能可贵的认识。这也可说是对“学而优则仕”的挑战。

《治家格言》里有“读书志在圣贤，非徒科第”之句，也有这个意思。这对当今望子成龙的家长是一个很好的启发。

开诚布公　不计私情

这是朱柏庐育人思想指导下的为人准则。康熙二十五年（1686），为了跳出与叶家产生的“逐族逆”怪圈，放松心情，朱柏庐赴太湖东山席家任塾教。这是一件开心事，因此临行时，其友徐履忱（徐开任侄子、顾炎武从外甥）为他写下送行诗“送君去作授经人”“莫厘峰下应东望”。朱柏庐诗答“少壮相依老更亲”“逝将好友殷勤意，散作包山笠水春”。

在这期间，主人席献臣委托朱柏庐转请“海内三遗民”“吴中三高士”之一的节义之士徐枋（即徐俟斋）为他的父亲席启图及其先人的著述作序。这是件吃力的事。因为席氏父子分别以岁贡生、例监生候补为官，虽无实缺，但已入名册，这让拒交新贵的徐枋怎能接受？但朱柏庐深知席氏为人，不以私情为媒（朱、徐是挚友又为表亲，徐又是朱父之弟子。更有徐父徐汧与朱柏庐父亲朱集璜一样，在清兵下江南时投水殉节），而以亲历为依据，向徐枋陈述席氏实情：其一，亲睹席氏“醇谨谦和”，治家朴实；其二，所序之书《畜德录》是“前言往行，以训来兹”，而非献媚新朝之作；其三，席氏虽入名册，但不入官府，挂名而已。最后恳求徐枋成人之美。这种以道义为准则、以事实为依据的君子之交，可谓开诚布公，与那些假隐逸、真趋利的不可相提并论。徐枋见朱柏庐如此开诚布公，也就破例答应写序了。

朱柏庐为人开诚布公，是一种厚道。厚道，不是笨拙，因为厚德能载物，助人能快乐。这个举动影响了他的学生席永渤，席永渤长大以后为乡里铺路造桥，做了很多善事。

关心弟子为人诚信诚意，探究学问贵于进取，并规避性格缺陷，又是朱柏庐教学的一项内容。

顾德芳，昆山人，康熙二十五年（1686）诸生（其祖顾锡畴为万历进士，南明礼部尚书，顺治初寓温州遇害），朱、顾两家是世交，两人情谊深厚，顾德芳将入赘他乡，朱柏庐以书信送行。朱柏庐根据顾德芳的为学弱点，嘱咐他学习要锐意进取，收敛放纵之心；探究儒家道义，不能懈怠；还要严于律己，广泛向人请教，处理好人际关系。可谓苦口婆心，情谊款宏。

身体力行　反躬自省

朱柏庐告诫弟子做人要有品位，为有品位而努力学习。他对及门弟子吕德焕说，学如逆水行舟，“未有不动于情而加功（努力）”的。吕德焕记在心里，康熙十八年（1679）及诸生，师生情谊笃深。朱柏庐又告诫他正确对待别人的过错，“即见人之过而贵隐藏之，化导之”，这是一种善意也是一种方法，可以维护他人尊严而又取得劝诫的效果。

《治家格言》也有此说：“凡事当留余地，得意不宜再往。”朱柏庐死后，吕德焕为朱柏庐付梓遗集，即世传严心斋刻本《愧讷集》，还为师建祠于昆山马鞍山麓，捐田致祭，一生言行悉遵师训。

朱柏庐又教诲学生贵于谦让自责。柴艺循和毛云翼是朱柏庐的两位弟子，都是诸生。毛云翼父母早亡，家贫，便在柴家当塾师。两人在教学问题上产生分歧，互相指责，愤愤不能止息。可能是柴生嫌毛生教学急躁而少成效，朱柏庐知悉后尽师之责写信给柴艺循，首先肯定了毛生的气质和人品是好的，可能在方法上有偏差，劝诫柴生“以宽量容之，以至情化之”。要处理好朋友矛盾，若对方有所不周，也当婉言商量，或挽人劝说，化解矛盾。对产生的抵牾当“飘风过前”，不必因“区区纤纤之嫌”而挫伤感情。“求大同存小异”，使之入“各自责，则天清地宁；各相责，则天翻地覆”之境界。于是两人握手言和。

化解了矛盾后，柴艺循宴请先生和同学。宴席中，朱柏庐了解到柴艺循的孩子比较顽劣，竟然辱骂同学而不以为耻，以撕毁他人簿籍为乐。最难忍的是读书不用心，有一次上课竟伏桌而眠，三击戒尺而不醒。毛云翼大怒，拎其耳而训之，柴艺循儿子一犟，耳朵出血，便大哭大闹起来，柴艺循知之，便不开心了。朱柏庐一边安慰柴艺循“竖子可教”，一边借着酒兴对毛云翼说，要善用其器，书画之中，狼毫蘸墨多枯笔，羊毫出水善泼墨。

《朱柏庐治家格言释义》封影

还调笑说，对顽皮孩子只能软硬兼施，你三击戒尺足矣，不必拎其耳，只需用羽毛之类的细软之物挠他耳朵即可，挠他耳，奇痒，必醒，醒必自愧，尴尬而被人笑，不就无事了？此话可能是酒时戏言，但柴艺循和毛云翼听得入耳，两个人敬酒赞谢。这叫“硬柴软捆”，一个性子一个法，针尖对麦芒是不行的。朱柏庐又不怕显丑，现身说法，说起过往坐馆叶家教叶廷玉得失之事：不堪其顽劣而辞馆，对其约法三章而复馆，说明教育不能固守一法，要“因材施教”“善用其器”，用如今的话说，就叫“个性化教育”。

但是到了晚年，他认为教育不仅要“以心体察”，还需要“身体力行”。这是一个飞跃。

晚年的朱柏庐有感于世道的衰微、士品的颓唐、学术的混乱，对教育作了自我反省：提出“身教者诚，言教者伪”的命题。当时有一些得了功名的诸生还要请他讲课，他觉得自己讲了一世的课，对世事的诟病却没有女娲“积芦灰以止淫水”和精卫“衔石填海”的能力，所以推辞了。

卢生说：“先生何必自责？我们信得过你，请你讲学授课，提高我们的水平。”朱柏庐叹息道：“卢生说得我更惭愧。中庸之道讲究‘成己成物’，为师教诲学生讲究一个‘诚’字，即真心诚意、实实在在做学问，一分也不欠；由己及物，自身有所成就，使外界也要有所成就。”

张生说：“先生正是这样教诲我们的，我们也在努力。”朱柏庐摇手说：“张生又说得我惭愧了。我的愿望没有达到，往往一觉醒来反窥内心，我做的学问达到圣贤的万分之一了吗？我行的道理达到圣贤的万分之一了吗？不行呀，惭愧死了。”

黄生说：“先生不必自谦，我们信得过你。”朱柏庐真诚地说：“不能呀，我怎么能妄据讲台讲圣贤之书，使你们信服？这好比没有磁性却去取针指南，用草茎去敲钟。我不能不自量力，我老了。”

卢生又说：“先生不必推让，生姜老的辣。”朱柏庐无奈地说：

“姜是老的辣？卢生说的是。孔子曰：‘君子耻其言而过其行。’我自惭‘仅以言教，不以身教’，这能改变有失‘伦常’的恶习和师心‘卑鄙’、规矩‘苟且’的学风吗？我这老姜有何用？”

说到这里，诸生明白了，朱柏庐出于为师的责任和尊严，对学风日下的担忧，一片诚意，也就作罢了。可是朱柏庐却鼓励道：“你们还是要以圣贤之心为心，以圣贤之事为事，回归本来面目，具备本来精神，猛力向前，将世道、人伦、士品和学术一担挑去。青出于蓝而胜于蓝呀！”

自惭“仅以言教，不以身教”，表现了他谦虚谨慎、严于律己的学风，并由此抨击了有失“伦常”的恶习和师心“卑鄙”、规矩“苟且”的学风；表现了为师的责任和尊严，对学风日下的担忧。这是一个教育者的自责和苦闷，在历史上不可多得。

朱柏庐又提出读书之要是用心体验，做到“传道明理”。他在与他的塾师同道陈钦念讨论作文时说：“要根据自己的实际情况，或读或问，反复思考，解惑释疑，深入理解，否则一知半解，依然不明理。”用现在的话说就是“半桶水”。而要“传道明理”，务必谦虚自知，心领神会，即读书要有目的性、自觉性，钻研性，要有一种求实求是的精神。

朱柏庐提出读书之本是言行一致，反躬自省，身体力行，摆脱庸俗，仰慕高尚。这些，无论何时都是有现实意义的。

各领风骚的宋代昆山“三龚”

郑涌泉

在某个姓氏前面加上地名、数字（通常是二或三）作为一种称呼，那么涉及的人物应该具备下列条件：一是要有一定的社会影响；二是他们之间要具有密切的亲缘关系。如，历史上著名的“眉山三苏”指的是苏洵和他的两个儿子苏轼、苏辙。苏洵，字明允，自号老泉，四川眉山人，北宋文学家。擅长散文，尤其擅长政论文章，议论明畅，笔势雄健。著有《嘉祐集》二十卷及《谥法》三卷。苏老泉的长子是中国文化史上知名度非常高的大文豪苏轼，号东坡，是我国古代集文学、艺术、哲学之大成者。苏轼还是一位美食家和烹饪专家，大家都爱吃的东坡肉就是他在黄州做官时创制出来的。苏老泉的次子苏辙是北宋宰相、文学家，其散文“汪洋淡泊，有一唱三叹之声，而其秀杰之气终不可没”。这父子三人都以文学著称于世，因此号称“眉山三苏”，又被誉为“一门三学士”。“唐宋八大家”一共才八个人，他们家就占了三位。

读过《三国演义》的人都知道东吴有位乔国老。他有两个女儿——大乔和小乔，这姊妹俩分别嫁给了吴主孙权的长兄孙策和东吴名将周瑜，当时人称“江东二乔”，是吴地美女的代表。唐代大诗人杜牧有诗写道：“东风不与周郎便，铜雀春深锁二乔。”

此外还有“亳州三曹”——曹操、曹丕和曹植父子三人，“咸阳三班”　　班彪、班固、班昭父子（女）三人，等等。

清代昆山的徐乾学、徐秉义、徐元文兄弟三人在本地历史上的影响比较大，他们是大学者顾炎武的外甥，徐元文是清顺治十六年

(1659)状元,徐乾学和徐秉义分别是康熙九年(1670)和十二年的探花,三人都做过大官,得到朝廷的器重,当时传颂“同胞三鼎甲”,人称“昆山三徐”。

而对于宋代的“昆山三龚”,现在的昆山人可能知道的不多了。

一千多年前的南唐时期,福建邵武有一个姓龚的大家族,当时的代表人物名叫龚质美。后来他的儿子龚愈迁徙到了江西钟陵,官做到太子太傅,加上柱国,封越国公,进入南唐李氏集团的统治核心,一人之下万人之上,位极人臣。龚愈第二个儿子龚慎仪也先后任过南唐朝廷的礼部郎中、给事中、歙州刺史等官职。到了宋代,龚慎仪的次子龚识迁徙到苏州,北宋端拱元年(988)考中进士,历任殿中侍御史、平江军节度副使等职。龚识是北宋时苏州地区的第一位进士,同时也开创了其家族以科第晋身的先河。之后,陆续考中进士的有他的堂弟龚纬、龚纪,他的儿子龚会元、龚宗元,他的孙子龚况,还有曾孙龚明之等人。龚识退休以后定居在昆山城东二十多里大约是现在蓬朗地区的黄姑塘边的黄姑村,在这里繁衍生息,就此形成了昆山龚氏家族,延续了好多代。

南宋《吴郡志》还记录了一个传说:牛郎织女不堪忍受天帝的折磨,偷偷下凡来到昆山黄姑村旁边,织女用金钗在村边划出一条河,把自己的住处围了起来,成为一个小岛,跟外面没有任何联系。河水波涛汹涌,河面雾气弥漫,就像水烧开了的时候四周充满水蒸气一样,至今那个地方还有一条河叫作“百沸河”,外面的人也看不到“岛上”的任何情况,甚至天上的千里眼、顺风耳都觉察不到。村民们觉得很神奇,就在河这边造了一座庙,起初叫“黄姑庙”,后来叫“牛郎庙”,庙里有牛郎织女的塑像,牛郎头戴凉帽,身边有一头神牛,织女则是凤冠霞帔。牛郎庙香火很盛,每到农历七夕都会举办“青苗会”“七夕香汛”等大型庙会活动,连续好几天,热闹得不得了。不料后来发生了重大变故,牛郎居然被赶出庙门,庙也被改名为“织女庙”,至今尚存,这里就不展开了。

龚识定居黄姑村两百多年之后，南宋嘉定十年（1217），朝廷新设立了一个嘉定县，并把昆山这个黄姑村划入了嘉定。后来又过了很多年，黄姑村又被划入了太仓境内。在中国历史上，地域性小范围的行政区划变更比较常见，不足为奇，但也会因此带来一些小麻烦。比如昆山的黄姑村被划入嘉定、太仓之后，这两个地方的有些人，特别是龚氏家族的后人，就把先前漫长的两百多年里生活在昆山地域内的龚氏家族说成嘉定或太仓的望族，家族里有影响力的人物都被说成嘉定或太仓的名人，这显然有悖于历史。值得欣慰的是，在正史中，这个时间段里龚氏家族中的著名人物一律标注为“苏州府昆山人”，成为定论，还原了历史真相。《嘉定报》上曾有过一篇题为《宋代的“模范生”龚明之》的文章，其中有一段文字这样写道：“龚明之在嘉定北部黄姑塘畔的黄姑村筑黄姑别墅颐养天年。因为龚明之时代嘉定尚未建县，这里是昆山的一部分，故有的志书上说他是昆山人。”

宋代昆山龚氏家族中有影响力的人物并不是很多，也没有几个达官显贵，但家族的整体文化素养比较高，这是一个与众不同的地方。昆山龚氏家族里有三位代表性的人物，这里不妨称之为“昆山三龚”，他们是：龚识的儿子龚宗元、龚宗元的曾孙龚明之以及龚明之的儿子龚昱。南宋《吴郡志》、元至正《昆山郡志》、明嘉靖《昆山县志》以及清康熙《昆山县志稿》这几部比较有代表性的昆山旧方志对这三位人物都有介绍。

龚宗元

龚宗元，字会之，北宋官员、学者。他从小在虎丘山下读书，聪明绝顶，非同一般，被视为“神童”。考秀才时荣获第一名，天圣五年（1027）考中进士，为乡里首选。龚宗元曾担任过杭州仁和县主簿，就是主管文书、簿籍、档案、印鉴以及起草文件的官员，大致相当于现在的办公室主任或秘书长。当时任杭州知州的范仲淹看了龚宗元的文章，很欣赏他，对他说：“你性格温厚和平而不乏正气，文如其人，很值得称道。”范仲淹还多次提醒他：“公德业清修，他日必为令器，谨勿因人以进。”意思是说：你的道德和才华都是一流的，又精通政务，将来必成大器。但你一定要小心谨慎，切勿随便附和有权势者以求得升迁。龚宗元以范仲淹的话来约束自己，不敢轻易越雷池一步而放纵自己，“自登朝，未尝入公卿之门，皆文正公之教也。士论美之”。自从到朝廷做官以来，从不跟豪门有什么来往，为人清白正直，这都是因为听从了范仲淹的教导，深受众人称赞。

后来，因为父亲生病，龚宗元调任吴县，这样离昆山近一点便于照顾。再后来改任建安县尉，是主管治安的官员，之后又担任过大理寺评事、句容县县令等职务。龚宗元任句容县县令时，兢兢业业，不敢有丝毫懈怠。清乾隆《句容县志·卷七·龚宗元传》中用八个字来评价他的作为：“摘奸发伏，政称神明。”意思是说龚宗元洞察秋毫，理政精明，不畏权势，不讲私情，敢于揭发和惩处隐秘的坏人坏事。当时有一位御史名叫杨纮，是一位清正廉明且充满正气之人，遇到违法乱纪之事绝不宽容。巡视所到之处，弹劾的贪官污吏或懒政怠政毫无作为者很多，一些表现不怎么样的官吏见他都比较害怕，有的甚至弃官而去。有一次他又去各地巡视，路过句容县。这次杨纮却一反常态，没有进入县城，更没有去惊动县令龚宗元。下面的人感到奇怪：这可不是杨御史雷厉风行的工作作风呀，就去问他。杨纮说：“龚宗元这个人是位清官好官，声名远播，朝野都知道。他把句容治理得很好，百姓安居乐业。我就不进城去打扰他，不去浪费他

龚宗元画像

的时间，不给他添什么麻烦了。”可见，正因为龚宗元的清正廉明，信誉度高，他治下的句容县俨然成为“免检单位”。

龚宗元后来又担任过衢州、越州通判，还到京城任员外郎。退休后住在苏州大酒巷，取白居易“大隐住朝市，小隐入丘樊。丘樊太冷落，朝市太嚣喧。不如作中隐，隐在留司官。似出复似处，非忙亦非闲”诗意，造了一座中隐堂，经常跟本地贤达程适、陈之奇会面，论文作诗，被吴中人称为“三老”。

龚宗元著有《武丘居士遗稿》十卷，今已不存。龚宗元留下的诗作也不多，可以查证的仅有《赠处士林逋》《捣砧词》《六月吟》《送陈君子之四明》及《夜宴》等五首。现摘录《六月吟》一首，诗中描述的是高温之下王孙公子和饥民百姓截然不同的生活，从中可以看出龚宗元对普通百姓的同情和关切之心。诗曰：

曦轮猎野枯杉松，火焚泰华云如峰。
天地炉中赤焰起，江湖旭沫烹鱼龙。
生狞渴兽唇焦断，峻翮无声落晴汉。
饥民逃生不逃热，血迸背皮流若汗。
玉宇清宫彻罗绮，渴嚼冰壶森贝齿。
炎风隔断真珠帘，池口金龙吐寒水。
象床珍覃凝流波，琼楼待月微酣歌。
王孙昼夜纵娱乐，不知酷热还如何。

龚明之

龚明之，字希仲，是龚宗元的曾孙。他的社会影响力似乎要比曾祖父龚宗元更大些。一说龚明之生于北宋元祐五年（1090），故于南宋淳熙九年（1182），另一说是故于淳熙十三年。本人认为淳熙十三年比较接近于事实，下面将会论及。龚明之一生绝大部分时间只是个普普通通的教书匠。他为人极其正派，不是蝇营狗苟之辈。他说“平生受用唯一‘诚’字”，这是他对自己高尚品格实事求是的评价。

宋绍兴二十年（1150）乡试时，龚明之已经是六十岁的老人了，有人劝他不妨隐瞒自己的真实岁数，这样或许可以比较容易录取。“为异日计”，就是为将来着想，争取好一点的前途。龚明之笑道：“我这辈子可是从没说过一句谎话呀。”他“卒书其实”，在考卷上老老实实填写上自己的真实年龄，其诚信可见一斑。

龚明之从小由祖母抚养，长大后对祖母无微不至地孝敬关怀，名动乡里，是一位名副其实的孝子贤孙。有一天，龚明之的祖母李氏梦见神明告诉她寿命不会超过七十七岁。果不其然，在七十七岁那年她生了一场大病，郎中纷纷摇头而去，说已经没有治愈的希望。龚明之心急如焚，将点着了的香炷置于头顶上七天七夜，感觉头脑里似乎有很响的爆裂声也纹丝不动，祈求上天减去自己五年寿命给祖母。后来，李氏的病果然有了起色，又活了五年，到八十二岁那年去世。南宋诗人范成大编纂的《吴郡志·卷二十七·人物》、南宋学者洪迈所著《夷坚志补·卷一·龚明之孝感》以及明嘉靖《昆山县志》、清康熙《昆山县志稿》等史籍都记载了这件事。《吴郡志》称此事发生在徽宗大观中，而《夷坚志补》则说是发生在徽宗崇宁中。不管究竟是哪一年，那时的龚明之不过是一位十来岁的少年而已。当然，史书上记载的这个事很可能只是传说而已，未必完全是史实，但这也是龚明之名望所归，于是成为历史上经典的孝道故事而流传于后世。

龚明之画像

不但对长辈，对小辈龚明之也是尽责尽力。他有一个侄女、两个外甥女，她们都在幼年时失去父母成为孤儿，他就尽自己的力量抚养她们、教育她们十几年，并省吃俭用积下钱来，给她们备好嫁妆，使她们都能得到较好的归宿。

龚明之除了讲究诚信被时人称道之外，还“生平不摘人短，不作貌言”，即不去议论别人的不足之处，更不说大话假话。龚明之一生虽然有很大的抱负，八十岁前却仅仅是一位举人，并不得志。龚明之对此能淡然处之，还“安贫授徒，不事干进”，安于过简单的生活，认真教书育人，并不钻营做官。龚明之的孝义诚信、磊落品格，在南宋士大夫中受到了广泛的好评。

在《郑忠肃公遗集·卷上·荐举龚明之状》中我们可以看到，曾在两浙西路任职监司的郑兴裔极力向朝廷推荐龚明之，说龚明之知识面非常广，掌握了很多别人未能掌握的东西，而且专心致志，深思钻研，付诸实践。还说龚明之“立德立言，多士矜式”，是士子们的典范、榜样。

洪迈《夷坚志补》中说了这么一件事。龚明之晚年被恩准参加殿试，名列前茅。但他这时已八十二岁高龄了，按照政策规定是不可以做官的。但朝廷里很多来自苏州地区的官员极力向皇帝推荐他，列举他的美德、能力和水平，皇帝终于破例给了龚明之一个监南岳庙的官职。淳熙五年（1178），龚明之请求辞职回乡。当时在朝的吴中籍官员还很多，由老乡奉直大夫林振、左御史赵再思牵头，一共有二十多人联名上书，列举龚明之的种种事迹，表明其是大众学习的典范，请求皇帝给龚明之提高级别后再批准他退休。有一位姓魏的参知政事觉得这样做有点破例，也许不大好办。一位名叫吴仁杰的官员跟他说：“要不你去跟宰相商量商量，再多列举点龚明之的事迹。他头顶香炷祈求上苍的孝行连上天都感动了，估计也能感动皇上。”当时的平江府知府单夔也上奏说，龚明之在家乡 带德高望重，家喻户晓，妇孺皆知，理应得到皇上的恩赐。最后皇帝终于破例给龚明之升级，授予宣教郎的职务，并赐给他绯衣银鱼等五品官的服饰，然后让其退休。

龚明之退休后一直住在黄姑村，在那里建了一座房子，人们称之为“黄姑别墅”，里面有期颐堂，龚明之在里面读书吟诗过日常生活，自号“五休居士”。他在《期颐堂》一诗中写道：“不服丹砂不茹芝，老来四体未全衰。有人问我期颐法，一味胸中爱坦夷。”他谢绝与上层社会往来，接触和交往比较多的大多是一些当地老农，以至于后来连读书人也不大敢轻易上门造访了。那时的他已经九十出头了，是日薄西山之年了，但还不是完全衰老，他依旧优哉游哉，照常栽花种竹。亲朋好友们问他长寿的办法，他说也没什么特别的，就是有一个良好的心态罢了。他留下遗嘱给小辈：自己逝世后，丧事不要讲排场，不要在灵柩前设置什么神仙或菩萨的神像，只要供一水一木，诵读《论语》《孝经》就可以了。

龚明之与世长辞时九十六岁。

诚信是龚明之做人的原则。明代都穆所编《吴下冢墓遗文·卷一》收录钟离松〔按：宋代江宁人，字其绍，一字少公，绍兴十八年（1148）进士。孝宗乾道间以朝请郎知兴化军事，善于理政、约束下属和治理百姓〕所撰《宋宣教郎龚先生墓志铭》（以下简称《墓志铭》）中写道：吴郡龚先生年九十余，每天还讲道诵书……当时很多有地位、有身份的德高望重之人都愿意和他交往，知道先生来了，就带领家人出来拜迎，就像对待父亲那样恭敬……乡人教育自己的子弟，必以先生为榜样。路人一见到龚先生，必定将手放到额头上招呼，并侧身让龚先生先过去。下至田夫野叟，都会歌颂先生的所作所为，把他看作佛门菩萨。其他认得或不认得他的人，都喊他“老先生”。《墓志铭》最后这样写道：“其殁也，士大夫跋涉舟车数十里哭先生之丧。虽鄙夫小人，道相违者，亦皆出涕。”可见人们对他爱戴和尊重的程度不是一般人可以比拟的。

这里要特别说一说的是，关于上述文字中“道相违者”的“违”字，有一位很值得尊敬的资深教授、专家在这个字的旁边打了一个问号，认为此字有误，应该是“遇”字。她认为这段话应该是这样的意思：得知龚老先生驾鹤西去了，士大夫们舟车劳顿，长途跋涉几十里路赶到先生灵前奔丧吊唁，就是一般普通老百姓，或者是相互不认识的人在路上偶然相遇，听说龚老先生去世的消息也都哭泣流泪。对于这个解释我倒是有点不同的看法，拙见是：这个“违”字并没有错，就是“违背”的“违”，并不是“相遇”的“遇”。“道”也不是道路的“道”，应该是泛指对于人生及世间万物的“觉”和“悟”。这段话我是这么理解的：即便是没什么文化的平民百姓，甚至是跟龚明之先生思想、观点、认识、理念不同的人，也都为他的去世感到深切悲哀而流泪哭泣。

在期颐堂里，龚明之撰写了《中吴纪闻》六卷，此书记载了吴中地区（今苏州一带）的风土人情、奇闻轶事、人物言行及社会状况，内容泛而杂，其中写昆山的事情有二十五则。资料力求齐全，诸如地方官员、文人名士的遗闻逸事、诗文酬对以及吴中地区的名胜古迹、风土民情、民间传说等等均有记录。尤其是对于吴中地区的遗佚诗文，搜辑不遗余力，一些文人名士的作品得以保存。对研究吴中地区的历史、社会、文化有相当高的价值，对吴中文化史作出了巨大的贡献。明弘治年间，昆山知县杨子器在为此书所撰写的序中给予很高评价：（本书）对历史上不少遗漏或者有谬误的资料作了补正，对治理地方的某些得失作了经验总结，对地方行政区的设置、废除和沿革作了考证，还集古今胜迹、名人籍贯履历、地域文化经济以及女性典范等等于大成，实不可多得。

《中吴纪闻》成书于宋淳熙九年（1182）。龚明之在自序（清康熙《昆山县志稿》载有全文）中说了这些话：我已经是九十三岁的人了，太阳已经落山了。我肚子里知道的那些事情只怕难以传下去，所以由我口述，我儿子龚昱作记录，将那些主要的写下来藏在书箱里。从龚明之的话里我们可以推断，龚明之去世那年应该是宋淳熙十三年，确实是

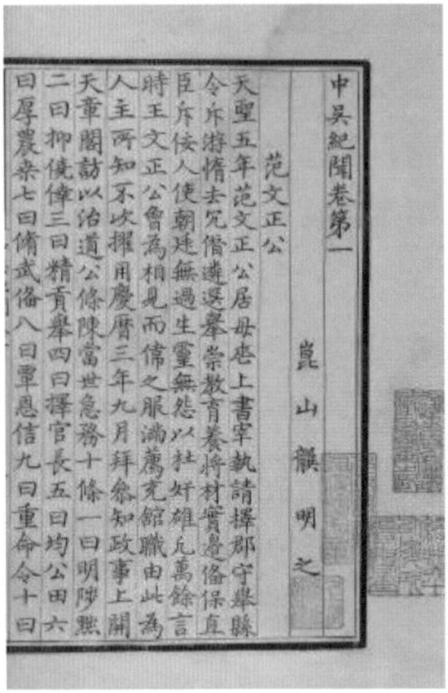
中吴紀聞卷第一
崑山龔明之
范文正公
天聖五年范文正公居母喪上書宰執請擇郡守舉縣令斥游惰去冗僭慎選舉崇教育養將材實邊備保直臣斥佞人使朝廷無過生靈無怨以杜奸雄凡萬餘言時王文正公曾為相見而偉之服滿薦充館職由此為人主所知不次擢用慶曆三年九月拜參知政事上開天章閣訪以治道公條陳當世急務十條一曰明黜陟二曰抑僥倖三曰精貢舉四曰擇官長五曰均公田六曰厚農桑七曰備武備八曰覃恩信九曰重命令十曰

《中吴纪闻》内页

享年九十六岁。

我曾认真阅读过上海古籍出版社1986年出版的《中吴纪闻》孙菊园校点本，发现其《校点说明》中有些说法同其他资料有点出入，甚至有失误之处。孙先生说龚明之“八十岁以前仅领乡举”，而《江苏艺文志·苏州卷·第三分卷·昆山市》条目中，则说龚明之“三十年（1160）以特恩召廷试成进士，授高州文学”，算起来当时是七十岁。另外，孙先生在剖析龚明之的思想时，提到他的诗《芝华亭》，说这是龚明之“仅存的一首诗”，误。笔者查阅嘉靖《昆山县志》，在卷六中记载了龚明之的三首诗，除《芝华亭》外，还有《期颐堂二首》，可见龚明之留下来的诗并不止一首，有学者论证一共有五首。

龚　昱

龚昱，字立道，是龚明之的第二个儿子，生卒年不详。龚明之有两个儿子，长子名晃，次子名昱。龚昱是昆山学者李衡的学生，他“笃意于学，从先生游者六年”，且“有文学，安贫乐道，乡人称为‘龚山长’，然名不达才，识者惜之”。事实上，龚昱虽然既未得中进士，又未出仕做官，其学问却为人称道，交游亦颇为广泛。他不仅为父亲笔录了《中吴纪闻》一书，而且为李衡记录并整理了《乐庵语录》。他于“讲学之暇刻意于诗”，努力搜集与昆山有关的名人诗作，辑为《昆山杂咏》。开禧三年（1207），昆山知县徐挺之“刊置郡斋”，嘉定元年（1208），范仲淹五世孙、监察御史范之柔曾为之作序。南宋初年，昆山有一个诗社，

龚昱画像

李衡、耿镃、钟孝国、石驹、石希颜、马先觉以及范成大等都是这个诗社的成员。他们相互交游唱和，促进了昆山当地诗歌的创作、交流和发展。可惜的是，存留下来的作品并不多，龚昱辑撰的《昆山杂咏》中保留了一些诗作，这是很可贵的。

龚昱居处名曰“栖闲堂”，曾经接待过不少南宋的学者名士，时人称他为“栖闲主人”。陆游在开禧三年（1207）春所作《寄龚立道》一诗中，充分表达了自己对于龚昱的赏识，体现了两人之间的交谊：

龚子吴中第一流，老农何幸接英游！
难逢正似玉杵臼，易散便成风马牛。
清夜话端思滚滚，暮年心事恐悠悠。
何由唤得阊门棹，一醉千岩万壑秋。

同年秋，陆游又作《寄题龚立道昆山栖闲堂》诗：

我居山阴古大泽，出门尚恨风烟迮。
欲求旷快舒眼力，梦中去作栖闲客。
栖闲主人计不疏，万卷读尽家藏书。
平时不喜入城府，况肯自屈承明庐！
听鸡束带谁不尔？明时可仕君独止。
不妨借地作园林，买山岂是巢由事？

明弘治《昆山县志》称龚昱“有文学，安贫乐道，乡人称为‘龚山长’，然名不达才，乡人惜之”，也就是说他虽然才华过人，但名气不太响亮，很可惜。乡亲们对他倒是十分推崇的。龚昱不曾中过科举，更不曾做过哪怕是芝麻绿豆大小的官，但他显然不是一个普通的“白丁”，而是“鸿儒”，前往拜会他的名士比较多，其交游比较广泛，除了大诗人陆游，还有文学家刘过（号龙州，死后葬于昆山玉峰山东麓，今有龙州先生墓）等都是他的好朋友。

由于耄耋高龄且眼睛出了严重的问题，龚明之在著述《中吴纪闻》时是由他口授，儿子龚昱记录，这才得以传世，所以也可以认为龚昱是这本书的合作者。龚昱还对诗特别感兴趣，虽然自己没有作品留下来，但他不遗余力地收集历朝历代同昆山有关的名家诗作，辑录成《昆山杂咏》一书，乃是不可多得的昆山地方文献，为地方文化的保存、延续和传播作出了贡献，也为后人研究昆山的历史文化提供了宝贵的资料。

说龚昱生活比较清贫，而他在黄姑村有座栖闲堂，看来生活还挺不错的，否则怎么造得起那样的房子呢？陆游《剑南诗稿·卷七二·寄题龚立道昆山栖闲堂》一诗的注道出了实情——“园庐皆借第营之”，原来房子是向同族的人借来的。

開禧三年
崑山雜詠

龚昱辑《昆山杂咏》扉页

崑山雜詠序
崑山雖僻處海隅素號壯縣古蹟今事接於聞見
者不一若人物習俗文章論議係治亂關風教
者蓋有志焉此書既闕遂使一邑之事湮沒無
傳予每以為恨友人龔君立道裒次古今詩分為
三衰目之曰崑山雜詠又得百篇號續編嘗取
而讀之非徒記其唫咏而已如陳令公云縣民過
喜行春至則知郡守嘗省耕於外邑張文定云

《昆山杂咏》内页

昆山城西名人轶事

周　刚

昆山城西，指娄江以北到七浦塘，原正仪、巴城、石牌三镇现合并成的巴城镇，还有原正仪娄江以南到吴淞江为止的地区，今属昆山高新区。昆山城西这一大片区域，历史悠久，文化积淀深厚，古村和古墓很多，诞生或下葬了不少名人。

遇仙村中有个龚氏大族

遇仙村在娄江南岸，原名“贞里”，南朝梁天监六年（507）划娄县置信义县，县衙门就设在这里。《信义志稿》记载，娄江北岸的市集航头因水上交通发达而日渐繁荣，县衙就迁到航头，从此航头叫“信义”，就是后来的正仪。

贞里集市从此分成燕桥浜、潘家桥、直通三个自然村。但到了南宋，发生了一件怪事，事情发生在一个叫“遇仙村”的地方。

南宋龚明之《中吴纪闻》记载：遇仙村在信义南，宋汴（开封）人殿中侍御史龚猗，扈从高宗南渡，遇道人谓曰：“枯枝再生处，可居。”至信义，见枯枝顺流而下，插地而祝：“是枝得活，我当居。”后果活，乃银杏，方知道人乃仙翁，这地方就叫“遇仙村”，龚猗被称为“遇仙公”。

龚家在遇仙村繁衍为信义大族，后代人才辈出，有的还成为著名的清官，下面择要介绍两个。

龚督。元明间人。从小聪慧好学，能背诵《史记》，有人试之，果然一字不错。洪武十一年（1378），应文学科授岳州学正，以清正闻名。数年后到京候调，因熟悉民情物力，拜兵科给事中（负责粮秣后勤）。后来因直言忤逆了朱元璋，谪戍五开卫，不一年卒。龚督直言忤逆皇帝之事，张大复《梅花草堂笔记》有记，说“太子死，朱元璋欲立太孙，太孙懦而燕王悍，众臣愕然，独督言不可”。当时皇帝要退朝，龚督却跪步上前拽住皇帝衣角不让走，皇帝不理他，只管走，不料龙袍袍角被龚督扯裂，因此犯了忤逆大罪。朱元璋本要杀他，想不到在抄家时发现，这个主管天下军粮的肥差家中只有白绫两匹，才改为流刑。

龚韭公。本名龚起凤，明嘉靖间人。《信义志稿》称廉吏，曾为河南杞县县令，清俭自守，每夜必亲自检查县衙门户才襆被而寝。襆被，就是随身带的被褥。杞县是个穷地方，当时又发生旱灾，饥民聚众抢掠囤米大户的事时有发生。他到任时，狱内关了300多人，他逐一析疑，仅罪刁恶者12人，又责令大户开仓卖粮，使百姓度过灾年。

归德府有个叫李豪的人，在杞县杀了人，被缉拿归案。这李豪在归德有点背景，归德府派人拿了银子来杞县行贿龚起凤，龚起凤大怒，拿起银包掷在府吏的额上，府吏血流满脸而去。

旧制，县令不用马和马夫，可得银五百两。龚起凤就不用马和马夫，得了补贴银子却归公，作为驿站费用。但是，他不是把银子一下子交给驿丞，而是贮藏在县署银库，在驿站正常开支外，每天给二钱，改善驿站人员伙食，而自己常以韭菜当荤。役吏们看得见拿不到，既抱怨又无奈，都说他迂腐得像韭菜一样。

后来有个御史来杞县考绩，龚起凤也无所供给，御史回去后向上司汇报说，这个龚起凤是个无能的书呆子，于是龚起凤被罢了官。龚起凤回乡后，在家教授数人，并种菜自给。但他种的蔬菜品种单一，只种韭菜，人称“龚韭公”。

关于龚猗在娄江遇仙，他的清代后人、昆山才子龚炜，在《巢林笔谈》中也说了这故事，但不同的是，龚猗不是扈从高宗南渡时遇仙的，而是到了杭州后，跟岳飞一样反对议和，岳飞遇害后，怕秦桧陷害，就举家逃亡到这儿才遇仙的。龚炜说的较靠谱，龚猗“扈从高宗南逃”，史料记载，康王赵构一帮人南渡长江后取道南京，往南走皖浙交界的广德通道，再到临安（杭州）登基。评话《说岳全传》有一段书，说康王逃到广德牛头山，被金兀术追到，发生兵困牛头山险情，后来幸亏岳飞来保驾，有岳飞大战金兀术的紧档关子，所以赵构他们没有走娄江之道。再说，即使高宗他们过了长江真往东南走娄江之道，但龚猗是扈从官员，他怎么可能甩下赵构开小差呢？所以应该是龚炜说的有道理。

龚炜是清乾隆间人，那株五六百年前龚猗插枝而活的银杏树还在，他说这棵银杏“荫下可布十余席，始祖遇仙公手植也”。康熙《昆山县志》又说，遇仙村有龚猗祠，前有银杏高三四丈，明初徐达攻苏州经此，有卒欲伐为薪，方挥斤（斧）忽僵仆而止。

传说这株银杏成了仙，龚猗死后也成了江湖神，而且后代好多都死后为神。《信义志稿》说“龚遇仙殁而为江湖神”，并立祠，他的后代贤者如龚督、龚理等，死后都为神。相传龚氏为神者先后有23人，祠宇封号虽不一，里人都奉称“龚太太”。但有一位叫龚文玙的例外，他生前神神道道的，自号半仙，家住塘湾，死后称“塘湾三官人”。

而这个江湖神龚猗，还成为民间婚嫁时的喜神，《信义志稿·风俗》：“民家将婚之夕，必备牲牢酒醴，鼓乐迎神，相传神即遇仙翁猗。”有徐兼《竹枝词》：“盈耳笙歌众乐喧，华堂杂踏众乐喧。迎龙接宝寻常事，赢得仙翁醉绮筵。”新娘进门，婆用熨斗、米筛相迎，叫迎龙；新娘递金银器给婆婆，叫接宝。

龚氏居所该在今之燕桥浜，新中国成立初，祠和银杏树还在，祠堂作村小学，银杏树在20世纪50年代被正仪农具厂锯走。

高墟山上传说有高力士墓

高墟山，本名“黄泥山”，相传山上有高力士墓，故名“高墟”。《信义志稿》介绍，建炎中，开封人盛德肆任苏湖巡抚，家居高墟山旁，在山上建园林，池台竹石，极一时之盛，取杜甫诗“名园依绿水”句，故名“依绿”。高力士墓、依绿园，是古代著名旅游景点。

但山上有高力士墓，世人都不信。南宋状元黄由《高墟山》诗：“不识力士名，焉知宦者墓。长门恩眷深，兴亡不相顾。玉环死马嵬，幸蜀嗟中露。试问何时归，脱亡如狡兔？空葬等山陵，四围列古树。寒风撼泥沙，渔樵几声度。”

黄由，南宋苏州府长洲人，少年即聪颖能诗，相传有一年海潮涨到了唯亭，这是从未见过的怪事，正巧这年黄由中了状元，所以传下民谚“潮到唯亭出状元”。黄由的《高墟山》诗，摘自清康熙《昆山县志》，《信义志稿》《巴溪志》均有记载。

高墟山在信义镇东北六里，因相传高力士葬此得名。山上有高力士墓，仅是传说而已，历代好事者都有质疑。黄由的诗说得更明白，他说：“长门恩眷深，兴亡不相顾，玉环死马嵬，幸蜀嗟中露。试问何时归，脱亡如狡兔？”这是说安史之乱时叛军攻破长安，玄宗、贵妃向西逃难，到马嵬坡三军不前，要求诛杀祸国的杨玉环。高力士虽然深受玄宗恩宠，但为了遏止军队哗变，亲手把杨玉环缢死，即“兴亡不相顾”。高力士护着玄宗最后逃到四川（幸蜀嗟中露）。多年后，安史之乱平息，新皇帝肃宗李亨迎玄宗回长安做太上皇，不一年要办高力士惑君之罪，太上皇劝阻，才改流放巫州（四川嘉陵

《巴溪志》封影

江中游阆中）。没几年太上皇驾崩，高力士知道再不能回长安了，大恸吐血而亡。所以高力士一直到死都没有回来，在正史、稗史上都有记载。因此黄由说：他什么时候像狡兔一样逃回来的呢？（试问何时归，脱亡如狡兔？）

高力士不可能葬在此山，于是又产生了山上是高力士衣冠冢的说法，黄由就说“空葬等山陵”，还“四围列古树”。“寒风撼泥沙，渔樵几声度”，这是诗人的吊古感怀。葬人也好，葬衣冠也好，总之大唐的繁华都成过去，只有山下傀儡湖荒凉的寒风，送来了阵阵渔樵之声。

至于高墟山到底有没有葬高力士的衣冠，后来还是一笔糊涂账，谁也说不出个道理来。

清宣统三年（1911），正仪赵诒翼编定的《信义志稿》对此作了结

今日傀儡湖风光

案。他说，因为傀儡湖西岸绰墩山葬了个黄幡绰，黄幡绰跟高力士同是玄宗皇帝不离左右的亲信，好事者认为，既然一个葬在了湖西岸的绰墩山，一个就让他葬在湖东岸的黄泥山吧（哪怕是衣冠），让他们隔着傀儡湖永远做伴相望。

魏宅居住着大儒魏校

魏校（1483—1543），字子才，祖上从苏州庄渠迁至昆山正仪，是明代大儒，他本来可以高中状元，可是却让顾鼎臣占了先，为什么呢？

弘治十八年（1505），魏校22岁，和昆山顾鼎臣一同赴京赶考，他父亲做了个梦，梦见跟顾鼎臣父亲为状元泾一片水田的归属打官司，结果魏父败诉。后来发榜，果然顾鼎臣荣立榜首，魏校中了二甲第九名进士。说梦有预示，那是迷信，但这传说也不是空穴来风，魏校本应高中状元，还真有这么一回事。清徐传诗《星湄诗话》记载，当时主考已内定魏校为第一，只待皇帝钦点。可是，魏校在殿试策对中太敢言了，有两句话惹了麻烦，他说："闻陛下在坤宁宫日多，在乾清宫日少。"坤宁宫是皇后住的地方，乾清宫是皇帝处理政务的地方，其不敬之意不言自明。皇帝不查办已算仁慈了，最后圈了个二甲第九，派他到南京刑部做了个主事。魏校虽然未中状元，但敢言不阿的名声却传开了。

魏校到南京做了刑部主事，办案刚正不阿。1990年版《昆山县志》说"是时，宦官刘瑾擅权，常干扰刑部的司法工作，独其严正不阿，不为所屈，阉党都十分惮忌他"。对于审案，他讨厌滥用刑罚，《信义志稿》说他深谙审案之道，常说用刑之难难于审情，若欲得（真）情，必须先于明理。所以居刑曹八载，从不轻挞一人，与另三位廉吏称"南都四君子"。

不久，江彬、朱宸濠（宁王）勾结谋反，魏校引疾归故里，在星溪畔建崇文书院讲学，四方士子纷纷追随，昆山归有光也来书院受业。

十年后，嘉靖初，宁王之乱平息，魏校起任广东提学副使，岭南民俗崇尚巫鬼，寺庙极多，他下令全部改作社学。后又任沙南学政，崇正辟邪，民风为之大变。后官至河南提学，升太常寺卿，位列九卿，掌祭酒事，执掌皇家礼仪，主管太学。

魏校贯通儒学各家，称“庄渠先生”。主要著述有《庄渠遗书》《周礼沿革传》《六书精蕴》《大学指归》《音释》等近20种，其中，《庄渠遗书》是归有光整理出版的。

附带说一说魏家和归有光的关系。魏校在正仪办崇文书院时，归有光也来书院读书。明嘉靖七年（1528），归有光22岁，第二次赴南京乡试（考举人）又名落孙山，但魏校一点没小看他，同年冬天，把从弟魏庠的女儿嫁给了他。魏氏出身书礼之家，家境富裕。可是，归家虽是吴中大族，自从归母周氏夫人过早去世后，家境已经一落千丈。魏氏嫁到归家后，不辞劳累之苦，凡事都亲力亲为，甘于贫贱，毫无怨言。她回正仪娘家省亲，从不向家人提及归家的贫苦生活。

魏宅门前的江，在东晋时因为有陨星落在其中，故名“星溪”。魏宅以西的村子叫宅西，村里有座三孔石板桥，桥柱上有副对联：“玉峰文笔朝真义，震泽回来润宅西。”这里的“玉峰文笔”指归有光；“真义”即正仪古称，指魏校。这两句说的就是魏校和归有光的关系。

魏校还懂军事和布阵法。他从南京辞官回乡，在星溪开设讲堂，在讲堂西，垒砂石数十堆，教学布阵法，即古代军事布阵之法，仿诸葛亮用砂石布八卦阵，古称“积砂”。《信义志稿》记载：“积砂在魏恭简恭讲堂西偏。后废为桑园，今名‘桑园地’。”

徐兼有《积砂即事》诗：“西蜀犹存八阵图，积砂此处已模糊。诗书旧泽谁能继，今日还当属魏模。”诗中说“西蜀犹存八阵图”，指三国时诸葛亮在四川夔州（今奉节）江边聚砂石堆成的一种阵法，各高五尺，纵横棋布。夏时为水隐没，冬时水退仍现。诸葛亮在蜀中筑八卦阵多处，唯此处最有名。《三国演义》中，刘备兵败白帝城，陆逊追至此，陷入阵中出不来，幸得诸葛亮岳父黄承彦指点才逃离。魏校通六经，谙天文地理、兵道奇门，所以垒了兵阵传授学子。

徐兼，清乾隆间人，徐昂发侄子，曾在崇文书院读书，那时积砂还在，可惜已模糊。模糊的，也许不只积砂，魏家的礼学也大不如从前了，所以他说“诗书旧泽谁能继，今日还当属魏模”。魏模，魏校九世孙，跟徐兼是朋友。

关于魏校讲堂（后称“崇文书院”）的位置在哪儿，历来没有定论，而《信义志稿》说积砂“在魏恭简恭讲堂西偏”，“后废为桑园，今名‘桑园地’”。

说起桑园地，正仪凡上了点年纪的人都知道，位置在原正仪中心小学西，也就是中心桥西塊石子街尽头。1949年前后，笔者在读小学时，那儿已变成一大片荒地，还有好几座无主坟墓。笔者小学毕业前，全校师生一齐动手，把那儿开辟成了上体育课的操场。

现在按《信义志稿》“积砂在魏校讲堂西偏”的说法，可以反证，魏校讲堂即崇文书院就在积砂，后来叫“桑园地”之东，也就是原正仪中心小学的位置。

朱墓墩中下葬岁贡朱均祥

朱墓，在界浦东，姜巷村南，村以墓名。墓高约6米，呈长方形，占地广阔，墓中葬了明代朱均祥兄弟俩，所以叫“朱墓”，俗称“朱墓墩”。

朱均祥，嘉靖《昆山县志》记载：“（朱均祥）邑之四保人也。洪武二十四年，以岁贡至京，适遇拣选人才，授通政司右参议。二十六年，闻弟犯极刑，马上惊坠而卒。事闻，赠右通政，赐衣冠敛葬。均祥死而为神，土人至今祀之。”

朱均祥在洪武二十四年（1391）以岁贡入京。岁贡，据《辞海》

解释:“明、清两代，一般每年或两三年从府、州、县学中选择资深学优的廪生送入国子监读书，因称‘岁贡’‘常贡’。”廪生，指的是家里穷，靠政府补助读书的学子，吃住全由官府包了。朱元璋采用这措施是为防止富家子弟用不正当手段竞争考取功名，同时也说明朱均祥家里很穷，是靠苦读而升入太学的。入学后，正巧碰上皇帝到太学选取人才，他被选中了，当上了通政司右参议。

通政司是明代设置的一个重要机构，负责转达内外奏章，以及受理臣民的密封奏事和申诉。右参议，是检校奏章、申诉的领班，级别虽不高，但必须让皇帝信得过；可见朱均祥是一个正派忠诚之人。可惜的是，只三年，朱均祥的弟弟在家乡犯了极刑，他得到这个消息时，正骑在马上，“惊坠而卒”。皇帝也许是念其孝悌，没有搞株连，反而给了个右通政的头衔，并赐了相应的衣冠给予殓葬。因为有了皇帝重视，他的墓筑得很高很大，他处了极刑的兄弟也葬在了里面。

后来，村民说他死后为神，因此经常祭祀。由于年代久远，古代祭祀的祠庙已无从查考。

黄渎村有个不怕阉党的支可大

支可大，正仪黄渎村(今属昆山高新区)人，生得人高马大，且持重识大体。万历二年(1574)进士，授礼部仪制司主事。仪制司是承办朝廷各种礼仪制典的机构，当时司中有个太监，大家办事都得看他脸色。支可大却不把他当回事，司中一扫沉闷气氛，支可大成为一时之望。可是，明代中后期是宦官专权的时代，支可大最后遭受排挤，出为广东提学副使，因染瘴疾归养十年。病愈，起为浙江提学副使，得巡抚邓文洁器重，历应天府丞，旋升湖广巡抚。

支可大去湖广赴任，正值魏忠贤刚发迹，阉党陈奉在那儿办税务，而且滥兴大狱，抓了好多商人和工匠，闹得民怨沸天，这情景跟苏州当时的“五人墓”事件相仿。部属们见敢跟太监说“不”的支可大来了，产生了希望，要支可大为民作主。可是支可大却缄口不语，甚至置之不理，部属纷纷失望，以为他也被太监整怕了。

过了半年，忽然京里来了一位御使，在抚衙宣读支可大给皇帝的密奏，痛斥陈奉的诸多罪行，立即把陈奉递解归京，冤狱才得以解。大家才明白，支可大接受了从前的教训，巡抚虽为一方重臣，若公开与阉党斗争，太监常伺皇帝左右，不一定奏效。支可大用心良苦，初来时有意不听他们的话，却进行秘密调查，行的是韬晦之策，是个持重之人。

支可大年老告归回乡后，在城西建小筑，莳花种草外，乐为造桥济贫等公益事，年七十四而卒，他捐资在刀泾江造的一座三孔大石桥，便利了正仪与北乡百姓，直到20世纪90年代后期，筑湖滨公路时才被拆除。

古塘有个清官蔡懋德

古塘，今属巴城镇黄泥山村，元代顾瑛在界溪到东面的绰墩筑玉山佳处，古塘的柳塘春是著名景点之一。

蔡懋德，古塘村人，明万历四十七年（1619）中进士，授杭州府推官，崇祯初迁浙江右参政，分守嘉兴湖州。时天下已乱，太湖聚匪千余，常祸害百姓，蔡懋德组织湖边青壮用计诱捕匪首，平息匪患，从此皆知其能用兵。后历任井陉兵备道、济南道、河南右布政使，为官清廉，皇帝称他“不要钱的布政使”。崇祯十四年（1641）冬，擢右佥都御史、山西巡抚，到任后，几次击退闯兵，而且斩其悍将王冕。最后李自成亲率大军围太原，蔡懋德无援，自缢于署，李自成恨其不降，亲自割下了他的首级，悬挂于城门。

《信义志稿》载，蔡懋德在山西巡抚任上，曾著“圣门律令”，约束部属，要他们远离八种小人：一为穿窬之类（像小偷一样多方钻营之徒）；二为患得患失之鄙夫（不负责任、不敢担当的庸俗之辈）；三为妾妇（只会像小老婆一样献媚取宠者）；四为垄断贱丈夫（吃了原告吃被告的兜揽讼事者）；五为墦间乞人（墦，坟墓，指望门干谒，向棺材里伸手，死要钞票的文乞）；六为无忌惮之辈（不顾道义，见利忘义者）；七为状德之贼（道貌岸然，男盗女娼者）；八为不远禽兽（不检点，浪荡无耻近似禽兽者）。

蔡懋德的八条“圣门律令”，是整顿吏治、肃清官风的良药，可惜那时的明代已腐败如朽木，国运走到了尽头，虽有良吏，也不能力挽狂澜。

军坟下葬抗清英烈朱天麟

军坟，《信义志稿》载：“在星溪东，葬明季死难者。”顺治二年（1645）五月，大兵下江南，六月初，定苏州，初七，昆山知县杨永言弃印潜逃，初八，水利县丞阎茂才献图籍纳降，闰六月，因限令薙发，用刑太酷，民生激变，焚县署，阎茂才父子死于乱中。

于是归庄等倡死守之说，推旧狼山总兵王佐才为主帅，传檄各地，号召抗清。正仪明翰林朱天麟响应昆山号召，在贞里设演武场，操练乡勇，结寨娄江塘岸，用大石累数丈布，拦长堤，以阻清军东进马足。七月初四，大兵至，先锋于马上用枪挑巨石如翻瓦。乡勇奋勇抵抗，有李某用鱼叉为兵器，刺伤一人，又有张某伏石旁，发火枪中一人。适昆山援军乘舟至，与正仪兵合力迎战，清兵发炮舟裂，城兵遁，乡兵亦溃。

保存至今的军坟石牌坊

次日黎明，清兵破昆山城，

屠城两日。大军撤后，事态平息，朱天麟召集乱中逃亡之民回正仪，收殓死难兵勇，聚葬于星溪之东，名曰“军坟”，又因坟墓极多，整个场地成了一片黄土坡地，俗名“黄坡基”。

朱天麟原为吴江农家子，家贫，随黎里道士读书，八年后为正仪沈家婿。崇祯初进士，授饶州推官，有政声，召回京任翰林编修，充日讲官，复姓朱。崇祯十七年(1644)出使山东，不久清军陷京师，破南京，朱天麟返乡。

朱天麟娄江抗清失败后，复明之志不改，携家航海至福州投唐王，因郑芝龙跋扈不相容，又走广西武冈，永明王以礼部侍郎召。永历(永明王称帝年号)元年(1647)，拜礼部尚书、东阁殿学士，为一时之重。朱天麟请亲率兵收复江右，王不听。后又奉王迁南宁，力劝颁召诸镇勤王，亲征进取中原，王还是不听。是时，小朝廷派系繁复，相互构谄倾轧，有的官员竟弃印而去，甚至投降清军，朱天麟亦辞位，移居庆远。永历四年春，王复召朱天麟，朱天麟上言，年来百尔构争，尽坏实事，如今身处一隅，何处可退？王当奋然自将文武诸臣，抽洞丁率土豪募水手，经略岭北湖南，以图进取。可是，当时清军已逼近，小朝廷人心惶惶，朱天麟又请先经略左右两江，号召勤王。兵未集，清军兵临城下，王仓皇出走，朱天麟扶病从之。永历六年四月，抵广南，朱天麟病剧，卒于西板王村。

朱天麟一门同事永王，大儿子宿垣于永历二年(1648)奉诏去粤西及云南宣抚勤王，土司无不感激原效。复命后授御史，可惜比父亲早卒。二子斗垣，奉命去江西号召勤王，途遇降清将令孙可望部张胜军，不屈而死节。天麟卒未几，弟天凤亦卒，直至康熙元年(1662)才由天凤子翼垣扶柩回乡。

锦溪葛妃墓探古

鲁德俊

凡去过昆山锦溪的人，都知道那里有一个陈妃水冢，据说埋葬着南宋的一个陈妃，却很少有人知道，锦溪还埋葬着另一个也是南宋的葛妃。可是遍查正史，却找不到有关陈妃和葛妃的记载。正史记载宋孝宗先有成穆皇后郭氏，再有成恭皇后夏氏，继有成肃皇后谢氏，还有蔡贵妃、李贤妃。至于陈妃和葛妃，充其量只是散见于一些地方文史资料的传闻。关于陈妃的传闻，以前我曾在《鹿城故事》上作过一些介绍。今天只介绍葛妃，也只能从民间传闻开始说起。

民间传闻之一

在锦溪，传说陈妃和葛妃都是宋孝宗在做皇子时的两个妃子。大家都知道，北宋宋徽宗和宋钦宗父子二人被金兵俘虏到金国去，史称“靖康之耻”。随后，徽宗的第九子康王赵构带着皇室成员南逃到临安（即杭州），建立了南宋朝廷，是为宋高宗，那是公元1127年的事。高宗因无子而收养了赵宋嫡孙赵伯琮，改名赵瑗，准备让他以后继承皇位（赵瑗在被立为皇子后赐名赵玮，立为太子之后又赐名赵昚）。我们要说的是，高宗在南渡时的1127年，赵瑗才刚刚诞生，一个在襁褓之中吃奶的婴儿绝不可能有什么妃子。所以那种说孝宗妃（或太子妃）陈氏和葛氏死于宋室南渡时葬于锦溪的论调，是根本站不住脚的。

另一种关于陈妃和葛妃死于宋高宗绍兴后期的说法，在年代上还能说得过去。大约在绍兴三十一年(1161)底，金主完颜亮亲率60万兵马大举进攻南宋，屯兵于瓜州(今江苏扬州)。当时尚未被册立为太子的赵瑗34岁，正欲建功立业，于是急忙上殿面奏高宗，慷慨陈词，请求随御驾亲征，击退金兵，此举得到高宗的准许，扈跸同行。赵瑗回到东宫，告别众妃，陈妃和葛妃却请求同往。原来，这两个妃子曾向梁红玉学过兵法，练过武功，如今金兵南犯，国难当头，两人也愿随丈夫出征，助一臂之力，到战场杀敌立功。赵瑗欣然同意，于是，陈妃和葛妃一起随赵瑗走上了战场。宋军与金兵鏖战之际，忽报金主完颜亮被部将刺死，金兵哗变，偃旗息鼓，纷纷撤退。于是高宗即刻班师回朝，暂留赵瑗驻扎江边，以防止金兵卷土重来。赵瑗便在战船上摆宴庆功，陈妃和葛妃在左右作陪。宴席间端上来应时的大闸蟹，陈妃由于多吃了几只，积寒于腹中，疼痛不止，一时又找不到名医诊治，痛了三天三夜，竟然一命呜呼。赵瑗正准备将陈妃的灵柩运回临安择地安葬，京城圣旨到，宣召赵瑗即速回京。高宗因年老体衰，加之御驾亲征长途跋涉，过度劳累，决定立赵瑗为皇太子，并赐名赵昚，准备让其继承皇位。这是封建王朝的一桩大事，陈妃的灵柩是哀丧之物，自然要避讳，不能运回京城。于是赵昚派人找风水先生寻觅一块风水吉利的坟地，这就选中了锦溪五保湖中的独圩墩，说是一处龙穴，将来太子坐上龙椅后，会社稷平安，江山昌盛。说来也稀奇，自从陈妃的棺材落葬在那里，不管五保湖里水涨还是水浅，陈妃水冢始终不会被淹没，也不会干涸，好像永远漂浮在水面上。一个月之后，高宗便退位，禅让给赵昚。赵昚龙袍加身，是为宋孝宗。孝宗又下令在五保湖南岸建造一座莲池禅院，设寺僧念佛，看护陈妃水冢。在莲池禅院旁边的湖荡筑了一条长堤，堤外是菱塘湾，堤内是荷花池。于是锦溪在很长时间内曾改名叫“陈墓镇”。

过了没多久，葛妃也生病死了，临死前要求也葬到锦溪这块风水宝地，好与陈妃作伴。孝宗成全葛妃的遗愿，将她安葬在锦溪三里外一处土墩上，草草了事。后来那个地方就一直叫“葛墓村”。

民间传闻之二

上面讲到宋孝宗的两个妃子，一个陈妃，一个葛妃，都葬在了锦溪。为何一个“厚葬”，一个“草葬”呢？关于葛妃之死还有另一种说法。

相传那陈妃出身名门，知书达礼，还胸怀大志，称得上是女中豪杰。而葛妃，不但才能平平，还生活奢华。虽然随皇子赵瑗来到锦溪，内心却觉得十分委屈。一路上对赵瑗埋怨不停，说天下有的是能人，干啥也轮不到你的身上呀！葛妃一来到锦溪，倒是出奇兴奋。因为她一向喜欢游玩，见这儿风景秀丽，正合心意，早把国家大事抛在脑后，整日里游东逛西，逍遥自在。

一日，她来到后来的莲池禅院东侧的石埂上赏玩，见埂北的菱塘湾里满塘都是嫩嫩的水红菱，不少农家女子轻荡着菱桶在碧绿的菱叶间采菱，喜不自禁。葛妃立刻撩起衣袖也要下塘去采菱，幸亏侍女们拦得快，才没有跌入水中。葛妃见侍女阻拦，大为恼火，非要下塘不可。侍女们对她说：“主子吃菱，叫她们采菱的妇女送上岸来便是，要多少有多少，何须亲自动手？”葛妃道：“谁说我要吃菱？”侍女们问：“那主子想要干什么？”葛妃道：“我要的是与她们一样，采菱！还不快去找木桶！”

侍女们慌了，七手八脚地从镇上的居民家里弄来了菱桶。她们把菱桶搁在了浅滩上，小心翼翼地把着桶口，要葛妃做个样子罢了。但一向目中无人的葛妃，哪里把侍女们的话放在心上，一伸脚直向桶中踩去，同时得意忘形，诗兴大发，诗曰：“采莲南塘秋，莲花过人头。低头弄莲子，莲子清如水。”这四句诗是南朝乐府民歌《西洲曲》里的，并非出自葛妃之口。谁知葛妃那四句诗还没有吟诵完，就“啊”的一声惊叫起来。原来那菱桶灵活得很，如果不是熟识水性的江南人，是很难驾驭的。无怪乎葛妃一进桶中就失去了平衡，倾斜着向外滑了出去。众人定神看时，早已人仰桶翻。只见菱叶被弄倒了一大片，就是不见葛妃的影子。侍女们一时慌了手脚，因长年生活在宫中，不习水性，只能大呼小叫。不料那几个采菱女也一时惊得慌了神，没了主意。大约过了半个时辰，从街头赶过来几个壮年汉子，跳入了河中，在采菱女们的协助下，才把葛妃从水底捞了上来。可怜葛妃已是头发蓬乱，脸如土色，眼睛和鼻子里塞满了污泥。随行的太医火速赶来，一搭脉搏，只能无奈地摇头叹息了。

对于葛妃的死，孝宗获悉之后，尽管也非常伤心，但更多的是恼火。国难当头，葛妃非但不为自己分忧，竟然弄出了这样丢人的事来。一怒之下，下令将她葬在了荒野，也借此整肃军纪，警示将士们要齐心协力，抗击敌军，切莫因私欲或贪图享乐而贻误国事！

就这样，葛妃被历史冷落了，甚至抛弃了。

后来有农民在葛妃墓边割草时捡到过一块玉佩，上面雕着九条龙，做工十分精细，一看就知道是皇宫中的用品，也许就是葛妃遗落在这里的。这块玉佩被锦溪人世代家传，直至新中国成立后还在，有人还拍了照片。再后来那玉佩被收古董的买去，似乎在世间消失了。可数十年后，有人看见它在香港的一次拍卖会上，以百万港币的价格被外国人买走了。传闻到此，就玄之又玄了。

方志记载之一

清乾隆《陈墓镇志》的《葛妃墓遗补》记载，葛妃墓“在葛墓村西偏，相传南渡时高宗或云孝宗妃。石棺，若方案，高三尺许。断碑二，农家取为砺石，字迹磨灭，约略篆文，俱不可辨识。余曾亲访，墓见焉。墓西有埋香港，或因墓而得名”。文中的“余”即此文作者——举人陈尚隆，他曾亲眼见到葛妃墓，不能断定是高宗妃还是孝宗妃，传说不一。清乾隆时，石棺尚在，墓碑已断为二，成为农民的磨刀石，碑文系篆字，已被磨损，不可辨认。葛墓的西面还有一个“埋香港”，这个名称显然也与葛妃有关联。

方志记载之二

清光绪《昆山县志》说：“葛妃墓在陈墓镇二里许岁区七图葛墓村。”并转引了彭龙光的《南宋葛妃墓记》全文。

关于作者彭龙光，《彭龙文稿》中介绍他是清同治年间人：

彭龙光，字登甫，号云门。岁贡生。自幼颖异，年十六入昆学，好读两汉书，喜六朝文。书法赵文敏，尤工小楷。求书者罔弗应，前后书朱柏庐《治家格言》，不下数十百通。同治七年，东湖王定安摄令昆山，定安固博学能文，久客曾文正幕。下车即观风，两邑出三十余题，自天算舆地以至诗词歌赋，无所不备。案发，龙光居首，文名大著，识与不识，皆知有云门先生也。年七十三卒。

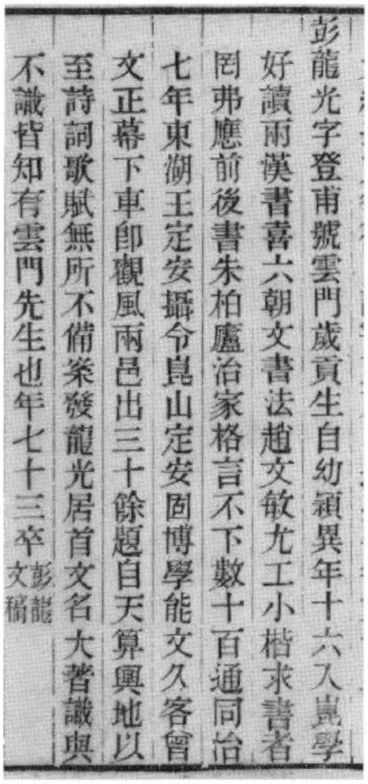
彭龍光字登甫號雲門歲貢生自幼穎異年十六入崑學好讀兩漢書喜六朝文書法趙文敏尤工小楷求書者罔弗應前後書朱柏廬治家格言不下數十百通同治七年東湖王定安攝令崑山定安固博學能文久客曾文正幕下車即觀風兩邑出三十餘題自天算輿地以至詩詞歌賦無所不備案發龍光居首文名大著識與不識皆知有雲門先生也年七十三卒 彭龍文稿

史料上的彭龙光小传

1904年上海出版的杂志《女子世界》第二期也刊载了彭龙光的文章《葛妃墓碑》，全文如下：

予馆葛墓村龚氏，斋西百余步，有坟若堂，断碣仆焉。野花惨其不红，老藓枯而若炙。乌牛角厉摩挲，讶没字之碑。老狐穴深黯淡。问前朝之迹，父老告予曰：“此南宋葛妃之墓，而吾村所由名也。志乘无征。风流几没。子盍为记之？”予吁嘻感念，慨夫宫禁之灾，靖康为烈。

太后不复增中原失母之忧。慈圣难归，挥万乘思亲之泪。垂帘听事。太妃犹奴，故剑委尘，天子无妇妃。值内庭变后，劫火焚余，光展翚褕，宠承钿合。名花从无不老，有穴竟致长埋。乃考德于门楣，已世传于彤史。或曰受册绍兴，或曰承恩选德，或曰罗帏夜月，如李夫人之不年，或曰纨扇秋风，如班婕妤之常弃。语无征信，究谁知金屋阿娇，生不同时，更休问白头宫婢。此则飘零彤管，难寻椒殿之芳仪。冷落黄园，留认策陵之艳魄者矣。乃或又疑之，谓夫古来艳迹，事半子虚，地属佳人，语多未了。西子泛舟而有墓，赵妃祎衣以招魂。女郎山高岂真瘗，玉露筋祠古曾说将军，职此类推，谬将相袭，不知名区选胜，好事为多。小姑尚可嫁郎，盘古不妨有踵，兹者境摈僻陋，迹久湮埋，风雨一坏，沧桑四代，红羊几劫，谁知南渡君王金凫可寻？旧是西宫妃子，冷年年之寒食，寂寞杯羹，愁夜夜之青燐，依稀环珮，妃有灵也，能无慨乎？然而烟霾钩弋，有垄皆平，日落台城，无穴不破，泥滑马嵬坡下，袜冷香罗秋高单于台边，塚荒青草蛙鸣，脂井难寻，珠翠之妃，萤上玉钩，莫问绮罗之选。花田变矣，风景凄然，马鬣全非，娥眉同泪，妃虽小，君事冷，半截碑残，星暗轩宫，奠无麦饭，而乃黄肠无恙。兵燹不惊，中郎发邱，免搜玉碗，温韬盗土，未入乾陵，一片苔封留赵家，干净之土。千年村在，争明妃生长之名，较之二帝归棺，惟存朽木。理宗顶骨复葬故陵，见着伤心，闻者酸鼻。妃有灵也，又何恨焉！村西二里陈墓镇，考邑志，妃同时陈妃墓在焉。耀丰城者两剑，来月夜之双魂，旧是尹邢话同心于莲院，倘思帝子诉幽恨于泉台，光隔代之神驰，覆思蜀缬，斜阳涕洒，奠缺椒浆，认半壁之残香，得偏安之小

葛妃墓在陳墓鎮二里許歲區七啚葛墓村

光绪《昆山县志》葛妃墓记载

局，庶几质湖春到，不同廿四堆荒，或者粉土瘢销，能使女儿色美，不辞芜笔，洗官家臣妾之羞，稍发幽光，补天水后妃之传。

文章较长，主要是说：“予馆葛墓村龚氏，斋西百余步，有坟若堂，断碣仆焉。……问前朝之迹，父老告予曰：此南宋葛妃之墓，而吾村所由名也。”这里记载了同治时彭龙光在葛墓村教书时所亲见的葛墓情形，坟虽在，墓碑已倒地。并记述了葛墓村村名的由来。

《女子世界》在刊载彭龙光《葛妃墓碑》的文后，还有编者剑秋的附记：“按昆邑陈墓镇，市廛甚盛，其附近乡间，复有葛墓村，相传为南宋葛陈二妃葬地。二妃事迹，《宋史》均不载。邑志谓陈系孝宗妃，葛则无可考。”这里说昆山县陈墓镇，市面很繁盛。附近乡间有葛墓村，那里是葛妃和陈妃的葬地。并指出，二妃事迹，正史均不载。县志说，陈氏是孝宗妃，而葛氏则不可考。其中说陈妃也埋葬在葛墓村，系误记，实则是陈妃葬于镇南五保湖水中之独圩墩，是为水冢。

关于葛妃生前死后的事迹，目前所掌握的资料就是这些，提供给大家作为参考。

曾任昆山县令的四位宰辅

陈柏华

昆山地处长三角太湖平原，历来经济富庶，社会安定，崇文修礼，人文荟萃。自宋始，战事致使中原人士大量南迁，江南遂成政治、文化、经济中心，四方贤士、名儒、墨客纷纷寓居昆山，逐渐形成“家家礼乐，人人读书”的社会风尚。

在昆山千百年的历史发展中，产生了一大批广有影响的思想家、文学家以及贤臣廉吏，为昆山书写了浓墨重彩的一页。在这期间，也有一批优秀外籍人士，经各级科举选拔脱颖而出，被朝廷委派到昆山任职，起始职位虽低微，却是他们迈向高官仕途的起点。在这些精英中，有共襄盛世的能臣、力挽狂澜的治士、忠君节义的循吏、功崇惟志的名宦，在离昆调任他职后，仕途一路顺畅，官至各部尚书、参知政事、宰辅高位，进入朝廷中枢，参与国政大事，成为一代重臣，从而载入史册。本文列举了以下几位宰辅：汉末东吴的顾雍，北宋朝的赵祯、梁适、张方平。他们均始以昆山县令入仕途，后职高权重，卒后均受朝廷封谥，史迹载于国史，地方立祠祭祀，百姓赞颂，名垂古今。

三国吴·丞相　顾雍

顾雍（168—243），字元叹，吴郡吴县（今江苏苏州）人。顾姓是吴郡四大家族“顾、陆、朱、张”的首位姓氏，当属江南望族。顾雍曾祖父顾奉汉时任颍川郡太守；族弟顾徽拜辅义都尉，领巴郡太守；弟顾悌孝廉闻世，官拜郎中，领偏将军。顾雍娶庐山太守陆康女为妻，子孙也多有拜将封侯者，尤顾雍任吴国丞相，更是位极人臣，门庭显赫。

顾雍幼时即才思敏捷，聪颖过人。东汉著名学者蔡邕（才女蔡文姬之父）因避祸南下，暂居吴郡。蔡邕精通音律，擅长书法，久享盛名，顾父即将顾雍送至蔡邕门下，让其拜师学习音律和书法。顾雍心思沉静、精细出慧，艺术日进。蔡邕十分钟爱顾雍这位高徒，谓“此徒，今后必成大器”。遂将自己曾用名“雍”赠予这位弟子，顾雍为感激恩师教养之恩取字“元叹”。顾雍与蔡邕的师生情充分体现了中国古代文士尊师重友、重情崇义的优良传统，被后人称道，载于史家笔录之中。宋代大文豪苏轼为此作诗：“中郎（蔡邕曾任中郎将，人称“蔡中郎”）老不遇，但喜识元叹。”北宋著名词人、书法家黄庭坚也作诗：“燕驿勤来索我诗，自诗中郎识元叹。”赞誉蔡、顾二人的师生情谊。

沧浪亭五百名贤祠顾雍像

顾雍由于家学滋润，通识儒家经典，学识渊博，读书修身，又得名师指点训育，履官则达其志。顾雍弱冠即被举荐任合肥县令，后又任娄县（今昆山）、曲阿、上虞等地县令，均有政绩，颇得百姓嘉许。顾雍任娄县县令的时间虽不长，但体恤民情，治政有方，在昆山百姓中留下了清廉名声，其事迹记于昆山方志《名宦传》。

汉建安五年（200），东吴孙权兼任会稽郡太守。孙权因军务繁忙并未赴任主事，特委顾雍任郡丞，代理太守之职。其时群雄割据、战事频杂，顾雍把一个大郡治理得井井有条，因此，孙权对顾雍更加信赖了。

顾雍任丞相画像

孙权称王后，顾雍的仕途一路畅达，正式进入孙吴核心权力圈。黄武四年（225），改任太常，进封醴陵侯。时东吴丞相孙劭去世，谁来继承丞相位，主持朝廷行政事务？朝内多有廷官举荐顾命大臣张昭任之，但孙权权衡再三，认为张昭虽有资历，治政尚可，但性格刚烈，易得罪同僚，不利于施政，而顾雍为人老成，历经仕途，处事稳妥谨慎，又有见解，获同僚普遍认可。在相位空缺十余年后，孙权力排众议，委顾雍任相，成为吴国首辅。

顾雍任相后，时常下郡县体察民间疾苦，提出了不少行之有效的利民措施，但从不居功自傲，拥权自重。孙权有次在朝咨询朝廷得失，大臣张昭认为当时法令过严、赋税偏重，宜适当减之，以利百姓生息。孙权听后未决，转问顾雍意为如何，顾雍也同意张昭所述，但不愿将功归于自己，答道：“臣所述者，实为张昭所语。”顾雍在位时能尊重张昭，因此朝内大事总能顺畅施之。

顾雍仿效汉初治国方法，任用文臣武将必须是忠于吴国且有真才实学之人，量才录用，众望所归。有政绩时便上奏朝廷，归功于孙权；一旦有失职之处，便督以改正，归咎于己，从不掩饰用人失察之过。朝廷只要涉及丞相之职责，顾雍均尽心尽力地坚持原则，全力确保国家利益。

顾雍任丞相后不久，就接老母至吴郡奉养，孙权对顾雍的孝举极其推重，并设宴款待为其母洗尘，公卿大臣均应邀赴宴，太子孙登也莅临祝贺。孙权性格豪爽，喜饮酒，君臣畅饮，气氛十分融洽，但顾雍滴酒不沾，群臣见此，不敢肆意，唯恐失态，足见众臣对顾雍之敬仰。

孙权极为信赖顾雍，常以军国大事、讨敌之策问询于他。顾雍还宽待同僚，对作奸犯科的官吏却不避嫌，不计个人安危，毅然上奏处置。孙权晚年安于享乐，宠幸酷吏吕壹、秦博，让他们审核各郡上奏之书，两人趁机私置机构，倒卖物品牟取私利，并诬陷、诽谤大臣，顾雍不顾孙权对他俩的宠信，据实取证、奏报。后终使两恶吏入狱受审，官场腐败风气为之一扫。

顾雍一生清廉，治家守法，风正气清。为赐恩宠，孙权将侄女下嫁顾雍外甥，君臣联姻，顾家荣耀无比。大婚之日，顾雍父子及孙顾谭均应邀出席，君臣欢聚，气氛融洽。但顾谭酒后失态，顾雍不便当场斥责，以免孙权扫兴；回家后就严厉训斥顾谭，嘱他今后务必谨慎行事，注意影响。

赤乌六年（243）十一月，顾雍病重，孙权闻知后，即遣太医为顾雍诊治，并委任顾雍小儿子顾济为骑都尉，以示恩宠。顾雍医治无效而卒，享年76岁。君相和谐合作达十九年之久，顾雍成为东吴名相。孙权为痛失股肱大臣悲痛异常，亲着孝服率众臣至顾府吊唁，念顾雍一生忠直耿介、刚德克就、矢心不渝，赐号曰“肃”，由顾济承爵。顾雍卒后，葬于今苏州吴中区藏书镇小王山，与西汉吴侯顾贵、南北朝顾烜合葬。

顾雍卒后，后人对其评价甚高。吴景帝孙休：“故丞相雍，至德忠贤，辅国以礼，而侯统废绝，朕甚愍之。”

宋·丞相　梁适

梁适（1000—1070），字安道，北宋郓城须城（今山东东平）人，翰林学士梁颢子，以父荫为官，景祐元年（1034）进士。

梁颢（963—1004），早年丧父，被叔父收养。少年时拜北宋著名

梁适画像

文学家王禹偁为师，初考进士不中，上奏太宗，对完善科举建言，认为唐朝取士科目众多，人才辈出，成就大唐盛世，而宋朝开科唯以诗赋、策论取士，不利各类人才脱颖而出，应广开科目，博选人才，以利治国，后获太宗首肯。

雍熙元年（984），梁颢仅22岁时，考取状元，成为宋立国以来的首位少年状元。梁颢风度潇洒、博学多才，尤长于历史，且与人为善，颇得太宗赏识、同僚赞许。随后，梁颢在多地任要职。真宗初，出使陕西献《听政箴》，对治政安民提出众多有益建议，并重修《太宗实录》。咸平二年（999），契丹犯宋，梁颢随真宗亲征至大名府，由于巧施用兵之计、破敌之策，终于取得胜利。景德元年（1004），梁颢于开封府任职，不久于任上病逝，享年仅42岁。真宗念其对朝廷忠心，谥“闵敬”。仁宗皇祐中，以子梁适有才而追封益国公，赐太师中书兼尚书令（列丞相位）。

梁适4岁丧父，但并没有影响他继承父志，仍旧苦读经书，处处严以律己，精研儒学，终于自学成才。他曾将自己所作诗文和父颢遗作辑录成册上呈真宗，帝阅后大为赞赏。天圣元年（1023），特派梁适任昆山县令，后主政梧州，开始数十年效忠大宋的治政生涯。

梧州地处南国僻野，其时赋税苛重，百姓苦不堪言，梁适赴任，察知实情后，上奏朝廷，建议减免百姓赋税，民间得以喘息，因此都感谢梁适给予的恩德。梧州任满后，梁适迁大理寺丞，主政泰州。

泰州地处长江下游，历来水情频患，严重影响百姓生计。梁适赴任后，首抓兴修水利、疏浚河埭、清理河道的工程，终于根治了水患之苦。明道二年（1033），淮南大旱，梁适当即募集米粮抗灾，并备米粥赈济饥民。随后组织农耕，恢复生产，百姓交口盛赞。

京东地区盛产布帛，朝廷征调任务年年加码，百姓不堪重负，梁适赴任后上奏朝廷：征调纳贡日增，伤及百姓，多征无益，建议削减增收的130万匹布帛，维持原数以民生息。仁宗采纳实施，极大减轻绸工负担，百姓都感恩梁适体恤民情。

梁适平生疾恶如仇，敢于直言。如，仁宗即位举行南郊大礼，拟录用朱全忠后裔入朝为官，梁适认为不可：朱系南唐叛臣，录用其子不利惩戒后人，仁宗纳之，取消全忠子承仕。

庆历二年（1042），梁适擢升知制诰。仁宗特派梁适出使辽国商议安国大计，梁适不畏艰险，有理有节地力争，于庆历四年与辽达成和议，不失寸土，并保边境数十年无战事。

宋宝元间，梁适到重镇兖州（今属山东）任职，时有冶场18所、冶工数千人，历来由官府经营、衙役管理，冶工则采用劳役制，差派周边农户充任，官府征收铁税苛重，致使百姓大都破产流亡，田地荒芜，冶场倒闭，产铁量骤降。梁适赴任后，废劳役制为募役制，招聘专业冶工开矿冶炼，官给雇值，有显功者可晋升官职，极大激励冶工积极性，冶户发展达千户，产铁量骤增至120多万斤，涌现出远近闻名的制作坊多处，史载山东兖州铁“募工徒，斩木锻铁，制器利用，工尤为精密”。

北宋时，侬智高在广南西路举兵，其建“大南国”自称为帝，并要挟朝廷奏封。仁宗以缓兵之计允之，梁适上奏极力反对，认为一味退让姑息，必将丧失疆土，使不良人仿之。皇祐五年（1053），梁适力荐狄青为帅统兵出征。事平后，仁宗谓近臣云：“当初若不听梁适言，南方安危至今恐未定矣。”遂迁梁适为参知政事（副相），同年七月梁擢升适为中书门下平章事、集贤殿大学士、大宋丞相。

北宋强敌西夏时入侵宋境，边民时遭侵扰，驻军疏于边防，成为宋安宁之隐患，梁适任相后，多次与西夏首领相议，晓以利害，又妥善解决西夏民众盗耕宋境田地之患，边境逐渐安稳。宋不费一兵一卒，恢复疆域六百里，仁宗极为赞赏梁适之功，遣使赴边嘉奖梁适与将士。

嘉祐八年（1063）仁宗卒，英宗即位，加赠梁适德军节度使、检校太师。梁适以年事已高辞官归乡。熙宁元年（1068），梁适再晋太子太保，神宗邀梁适行新帝登基大典，特恩入宫陪祀以示恩宠，梁适以年老有病未能成行，次年十二月卒于家，享年70岁。神宗念梁适一生严已肃下、刚德克新、睿智深远，赠司马兼侍中，谥“庄肃”。

梁适入仕大宋四十余载，奉真宗、仁宗、英宗、神宗四朝，官至朝廷中枢，任职四野，于宋危难之际不遗余力，为国泰民安鞠躬尽瘁，不愧宋一代中兴名臣。梁适父颢、兄固虽早逝，但梁适位极人臣，使梁氏家族鼎盛不衰，成为当时显赫之望族，族内先后有70余人入仕为大宋效力。时人称宋“忠孝三绝”（梁颢、梁固、梁适）可与宋文坛“三苏”（苏洵、苏轼、苏辙）比肩。

梁适卒葬东平县境，梁氏墓群占地百余亩，坟茔千座、御葬墓七座，祠内高悬“父子状元，千古芳名垂宇宙；祖孙丞相，万代秀气夺山川”楹联。

宋·枢密副使　赵稹

赵稹（962—1037），字表微，祖籍单父（今山东单县）人，后徙居宣城（今安徽宣城），先世以儒学名其家。南唐太府卿田霖辞官退隐宣城郡，识赵稹才学，以爱女嫁于赵稹为妻。端拱元年（988），年仅26岁的赵稹高中进士，开始从政之途，先任平定县判官、台州推官，后改任大理寺丞、昆山知县。《昆新两县续补合志》誉其“为人诚质宽厚，以德化人”，赵稹治政有才，体恤百姓，颇有政绩，获乡邑赞

赵稹画像

誉。因政绩卓著迁殿中丞，知通州，经枢密院李浚力荐为监察御史，后任侍御史、开封府判官等要职。

真宗祀汾阳，开封府地处京机重地，极需能干、精练的可信之人管理，真宗委赵稹留守开封府，主持开封府政事，可见真宗对赵稹信任有加。他尽心尽力，精心治理，获朝廷赞许，随后成为朝廷地方封疆大员，参与军国政事。

当时，蜀地远离京城，纷乱频生，民不安宁，需良策安之，真宗下渝献计献策，赵稹陈述平乱方略，供真宗决断定论，为维护蜀地安宁而不遗其力。

蒲江县盗贼群起，常有劫民掠财案起，民深受其害，地方官吏捕盗不得，反而抓捕无辜百姓，诬陷为匪入狱，震惊朝野。真宗委赵稹赴任平息事端，赵稹查明百姓冤屈后，悉数释放关押百姓。被史书誉为“屡上章言事，平冤狱，息诉讼”，升工部侍郎。

赵稹后被调任四川益州主政。益州为蜀锦名城，全州年织锦六千匹，商贸繁荣，是地方财税主要来源。按惯例，赵稹赴任后即调集工匠精制蜀锦千匹上贡朝廷，引起富商和当地豪绅不满，诬陷赵稹不达民请，妄自尊大，赵稹被降为知同州，徙凤翔，三迁工部、刑部、吏部侍郎。宦海沉浮，也磨炼了赵稹。天圣八年（1030），朝廷查明真相，还赵稹清白，擢升稹枢察副使（副相），赵稹达到仕途顶点。

仁宗年幼，宫内由刘皇后把持朝政，许多官员走宫掖之路，赵稹也厚结刘皇后身边之人，获取刘皇后信任，被给予实权，处理朝廷重大政事。后来，宋仁宗亲政，刘皇后病逝，赵稹以年高体弱屡奏辞官，仁宗允诺，赵稹以太子少傅职回乡养老。一年后，景祐四年（1037），赵稹卒，享年76岁。仁宗念赵稹为朝廷效力一生，功不可没，谥“僖质”，加赠太子太保。

赵稹从平民通过科举走向仕官之途，数十年兢兢业业、尽心尽力侍奉真宗、仁宗，终位列枢院，参与军国大计，是赵氏家族走向兴盛的关键。赵稹娶前朝官吏女为妻，迈向从仕第一步，从政期间与朝中重臣相处融洽，受朝廷委派处理事件又适宜，一生官场畅达。赵稹七子六女，娶媳选婿均择官宦门第结姻亲，赵氏一族成为宋时深有影响的望族大户。

赵师旦系赵稹从孙，《宋史》称其“美容仪，身高六尺”“少年颇涉史书，尤刻意刑名之学”。任江山知县时，断治息冤，倡廉除弊，根除陋习，治内政绩卓著，后经御史荐，任大理寺职，改主康州。

师旦主康州不足两月，广西侬智高举兵反宋，攻城略地，多地失陷，逼近康州。师旦为稳定民心，决意留守，与城共存亡，众均愿以死战殉义，直至城破，无一人投降。师旦退至衙内，整衣冠，端坐衙中，矢志不降，被乱箭射死，年仅42岁。此时为嘉祐元年（1056），距赵稹卒已近二十年矣。

平定后，朝廷嘉师旦忠勇，赠光禄少卿，赐母顾氏为长安县太君（地方神），设祠供百姓祭祀。师旦事迹震撼朝野，官员、文人纷纷作文记之。文学家曾巩亲为师旦所作《石声编》序，留史。

康州地以高宗潜藩，亦是师旦殉义之城，率立庙祭祀，历代宋帝均下诏加封。南宋敕封师旦赞善大夫，谥“忠愍”，加灵惠侯。康州升为德庆府后，府尹徐明叔上奏谓：“师旦忠烈，同唐代安史之乱中坚守睢阳，壮烈殉国的张巡、许远同肩，宜封师旦为神，仍镇守岭南。”师旦徙居地楚州山阴（今江苏淮安）也建祠设祀，并赋诗以记，入《淮安志》。

赵稹从平民踏入仕途，数十年位居高位，效忠朝廷，子孙姻亲遍结官宦，从孙师旦树立效忠朝廷的典范，朝廷利用师旦成护国卫民之神，将忠君报国之念灌输于民众，巩固其统治，亦是赵氏族虽屡经战乱、转徙数地、王朝更迭，数百年长盛不衰之因。

宋·参知政事　张方平

张方平（1007—1091），字安道，号乐全居士，南京（今河南商丘市）人，宋时商丘曾称“宋州”，赵匡胤曾任宋州节度使，即位后称该地为“龙兴之地”，将其升格为应天府、南京（陪都）。

张方平少时即颖悟绝伦，随舅父就读于应天书院，从范仲淹为师，范之忧国忧民理念，影响方平终生。方平虽身在陪都但家境清贫，研读经书却无钱购买，只能向别人借读。方平曾借阅《史记》《汉书》《后汉书》三史，数日后即如数归还，称“吾已知其详矣”，由于是借书阅读，又限日归还，便养成博闻强记的才能，过目之书不再重读。宋名臣、参知政事宋绶、苏州府尹蔡齐称方平“天才奇才”“自少已不凡矣”。

宋明道元年（1032）时举茂才异等，才能出众，博学多才，任校书郎。景祐元年（1034），年仅27岁的张方平经层层遴选任昆山县令，开始从仕之途。

昆山地处吴郡，自吴越立国后，郡邑地旷，经济富庶，但强势的豪民劣绅多侵占民田，历年积案诉讼甚多，数十年未决。张方平赴任后，实地勘察计量田亩，召集邑民详尽了解赋税役情，将田亩重新分配给百姓，将所占田亩赋税用之于民，使百姓有田可耕、有家可居，诉讼渐息，社会趋稳。张方平虽处繁华吴郡为官，但并不留恋江南风情、三月烟花，一直研读经书，勤逸不止。苏州郡守蒋堂闻张方平德行高操、政绩斐然，举荐其为贤良方正。

张方平画像

张方平入仕后，治国理政皆尽心尽力。仁宗时，西夏赵元昊准备起兵叛乱，给宋送来极其傲慢的战书，以激宋与其断交。当时宋处于强盛之时，朝中诸臣均主战出兵以示惩戒，张方平力陈当下赵元昊还未作好开战准备，朝廷若用一年时间精选将士、秣马厉兵，固筑城堡，来年征战必稳操胜券。西夏师出无名，军心涣散，唯有与宋决战，必败无疑。张方平上奏《平戎十策》制定良策，丞相吕夷简也认可。但仁宗求胜心切，草率令宣毅、保捷两军出战，宋军骄纵自大，各路军队顾此失彼，贻误战机，以致陷城失地。张方平再次上奏，力主修改庆历年间制定的边关法令，宽待西夏，施恩边民。赵元昊终力不从心，与宋和好，归顺宋朝。战事平息，百姓得以安宁，仁宗念张方平之力，升其为翰林学士。

西夏降服后，与强邻契丹不和，请宋与契丹断交。张方平认为不可，宋刚降服西夏，与强敌契丹断交，对安边不利，便告知赵元昊应谨慎处事，若能与契丹交好，宋将册封他，使西夏以其为主，保西夏太平。最后，赵元昊采纳宋朝决策缓和与契丹的关系。至此，宋西北边疆消除战争隐患，百姓安居乐业、发展生产。

张方平擅长理财，力主开源节流，充盈国库，以强国力。朝臣王拱辰上奏河北盐业官营，仁宗拟允，张方平认为不妥：前朝北周将盐税纳入其他税收之中，两税法中，盐税项已征收，现若再由官府统管，岂不重复收之？百姓负担加重，易激起百姓对朝廷怨言，于安民、利国无益啊！仁宗始醒，方知欠予考虑，收回成命，张方平请仁宗下诏废除，停止官府另征盐税。诏令下，河朔父老乡亲欢欣雀跃，在澶州聚众拜迎张方平，并举行七天佛老会，以报答朝廷恩赐和张方平之恩。

朝廷征询大臣财政增收节支良策，张方平斟酌再三，以多年地方治政经历上书数千言：朝廷财政开支窘迫，必致政出多头漏象频现，大商人、官僚必乘机牟取暴利，专营茶、盐、米粮，致使国库空虚，应堵漏查缺，严正纲纪，严惩奸贪之徒，国库增盈，才能治乱兴国。仁宗纳之。

张方平在三司使任上，西部边境战事频繁，军费开支甚巨，而两蜀处后方富庶之地，纳税甚重。张方平请奏减免两蜀横赋四十万，减铸铁钱十余万缗，修通河道，发展航运，连接长江、汴河、淮河，鼓励商贸，发展经济，以增钱物，张方平献上14条谋略。仁宗和丞相富弼连夜通读，计时更漏已过十刻，宫中禁卫都困倦不已，而君臣毫无倦意，仁宗连连称好，赞叹不止。富弼云："这是关系国家生死存亡建议，不是普通奏章啊！"

神宗继位后励精图治，启用贤才，望振兴朝纲，十分信任倚重张方平，对其奏章、上疏甚为看重，往往亲阅批复施行。神宗云："张方平的文章典雅，有三代圣贤风范，既善于综合概括，又言简意赅，即使是《尚书》中的《训》《诰》也不过如此。"神宗倚重张方平，溢美之意尽显。

张方平遍访贤良之士，为国举荐人才。仁宗年间，蜀地纷传侬智高反宋，百姓惶惶，为稳定民心，调张方平入蜀主政。张方平至益州（今四川成都）治政，遍访蜀中名士，为朝廷选用栋梁之材。张方平为人多识、文采出众，知蜀地眉州苏洵父子才华出众，便约见苏洵。张方平年长洵两岁，年龄相仿，一见如故，相谈甚欢，"论古今治乱，及一时人物，皆不谋而同"。闲聊中得知苏轼正重读《汉书》，有见解且有新

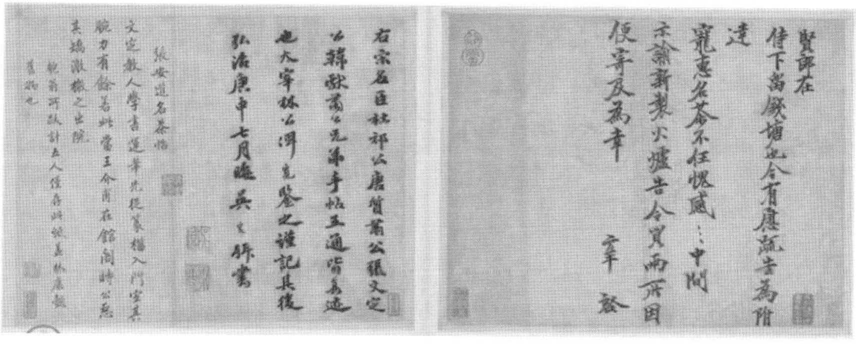

张方平上神宗书

意，张方平虽年长轼30岁，但年龄差距并未影响两人对学问的研讨，两人成忘年之交。张方平十分推崇苏轼的才华，遂以国士待之，“早以一日之知，逐托忘年之契”，并对洵云：“二子皆天才，长者明敏尤可爱；然少者谨重，成就或过之。”若干年后，苏辙官居宰相，仕途顺赐，职超苏轼，此是后话，然张方平识人之洞察也可见一斑。

苏洵拟让苏轼在蜀应乡试，张方平却认为这是“乘骐骥而驰闾巷”，力劝苏洵父子赴京应举。张方平不仅资助赴京费用，置办行头，还亲自修书向当朝翰林学士、礼部欧阳修，枢密使韩琦举荐“三苏”。张方平与欧阳修政见有隙，还曾结怨，但张方平以国纳才为重，不计个人恩怨。“吾何足以为重，其欧阳永叔乎？”后“三苏”名闻天下，也与张方平力荐有关。

元丰二年（1079），苏轼讥讽朝廷，神宗震怒，下旨将苏轼关押入狱（乌台诗案）。在风声鹤唳的党争中敢替苏轼辩解的同僚甚少，“天下之士痛之，环视而不敢救”。年已72岁、闲居颐养天年的张方平不顾安危上奏神宗，为苏轼辩解，望能赦免苏轼，为国留有人才。此时无人敢代奏，张方平嘱子张恕赴开封宫廷投寄。后经神宗母鼎力相助，神宗念苏轼才华，关押4月以示惩戒，将其释放后贬至黄州。若干年后，苏轼见到张方平为己求情奏文，感叹不已：“普天下除了张方平，谁还能狱中救苏轼呢？”

张方平与“三苏”深交30多年，苏轼也一生待张方平出自肺腑：“轼游门下，三十八年，如俯仰中；十五年间，六过南都（商丘），而五见公。”双方留下了大量唱和诗文。苏轼以门生口吻为张方平《乐天集》作序，张方平嘱之不妥：“我俩年龄差距很大，但在学问人品上是相等的，序中应删去门生词才对。”

元祐六年（1091），张方平卒，享年84岁。哲宗痛朝廷失股肱大臣，追赠司空。张方平遗言不要谥号，尚书右丞苏辙上奏获准谥“文定”，以表彰张方平历仕仁宗、英宗、神宗、哲宗四朝，高才绝识、博学弘文、刚正不阿、风节凛然，堪称北宋中兴一代名臣。

苏洵评张方平："为人慷慨有大节，以度量雄天下。天下有大事，公可属。"苏辙题诗张方平："少年谈王霸，英气干斗牛。中年事轩冕，徇世仍多忧。晚年探至道，眷眷环林丘。"总结了张方平的光辉一生。

外地名人和昆山命名

杨瑞庆

昆山周称“娄邑”，秦称“娄县”，南朝时改称“昆山”。进入唐代后，由于昆山地处东海前沿，又得益于文化底蕴深厚，曾有多位文武高人莅临昆山，并都留下了引人瞩目的功绩，成为可圈可点的“新昆山人”。昆山百姓为了表达感恩之心，根据他们的名字或事迹分别为一些地形、景点、场所、建筑命名，有的已经废弃，有的则沿用至今，成为永远的纪念。

纪念唐代“新昆山人”的命名

尉迟恭和城隍潭

城隍潭地处今日昆山周市境内，由于数量多、结构巧，人称“七十二个城隍潭”。城隍是古代地方上的保护神，为何周市的水潭会被命名为“城隍潭”？这与唐将尉迟恭（585—658）来到昆山戍边有关。

相传，唐太宗一统天下后，为保社稷长治久安，就将战功显赫的开国将领尉迟恭派往昆山，去镇守东海边陲。尉迟将军赴昆山巡视后，发现吴王曾经豢鹿狩猎的周市一带地势低洼，水潭密布，既可以扎营屯兵，还可以靠水耕种。尉迟恭经过深入踏勘后，发现那些水潭结构奇巧，开挖勾连后，可以摆出引敌上钩的“迷魂阵”，只要敌方误入此地，就能形成瓮中捉鳖的态势，然后痛打“落水狗”。

在尉迟恭的运筹帷幄下，终将周市的大小水潭彼此打通，形成了变幻莫测的神秘水网。果然，后来只要盗寇进入周市水潭，都是有来无回的下场。而且，尉迟恭还利用那里丰富的水资源，发展种植业和养殖业，周市水潭周围五谷丰登，百姓丰衣足食。

城隍潭风景区规划图

为了感恩尉迟恭开发周市水潭，让百姓安居乐业，他离世后，百姓不但在潭边建庙纪念，而且还把尉迟恭尊为保护一方安宁的“城隍”，不仅将他的画像张贴在家家户户的大门上，以示敬重，还将尉迟恭开发成功的周市水潭命名为“城隍潭”。

后来，城隍潭的军事功能在历史长河中逐渐淡化，但是长期以来附近百姓发挥出靠水用水的优势，不仅用以灌溉周边农田，而且还在潭中养蚌养蟹，其中的“尉氏蟹”历来独领风骚，享誉江南。再后来，城隍潭边人气渐旺，形成了尉州村。改革开放后，周市镇区还新建了尉州广场，而且还有将城隍潭开发成旅游风景区的设想，用以纪念尉迟恭曾经来到周市开发水潭的丰功伟绩。

陶岘和陶家桥

陶家桥坐落在今日千灯尚书浦之南段的陶家桥村，是为纪念著名乐人陶岘而建立的一座古石桥。清康熙《昆山县志稿》载：“陶岘，家昆山，生知八音，撰《乐录》八章。陶岘有女乐一部，善奏清商之曲。唐开元末名闻朝廷，经过郡邑，靡不招延。”这段话披露了陶岘移居昆山后留下的一份音乐业绩。

陶岘是晋代文学家陶渊明的第九代嫡孙，于唐开元二年（714）

陶家桥旧景

从江西九江投奔昆山，落户于千灯陶家桥村。村名后来因桥而得。据考，陶家桥落成于明代中期，由陶岘后裔所建。当时桥亭高耸，古意盎然。由于陶岘的客居，传下了新鲜的音乐，再加上后代的接力传承，营造出乡里乡亲热爱音乐的民风。

陶岘擅长乐器演奏，曾率领一班女乐善奏“清商曲”，因旋律优美而雅俗共赏。由于陶家桥边就是淀山湖，陶岘曾自制三舟，一用自载，一置宾客，一贮饮馔，终年与乐相伴，其乐无穷。

陶岘传下来的丝竹音乐后在千灯潜移默化地影响着一地百姓的音乐审美。当元末千灯顾坚在设计昆山腔时，就自然而然地糅合进陶岘传下来的委婉缠绵的音调，因此顿使昆山腔变得高雅起来。

博大精深的昆曲现在已是世界级的文化遗产，如果饮水思源，陶岘是当之无愧的昆山雅韵的开拓者。今日千灯老街上有座顾坚纪念馆，走进纪念馆主厅，就见戏台两侧配有一副抱柱对联：“曲奏陶岘丝竹江南，腔吹顾坚管弦昆山。”就将陶岘和顾坚之间的传承关系概括得一清二楚。

陶家桥现是千灯的一个自然村，那座古朴的陶家桥已被修缮一新，虽然桥亭已拆，但坚实的桥基和斑驳的桥石还保留着原生态的厚重感，记录着陶岘投奔昆山后留下的传曲之功。

黄幡绰和绰墩山

绰墩山（也称“绰墩”）在昆山正仪境内，虽然早已消失，但是地名至今保留。绰墩是为纪念唐宫名伶黄幡绰来到正仪传播雅韵而命名的。曲圣魏良辅著述的《南词引正》中载：“惟昆山正声，乃唐玄宗时黄幡绰所传。”就是说，最初形成的昆山腔具有大唐雅韵的底蕴，是由黄幡绰所传的。

绰墩山旧景

黄幡绰是唐玄宗创办的梨园中的著名乐工，他因才华出众而深得唐玄宗宠爱。安史之乱后，黄幡绰不幸陷入叛军。唐玄宗获悉后焦急万分，为让一代戏曲良才能够继续大显身手，特为他说情开释，终使黄幡绰有了流落江南，客居正仪（时称“信义”），传播雅韵的机会。

当时，黄幡绰传授的一板一眼、一音一调，应是唐玄宗时在唐宫中制定的“正声”规范。正仪古志《信义志稿》上这样记载：“至今村人皆善滑稽，及能作三反语。”说明由于黄幡绰性格幽默，乡民擅演诙谐的滑稽戏，据说“三反语”是讲究切字归韵的拼读方法，这对以后昆山腔追求字正腔圆产生了深远的影响。

黄幡绰来到正仪后，演唱高雅了，腔调动听了，语言风趣了，戏风浓郁了。由于黄幡绰曾经带来了傀儡戏，所以正仪有了“傀儡湖”的命名；由于黄幡绰传下了演戏的各色行头（戏装），所以正仪有了“行头浜”的命名。为纪念黄幡绰传播雅韵有功，他逝世后被葬于当地的厚土中，当地人将此地命名为“绰墩山”。

由于绰墩山还是良渚文化遗址，所以已被评为全国重点文物保护单位。有些遗憾的是，绰墩在“文革”期间因烧砖取土而被夷为平地。现绰墩成为一个行政村，那里还有旧时留下的古桥古树，因历史悠久而令人神往。

高力士和高墟山

光绪《昆新两县续修合志》中披露了一则鲜为人知的信息："高墟山在信义（正仪旧称）镇东北六里。相传高力士葬此。"高墟山原称"黄泥山"，因满山黄泥而得名，后来怎会改称"高墟山"？这与唐开元年间的宦官高力士（684—762）有关。

相传，在唐玄宗执政期间，高力士由于八面玲珑而成为宫廷中左右逢源的大太监。当时，高力士和诗人李白都是宫廷红人。有一天，皇上召唤李白入宫作诗，知他是个"酒仙"，就先把他灌醉，然后盼他借助酒力而诗兴大发。此时的高力士却在一旁起哄，李白就想利用这个醉态机会，戏弄善于拍马奉承的高力士。于是，李白命令高力士在众目睽睽之下帮他脱靴，让高力士当场出丑。唐玄宗趁机想看热闹而推波助澜，高力士无可奈何，只得帮李白脱靴，因此引发了在场人的哄堂大笑。

后来，高力士失宠了。他获悉曾是宫廷名伶的黄幡绰已在昆山正仪安然生活，也想去那里度过余生。临行时，他不忘随身带上那双曾经让他受过羞辱的靴子，准备伺机报复。一路南下后，高力士因长途颠簸而疲惫不堪，那双沉重的靴子成了累赘。当他有一天栖宿在昆山郊外的一座破庙时，发现旁边有座小山，认为自己大势已去，难有报复机会了，于是就将那双靴子"葬"入小山中。从此，由于卸去了"包袱"，他可以轻装上阵了。

今日皇宜山公墓远眺

事后，当地人知道黄泥山中埋了名宦高力士的靴子，觉得也有名人效应，就将黄泥山改名为"高靴山"，因为昆山方言中的“墟”和“靴”音近，几经讹传，后被文人定名为“高墟山”，甚至还莫名其妙地传说山中葬入了高力士。但昆山人知道这是无中生有的戏说，因此仍称“黄泥山”。

20世纪90年代末，当地政府要将黄泥山改建成现代公墓。为了给人留下高雅而肃穆的印象，就利用原名“黄泥山”的谐音，取名为“皇宜山公墓”。由此可见，这座小山从“黄泥山”“高靴山”“高墟山”“皇宜山”一路改名而来，充满着传奇色彩。

孟郊和里库

里库是今日玉山广场东侧的一个居民小区，是从旧名“吏舍”改名而来的，且与唐代大诗人孟郊（751—814）有关。

玉山广场原是古代昆山县衙的位置。据载，孟郊的先祖是东晋著名文人孟嘉，他早在昆山建宅定居。唐天宝十载（751），因孟嘉十四世孙孟简曾受学于当时任县尉的孟庭玢，为了感谢栽培之恩，就将孟家先祖留下来的故居捐出作县治。以后的宋元明清各朝代，都将县治设置于此。

孟庭玢任昆山县尉时，其子孟郊就诞生在县治之旁的吏舍，顾名思义，那是在昆山县衙任职官吏的宿舍。由于地名具有封建色彩，因此新中国成立后就将吏舍改称音近字异的“里库”。可见，孟郊与昆山确实具有真真切切的“血缘”，因此后来孟郊创作的经典诗作《游子吟》，就顺理成章地打上了昆山的烙印。

今日里库附近的孟郊塑像

《游子吟》曰："慈母手中线，游子身上衣。临行密密缝，意恐迟迟归。谁言寸草心，报得三春晖。"短短的6句30个字，将慈母爱小辈、孝子敬长辈刻画得淋漓尽致，读来感人肺腑。

当孟郊46岁考中进士时，由于朝中无人推荐，被派往江苏溧阳担任县尉小吏，但他决心不管官大还是官小，只要为官一任，就要造福一方，尽心尽职，不负母亲的殷切期望……由于感恩的思绪在胸中激荡，一首流芳百世的《游子吟》就在溧阳当官期间创作完成了，后来成为不朽诗作。

今日昆山实验小学的校门对面，有一座孟郊受教于母亲的雕像和一块《游子吟》诗文的碑刻。因为学校附近的里厍曾经诞生了这位大名鼎鼎的唐诗大家，当然就有昆山水土孕育的一份功劳。

卜珍和卜庙

今日状元新村之北红峰新村之南有一个"卜庙"地名，这与唐代卜珍（756—825）将军有关。

卜珍，曾被朝廷任命为节度使，被派往昆山镇守东海边关（因昆山离东海较近）。据传，卜珍将军英勇善战，功绩显赫，因此深得昆山百姓爱戴。在他客死昆山后，就为他在县衙西北一里之处，建造了一座卜将军庙，用以祭祀这位具有传奇色彩的唐代大将军。

今日建在卜庙附近的状元新村

卜庙的祭祀活动非常隆重，每年的农历四月十六日，都要在卜庙周围举办盛大庙会，以表对这位造福百姓的卜将军的感激。在每年的庙会上，都要抬出卜将军塑像在城区巡游，成为昆山年复一年的重要祭祀活动。

经过历朝历代的不断神化，卜珍已从最初有功于民的将领演变成为能保护一方百姓安康的神灵。由于传说他经常为民显灵，卜将军最终成为邑人心目中的生命保护神。在随后的历史长河中，卜将军被昆山百姓奉为神仙，每有生老病痛难事，百姓都会前往卜庙祈祷。传说卜将军总能如愿神助求助者，将事态化险为夷，转危为安。所以，昆山人还亲切地称卜将军为“卜太太”，以表对他的崇拜和敬重。

后来，卜庙毁弃在风雨的侵袭中。由于昆山百姓对卜将军的恩德仍然念念不忘，到了民国时期，邑人就把卜将军的神灵请到玉峰东侧的抱玉洞内，百姓每有烦事仍去洞内烧香祈祷，请求卜将军继续保佑太平，盼望美梦成真。

卜庙虽然早已消失，但地名至今还留存在百姓的日常交流中。宋元明清期间，那里一直是民居密集、人丁兴旺的地方，因为百姓都想居住在那里而获得好运。新中国成立后，在卜庙地基上先后建起了工厂、新村、医院，卜庙仍是昆山人心目中的一块风水宝地。

黄巢和度城村

今昆山淀山湖镇之南，有一座古村落，名叫“度城”。《玉峰志》上说，度城建于春秋战国时期。由于当时这座城堡坚实，百姓安居乐业，成为周边地区独一无二的繁华之地，所以被顺理成章地称为“独城”。因为当地方言中“度”与“独”的读音相近，后来就传称这座古城为“度城”了。当地的《淞南志》还有记载：唐乾符六年（879），黄巢起义军在度城潭畔筑城驻守，故使度城变得更加坚不可摧。黄巢（？—884），曹州冤句（今山东曹县西北）人，盐商出身，因对皇室生活奢侈、国情赋税沉重强烈不满，加上灾情严重，致使民不聊生，他就聚众发动了声势浩大的农民起义。当时，黄巢起义军转战江南，发现度城村三面环水，土地肥沃，认为这是一块既能屯兵又能渔耕的风水宝地，于是就命令兵部修筑工事，然后安营扎寨。

度城村附近拥有丰富的水资源，城河与淀山湖相连，可直达东海，成为当时水运通达的黄金水道。由于船只常要停靠度城补养，因此促成了一地繁华。据载，元末明初，昆山巨富顾阿瑛、沈万三的出海经商船队都经常驻扎于度城过夜，然后再扬帆远航。

由于度城依水而建，而成为靠水腾达、财源茂盛的人居福地，但也因此经常遭遇盗抢、掠夺的厄运。最严重的一次是抗战时期日本侵略军发动了一次大“扫荡”，度城陷入一片火海，后变成一堆废墟。

1958年，曾将度城旁的湖潭抽干，许多古迹有幸重见天日。如，在度城潭东滩岸边发现了古城墙的地基，还发现屯兵战壕、点将土墩等十几处遗址，据专家考证，那是黄巢起义军当时的练兵之地。还发现不少古老街石、精致瓷器，说明那里确有历史悠久的城郭。

今日度城遗址一角

如今，度城只有自然村建制，已看不到昔日的繁华城貌了。只有不断修复的度城桥、善度桥在述说着黄巢起义军曾经筑城练兵的历史。

纪念宋代“新昆山人”的命名

范成大和石湖书院

今位于珠江南路的东禅寺，古名为“荐严资福禅寺”，由于原来地处城区之东的集街而俗称“东寺”。唐天祐三年（906）始建，元泰定二年（1325）毁于火灾，明永乐九年（1411）重修。东寺外原有小巧玲珑的七塔一字排开，蔚为壮观。1925年，当昆山首建县立中学时，曾经一度借用东寺的残屋用作临时校舍。最后，东寺毁于20世纪30年代的日军炮火。

东寺曾是苏州贡院的考场，这与南宋名人范成大有关。范成大（1126—1193），号石湖居士，生于苏州吴县（今江苏苏州），当他少年时，随父范雩迁居昆山，从此投入昆山怀抱。不幸的是父母早亡，范成大顿时成为孤儿，由于得到昆山好心僧侣的资助，才有后来在东寺求学十年的经历，并留下了范公亭和范公藤这两个具有纪念意义的人文景观，见证了范成大在昆山发愤崛起的那段历史。

范成大三十而立时终于考中进士，并在朝中当上大官。他通过不断努力，终于成为一代大诗人。后来，昆山为了放大名人效应，充分利用东寺曾经留下的范成大奋发图强的资源，就在东寺内建起了石湖书院，通过招生授学，争取在科考中获得脱颖而出的好运。

抗战前的东寺七塔旧影

在随后的年代里，昆山

的科考业绩确实名列前茅。由于东寺中的石湖书院被吴地学人所拥戴，因此被苏州府辟为科举考场。康熙《昆山县志稿》载有“苏州试院于荐严左”为证，盼望石湖书院借助影响力，成为莘莘学子金榜题名的风水宝地。后来，就年复一年地在昆山东寺石湖书院中开考，直到太平天国运动后，石湖书院毁于战火，考场才移往了苏州贡院。

2005年决定复建东寺时，由于在原东寺的地基上已建起了集街小学，所以只得异地重建在今日珠江路的位置，但是仍能触景生情，感受范成大当年的人格魅力。

潘友文和春风亭

今日昆山亭林园中有个刘龙洲墓，那是当时下葬了南宋著名豪放派词人刘过的坟墓。刘过（1154—1206），字改之，号龙洲道人，吉州太和（今江西吉安）人，客死昆山后，由于曾为昆山文坛增光添彩，因此被葬于风光旖旎的玉峰山麓。1956年，该墓被列为江苏省文物保护单位，但在“文革”期间墓包被破坏，1983年被修复。外乡人刘过为何会落葬昆山？这要从刘过的年轻时代说起。

青年时期的刘过才气过人，尤以词品出名，由于生活落拓而浪迹江湖。正当这颗词坛新星将要陨落的时候，有人帮了他一把，这个人就是当时新上任的昆山知县潘友文。

潘友文，浙江东阳人，南宋开禧年间被朝廷派来昆山任县令。他为政宽惠，行政抚民。其时赋役繁重，新官上任就竭尽全力地为民减轻税赋，还赈灾施药，修城抵侵，因此深受昆山百姓爱戴。虽然他在昆山任期不长，但实施的新政有口皆碑。当他调离后，邑地百姓就在玉峰西山顶上建造了一座高耸的春风亭，用于纪念知县潘友文在任时对昆山作出的贡献。

春风亭在随后的沧桑岁月里不断被修缮，也不断被改名。明万历年间，昆山遭遇特大水灾，百姓常在春风亭前遥望远方农田，祈盼秋熟丰收，将春风亭改名为“望秋亭”。清初，江南巡抚孙光祖曾光临望秋亭，还将当年王安石来昆写下的“百里见渔艇，万家藏水村”的诗句刻写在亭内石柱上，此亭又改称为“百里亭”。

春风亭旧影

1934年，民国政府主席林森来昆视察，并饶有兴趣地爬上玉峰山登亭游览。在看到这座由辛亥老人曹亚伯发起修复的百里亭，又听到这座亭子的建造缘由和历史演变后，建议恢复春风亭旧名，并挥笔题写了“春风亭”匾额，悬挂于上层东南檐下。从此，春风亭恢复原名，沿用至今，让人永远铭记县令潘友文曾经引进词坛高人刘过的功德。

纪念明清“新昆山人”的命名

黄子澄和富春桥

东塘街中段有一座富春桥，俗称“高板桥”，其命名与明代忠臣黄子澄有关。黄子澄（1350—1402），因辅佐建文帝治政有功而被晋升为太常寺卿。当时，为巩固大明政权，黄子澄就向建文帝建议应该立即削藩。但建文帝为人懦弱，没有识破朱棣的阴谋，对他网开一面，因此留下了隐患。不久，朱棣成功夺取帝位。为了报仇雪恨，朱棣立即将曾经出谋削藩的黄子澄捉拿归案，并实施斩草除根的计划。黄子澄威武不屈，视死如归。朱棣恼羞成怒，不仅斩首这位治国能人，还下令诛其九族，祸及满门，共有黄家族人445人被牵连，一场骇人听闻的血腥

今日富春桥

镇压发生了。

当黄子澄的妻子许氏与儿子黄圭、黄玉、黄润、黄泽得悉其夫、其父在京城身陷囹圄时，知道后果严重，凶多吉少，就从江西老家投奔到苏州府，决定与黄子澄共同赴死。刚正的苏州知府姚善预见镇压黄子澄家属的灾难即将到来，就有意要为忠臣留下血脉。姚善一面冒着生命危险秘密收留黄家亲人，一面将他们分别改名换姓，并安排到昆山民间隐居起来。

多年以后，黄子澄的儿子田彦修隐姓埋名，生活在昆山东塘街上，终于度过那段充满腥风血雨的日子。为了回报昆山地方对他父亲尸骨的收留（黄子澄墓在玉峰南麓）和对他家人的保护，田彦修毅然卖掉家产，在县衙的支持下，将东塘街上岌岌可危的木结构富春桥改建成高大坚固的石拱桥。因当时还不敢公开纪念他的父亲，田彦修就将新桥改名为“高板桥”，因为昆山方言中的“搞藩”与“高板”读音相近，以此来纪念黄子澄建议削藩的壮举。据说，为了表达对忠臣黄子澄的敬重，桥名由苏州府清官况钟题写。

林则徐和林迹亭

在玉峰南向的半坡上，有一座歇山式长宽各4米的四角方亭，于清道光十四年（1834）夏，由前来视察水利的两江总督陶澍出资兴建，原名为“奥如旷之亭”，命名运用了柳宗元的《永州龙兴寺东丘记》中

"游之适，大率有二：旷如也，奥如也，如斯而已"的说法。

为了纪念这次高官莅临昆山，事后就在方亭不远处的山道边，留下记述这次陶澍视察昆山玉峰之行的摩崖题刻。巨石上记录了陶澍来昆的信息，如时间、地点、环境、过程、同游人、建亭人，都简要明白地镌刻在上面。

是年夏，江苏巡抚林则徐奉旨疏浚娄江，也来到昆山勘察。余暇，由昆山县令陪同游玩了马鞍山。当他爬到玉峰半山腰，发现了既是自己的老师，又是自己的前任陶澍所建之亭时，不胜感慨。因为林则徐和陶澍志同道合，都是朝中反英禁烟的急先锋。此时的林则徐心绪难平，思潮澎湃。当他登亭远眺，似有所悟，就欣然挥毫，留下了亭联墨宝："有情碧嶂团栾绕，得意孤亭缥缈间。"

旁观者都钦佩林则徐瞬间拟联，出手不凡，不愧是个大学问家。当看到他写下了"道光甲午年，偶过昆山，来登此亭，因集石湖、放翁诗语题之"的题款时，才明白了他分别采用了大诗人范成大和陆游的佳句而集成了对联，十分贴切地写出了玉峰山的美丽景色，同时也表露出自己前程未定的纠结心境。

事后，邑人将林则徐的题联刻于方亭石柱上，并将奥如旷之亭改名为"林迹亭"。若干年后，林迹亭塌废，咸丰元年（1851）重建，并在亭南石柱上另刻一副对联："高山景仰怀霓节，杰构岩峣控鹿城。"是由捐资

今日林迹亭

重修林迹亭的昆山名绅吴再锡先生撰写的。20世纪80年代末又重修，1991年被列为昆山市文物保护单位。

龚自珍和羽琌山馆

龚自珍曾与昆山结缘，始于清道光五年（1825）的十月。他因公出差来到昆山，当他踏上这块名声在外的县城土地时，看到山水优美的风光，了解名门接踵的底蕴，感觉果然名不虚传，就深深地爱上了昆山。于是，就从赫赫有名的“徐氏三鼎甲”之老三、原礼部侍郎徐秉义的后裔手中，购得了位于东塘街中段的一所旧宅，准备告老还乡后来此修身养性。

14年后，道光十九年（1839）四月，龚自珍由于性格刚烈倔强，崇尚秉公直言，揭露清廷腐朽，主张革除弊政，因此受到了朝廷的排挤。47岁时，他只得退出官场，辞职南归。但他没有回故乡杭州，而是准备到昆山去过退休生活。

以前购得的徐家老宅经他加固粉刷后，面貌焕然一新。为了营造更加优雅的生活，他购来许多怪石，堆成了千姿百态的玲珑假山。他还亲手种植了名贵树种和别致花卉。经龚自珍独具匠心地精心设计后，一座旧貌换新颜的仿古建筑立即展现出美不胜收的姿态，令人赏心悦目。龚自珍将这座别墅取名为“羽琌山馆”。原来古人将收藏奇珍异宝和秘典贵图的地方称为“羽琌”，因为这座建筑里藏有龚自珍从京城带来的价值连城的古董，如汉成帝皇后赵飞燕的玉印、唐拓本王献之的《洛神赋》……这些藏品被他视为掌上明珠，因此他自豪地将这座老宅命名为“羽琌山馆”。

龚自珍定居昆山后，由于远离了喧闹的官场，有条件心情放松地在羽琌山馆中夜以继日地伏案作诗，因而才思喷涌、佳作迭出，后来整理结集，编就刻印。因诗集完稿于他来昆后的己亥年（1839），所以龚自珍将他的诗集命为《己亥杂诗》。诗集共由315首七绝组成，题材广

今日复建的羽琌山馆

泛，含意深刻，大多是忧国忧民的讽喻之作。最有名的诗句就是“九州生气恃风雷，万马齐喑究可哀。我劝天公重抖擞，不拘一格降人才”。他还写下了名篇《病梅馆记》。

后来，羽琌山馆在风雨侵袭中毁弃了。数年前，为了纪念龚自珍，就在今东塘街富春桥南堍修复了原龚自珍旧居中的一些景点，今人还是将那些复建的楼台亭阁命名为“羽琌山馆”，可让人耳熟思旧，触景生情，从而纪念龚自珍这位文坛大家的昆山之行。

亭林园建馆纪念顾炎武

郭志昌

江苏昆山，是顾炎武的故乡。顾炎武去世以后，时人就设想要建造一座纪念他的祠堂，但真要实现起来并不简单，在他去世后的近170年时间里，始终没有造起来。原因很简单：顾炎武生前一直反清。当政的清政府当然不会允许去建造一座纪念祠堂。

初步方案

进入民国以后，由于军阀混战，昆山没有太平过，所以建造顾炎武祠堂的工程难以进入议事日程。直到1934年3月10日，拥有美国哥伦比亚大学硕士学位和美国斯坦福大学博士学位两张文凭的彭百川，被民国政府派来昆山担任县长。不料他上任后的第二个月，上级发文，将昆山县的等级由二级降为三级，等于给他的治政业绩当头一棒。怎么能把昆山的各项工作尽快搞上去呢？这是彭百川必须面对的大问题。

彭百川留学回国后，就在山东省任教育厅科长，并先后参与国立山东大学和青岛大学的筹建工作。在山东工作期间，他就知道明末清初的昆山籍大学者顾炎武也曾在山东待过20多年时间，进行考察、著述和交友活动，成果累累，著作颇丰，心中极为钦佩。没想到这次竟然被派到这位大贤的家乡当县长了，真是三生有幸，他感到无上荣光和责任重大，盼能干出一番成就来。他平时十分关心国家大事，很喜欢看报。他看到1934年7月29日《中央日报》上刊登了一篇《昆山观察记》的文章，其中较为详细地谈到了顾炎武名著《天下郡国利病书》的流传经过。他读后觉得与自己考察后的结论出入较大，于是就写了一篇纠偏文章，投给了《中央日报》。随后在8月3日的报纸上全文发表了：

亭林著述，世多传刻，惟所著《天下郡国利病书》初刻刊本，有昆山徐氏传氏楼旧藏亭林注原稿，系以序言，未分卷数。其书后为吴门黄荛圃孝廉所得。钱竹汀先生跋语，谓朱墨校改，确是亭林手迹。光绪季年，制绩苏府学□时，昆山名学者方还君偕同邑王颂文君造谒吴君讷士，留宴出示此书，谓其尊人清卿（大澄）少丞所购得，展观良久，如见珍宝。方、王二君归后共商，乞吴氏让与本邑保存。方君再晤讷士以实告，慨然许之。翌年清廷允许礼部请梨洲、亭林从祀孔庙，举行从祀典礼。先期方君具白金二百（吴氏得书原价也，款由昆山教育会支发）。往苏奉书，归藏亭林祠，后移藏昆山图书馆。一·二八沪战后，乃改藏昆山银行，加以珍存云。

翌年六月，彭百川和昆山县第四区区长戴粒民、第八区区长蔡吾裁等一起商量，鉴于亭林先生祠墓年久失修，有碍观瞻，就产生了修建祠墓的设想，并想另辟亭林公园（这里的亭林公园指地处千墩的顾园），以资崇敬。他们把设想写成文稿《亭林公园兹将其筹建原文启》，在1935年6月26日的《中央日报》上刊出，全文如下：

昆山县治淞水之南，土沃民阜，俗美风淳，有镇曰“千墩”，先贤顾先生亭林之故里墓陇在焉。顾氏簪缨世胄，明万历间，官少司马，讳章志，殁后，赐茔地五十亩，免其税，实先生曾祖。明亡，先生起义守昆城，贞孝母夫人绝粒死国难，先生奉葬于赐茔之旁，庐墓三年，愤异族之入主中原，惓惓有祖国之思，仇人构陷，两系囹圄，于是北走燕齐，西历秦晋，雄才大略，著见于书，天不祐汉，赍志而终，年七十卒于华阴（编者注：误。应为曲沃），从子洪慎迎榇归，附葬于贞孝墓侧。昔王山史过墓凭吊，歌哭祭之，何子贞会集名流，结社以祭，张石洲编订年谱，朱柏庐搜刊遗书，四方贤士大夫，所以尊敬先生而表彰之者，盖亦景仰先代之民族英雄耳。先生当国亡之后，困心衡虑，所以谋存国脉葆民族者，不独于文章经济之间，发微搜隐，为千古华夷之辨，存义理之真，又复奔走天下，连接豪杰，默运机轴，促胡运之速终，扶汉胤于不坠，其报苦锁悴，又岂得于文章歌咏之求哉？爰拟就先生祠墓加以整理，并就墓旁余地二十余亩，开为亭林公园，其地水竹深美，使益葺治，有台观之胜，俾四方之人，得观摩诵咏于其间，则岂终无一人为先生绍其休烈者乎？第时艰款绌（约需费二万元），不借众力，何以图功？同人无似，愿于海内贤豪，共匡盛举，敬澍笔荷券以俟。谨启。（二十四日）

这篇文章立即引起了上海商务印书馆大出版家张元济先生的注意，他几次往来于沪昆之间，与彭百川县长和县教育局局长潘鸣凤商量，决定将顾炎武的《天下郡国利病书》这部名著列入《四部丛刊》，以影印的形式出版。张先生当时已65岁了，还为这部书稿的出版写了一篇跋文附于书后。从这篇文章可知，彭县长等最初的设想是将纪念顾炎武的公园建在千墩顾炎武故居的后院中。请示国民政府后未被批准，原因是昆山原有公园（指马鞍山公园），可将其易名为“亭林公园”，以资纪念，所以没有建造新园。三周以后，《中央日报》于1935年9月23日刊登了昆山改建亭林公园的确切消息：

经第四十二次党政谈话会讨论结果，内部整理计划大纲，拟定教局长潘吟阁、第三科长陈守和、晏静一等拟定，由潘局长召开第一次设计委员会，决议案件：一、确定亭林公园范围案。议决：东南以山溪泾为界，西北以城河为界。二、公园土地应如何整理案。议决：（一）本园范围以内，除农业推广所、体育场及私有民址外，应呈县转饬土地筹备处，从速清丈，另立亭林公园户名，由教局呈县科承量；（二）所有园内民地，于必要时得呈县给价收买。三、本园整理计划大纲如何拟订案：（一）改建公园大门；（二）园门内正中建立亭林先生白石像；（三）择园内适当地点，建筑亭林纪念馆一所，陈列图书及各项纪念品；（四）整理园内道路；（五）整理环山路，逐渐改建弹石路。以上三案，已提交党政谈话会讨论决定。

事后，潘鸣凤委托工程师李锦沛仿照广州中山纪念堂的式样设计昆山顾炎武纪念馆的图纸。国内著名雕塑家江小鹣自告奋勇，准备为顾亭林先生义务设计和建造一座铜像。艺术大师万簌鸣先生也来昆山帮助勘察，筹备就绪后，就将兴工建立了。

曾经设计了南京中山陵的吴彦直先生又主持设计了广州中山纪念堂。那是一座宫殿式建筑，顶盖蓝色琉璃瓦，全部采用悬臂式钢屋架，构成八角形攒尖屋顶的式样，堂内不见一柱，是当时国内跨度最大的会堂建筑。不幸的是，吴彦直先生完成初步设计后就病逝了，后由同事李锦沛先生接手继续设计。根据昆山马鞍山前的具体条件和昆山的实际需要，他将广州中山纪念堂的建筑规模按比例作了一定的缩小。消息传出，社会各界十分振奋。

广州中山纪念堂

后在亭林公园设计委员会第二次会议上通过了一份决议：

（一）亭林纪念馆应如何建筑案，决议：（甲）将旧有邑庙大殿，移建公园茶社附近，改作亭林纪念馆，并加布置；（乙）推陈守和、晏静一两先生，将移建费、布置费分别估计。（二）馆内布置应如何计划案，决议：馆内布置之纲要如左：（甲）正中设亭林先生像；（乙）四壁刻亭林先生格言；（丙）室内陈设遗物遗著、摄影模型。

好事多磨

1935年，昆山各界人士商议决定，将马鞍山公园改名为“亭林公园”，将其东峰下原慧聚寺东斋的刘过祠撤掉，改为亭林祠堂，把原来位于玉山书院的亭林祠搬迁至此。

1936年3月，由昆山实业家徐剑萍选编的影集《昆山景物志略》编定出版，并邀请县长彭百川写序推荐。其中就有多幅介绍亭林园景致的图片。1934年11月，彭百川在昆山任县长期间，还在半茧园等处接待过国民政府主席林森一行。林森出钱抬高了西山半腰的半山亭，彭百川还请人在“隔凡”石上刻下了“林森重修”几字以作纪念。

经县议会讨论通过，将原来的山塘街改名为“亭林路”，将原来的兴学路（俗称“城河岸”）改名为“震川路”，将十几年前方还倡议拆掉的东城墙旧址开辟而成的一条马路命名为“柏庐路”，同时将在培本小学内的顾亭林祠堂迁到马鞍山公园东斋内，并将公园名正式改为“亭林公园”。

日寇侵华期间，经七拼八凑组建起来的昆山汪伪政府有过一段纪念“昆山三贤”的荒诞插曲，上演了一出短暂的闹剧——为了拉拢人心，以利统治，他们就在西塘街尚书第（徐乾学故居遗址）上建造了一座三贤祠，意为永久纪念“昆山三贤”顾炎武、归有光和朱柏庐先生，并在1944年7月18日（农历五月二十八日，顾炎武诞辰331周年）举行了奉祠典礼。没想到仅仅过去了13个月，汪伪政府就灰飞烟灭。抗日战争终于取得了最后的胜利。

1945年9月，国民政府委派沈霞飞来到昆山当县长。沈霞飞上任以后，除了应对日常工作之外，还关心着一件重要的事情，就是坚决要改造那座西塘街上的三贤祠。他认为这座建筑是汪伪政权为了迷惑民众而建造起来的祠堂，务必清除。正巧，国民政府在通知各地建造忠烈祠，用以祭祀牺牲在抗日战场的国军将士，于是他就顺水推舟，把汪伪政权建造的那座三贤祠改建为忠烈祠了。1946年10月3日，这一天是重阳节，郎静山等十多位上海的文化名人来到昆山登山游玩，他满怀深情地写下了《丙戌重九登高昆山怀顾亭林》七言长诗：

三贤祠旧影，后改为忠烈祠

天下兴亡匹夫责，片言可为万世则。
四百年来此一人，经济文章并气节。
昆山产一顾亭林，山为之高海为深。
旌旗为之壮颜色，鱼龙为之勤浮沉。
大星独耀偶然耳，况以一身齐众美。
芒鞋秦陇寄遗棺，宿草茜墩迷故里。
国于天地朴学崇，研求利病真理宏。
滔滔今日何所及？竞谋剽窃标时风。
欲谒先生祠与墓，踏遍昆山无觅处。
白杨一片响萧萧，凄凉唯有公园树。
吊古伤今总黯然，真鸦不爱六朝烟。
谁怜拥翠桥边客，重九登高望大贤。

这首诗是民国期间所有吟诵顾炎武诗作中的一篇大作，因此流传后世。

1947年2月25日，昆山县党政军联席会议致函昆山县参议会，提出了咨请修葺亭林公园的正式建议。函件由主任刘雨卿（驻军代表）、副主任沈霞飞（县长）、朱敬之（参议会议长）签署。其中关于建造亭林纪念馆一事，准备仍旧采用由当年李锦沛设计的那份图纸。昆山籍的土木工程师俞楚白被聘请为建馆工程的负责人。接下来就要重建顾亭林纪念堂了。党政军三方联席会议决定向全社会发起募捐，争取尽快完成这项已被耽搁了10年之久的工程。

这10年中曾经发生了诸多变化，如，答应义务设计和建造顾亭林雕像的江小鹣先生已经病故。重庆谈判结束后不久，内战爆发，战事不断，国民政府已经没有心思再搞工程建设了，直到新中国成立前，重建纪念馆的事情最终还是不了了之。那份倾注了设计师大量心血的图纸，变成了无法实现的遗憾，尘封在漫长的历史之中。

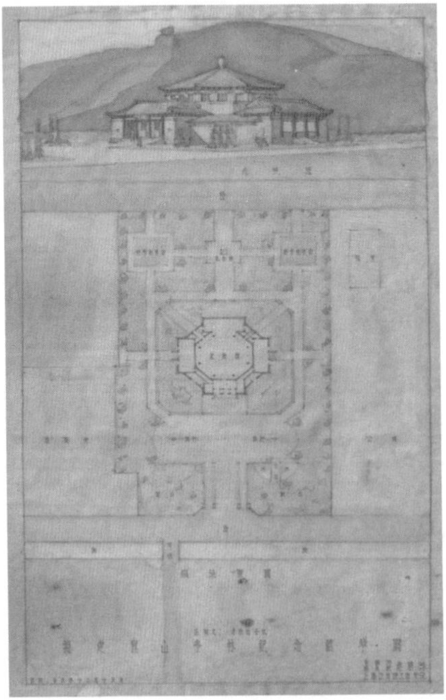

当初昆山顾炎武纪念馆的设计图

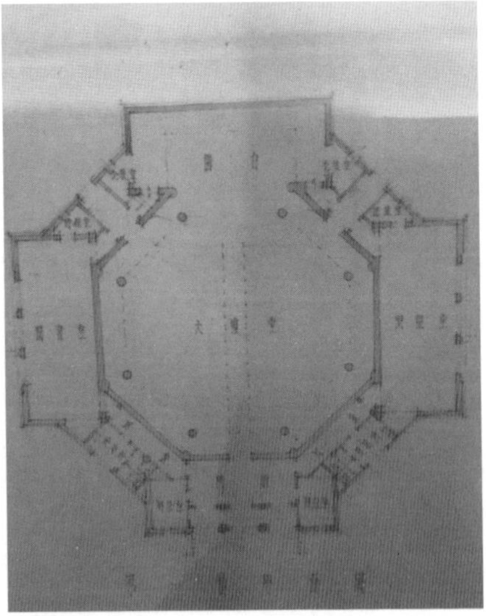

当初顾亭林纪念馆一层平面图

曲折经历

新中国成立以后，人民政府忙于医治战争创伤，文化建设方面的事情只能缓慢进行，但也取得了一些成绩。1956年，千墩镇顾炎武墓、玉山镇归有光墓和亭林公园里的刘过墓，被省文化厅确定为江苏省文物保护单位。千墩方面还开始了对亭林墓的保护和整修工作。

1962年，为了迎接纪念顾炎武诞辰350周年的活动，昆山县政府拨款1300元，由江苏省文物管理处雇工修缮了顾炎武墓。随后，昆山举行了新中国成立以来首次比较隆重的纪念活动。还成立了纪念活动筹备委员会，由县长姜德仁、副县长周梅初、文教局局长裘霜耕等同志分别担任正、副主任。共筹办以下多项纪念活动：

一是昆山县领导、千墩镇领导及亭林先生后裔等各界在清明节祭扫亭林墓；

二是向昆山文化界、教育界等各界广泛征集论文、诗词、剧本等各类纪念文章和文艺作品；

王道伟副县长（右二）与电影《林则徐》编剧叶元（右三）等人在老纪念馆（东斋）合影

三是举办征文以及亭林遗物展览会；

四是谱写由周梅初作词、丁善德谱曲的亭林先生诞辰350周年纪念歌；

五是编写介绍顾亭林先生的家世和生平的资料；

六是政协邀请顾氏后裔撰写亭林墓宅的回忆资料；

七是决定在刘过祠中开辟一间顾亭林纪念馆，重修位于千墩的亭林墓、亭林宅，并补栽四棵柿子树。

筹委会向社会各界征集到的有关纪念文章、诗词及剧本，汇集起来后，在东斋进行了展出。昆山文史学者童友仁的大姐有一手好女红，在昆山城里很有名气。副县长周梅初想起了1947年在中山堂里曾经举行过一次顾炎武事迹的演讲会和一次实物展览会，他那时认识了童友仁的大姐，于是，他就亲自登门，找到那位童大姐，请她仿制一双顾炎武的遗履，然后安放在亭林公园东斋的顾炎武纪念馆里展出，为那次活动增添了亮色。

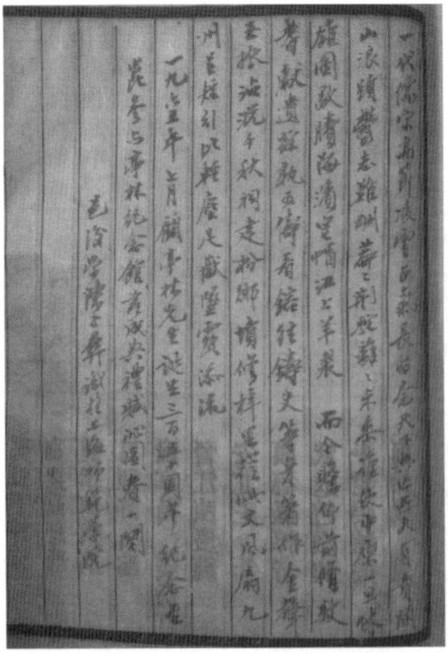

陈子彝《沁园春》手稿，现存上海师大图书馆

那年清明节，昆山县领导、千墩镇领导和各界代表及顾氏后裔进行了祭扫顾炎武的活动，并敬献了花圈。昆山籍的上海师范学院图书馆馆长陈子彝也参加了在亭林公园东斋举行的亭林纪念馆落成典礼，他兴奋地创作了《沁园春》一词，纪念这次盛大的纪念活动：

一代儒宗，高节凌云，正气长留。念天下兴亡，匹夫有责，关山浪迹，郁志难酬。莽莽荆驼，离离禾黍，谁使中原一旦休？雄图歇剩，海滨皂帽，江上羊裘。　而今瞻仰前修教，耆献遗踪，孰可俦看镕经铸史、等身著作、金声玉振、沾溉千秋？祠建枌乡，坟修梓里，从此文风扇九州。呈短引，比轻尘足岳，坠露添流。

陈子彝在担任上海师范学院图书馆馆长期间，曾经两次对《刘氏嘉业堂顾亭林年谱》和《寿阳祁氏原刻本顾亭林年谱》进行了反复阅读和详细批注，为后人进行这方面的研究，提供了极为重要的参考资料。

昆山县文化馆组织当时昆山著名书画家陆曙轮、周玉菁创作了一批作品进行展览——陆曙轮的作品是临万寿琪的《秋江别思图》和归庄的《墨竹图》，周玉菁的竹刻作品是《亭林肖像》，都受到广泛好评。

当时的国内书画界名人陶冷月、徐南湖、金云庵、陈次园也都送来了作品进行展出。文艺爱好者也创作了有关作品进行表演。

昆山县政协在那次活动中，将顾炎武后裔顾祥源先生和顾凤鸣女士从千墩乡下请到玉山镇来，安排他们住在弓箭街县工商联会场的楼上，请他们整理顾炎武的有关著作，撰写有关回忆文章，前后整整用了三个来月时间。

周梅初副县长由于擅长赋诗填词，在江南一带很有名气，这次，

今日亭林园中的名言照壁和顾炎武雕像

他也特意写了一首歌词，交由昆山籍老乡、时任上海音乐学院副院长的丁善德教授谱曲，然后交给顾庆中老师，在菉葭中学初二年级一个班的同学中试唱，听取意见之后，请作者再作进一步修改。

可以说，1963年的纪念活动，是新中国成立以来最为隆重的一次。在“文化大革命”的十年中，纪念顾炎武的活动陷于停滞状态。时隔15年之后，纪念顾炎武的活动才重回民众视野。

1981年3月19日，《人民日报》发表了一篇特约评论员的长篇文章《爱国主义是建设社会主义的巨大精神力量》，将顾炎武列为中国历史上的82位杰出人物之一、18位古代思想家之一。紧接着，上海《解放日报》开辟专栏，介绍这些历史名人，顾炎武成为第一位向读者隆重推出的名人。

启动工程

1983年，正值顾炎武诞辰370周年之际，由江苏省文管会拨款，昆山县政府重建了千灯的亭林墓和亭林祠。县城内恢复了亭林公园和亭林路的旧名。同时，修复了原东斋中的亭林祠，并将它改名为“顾炎武纪念馆”，馆内展出了顾炎武的名著《天下郡国利病书》和《日知录》，还有遗像、遗物，供国内外游客瞻仰。

1984年元旦，由中国共产党中央顾问委员会委员、当年的新四军秘书长李一氓同志为顾炎武纪念馆题写“天下兴亡，匹夫有责”八个大字，刻于馆北面的一座照墙上。7月14日下午，昆山政协、县委宣传部、文教局、文联等单位召开座谈会，纪念顾炎武诞辰371周年，并举行了顾炎武纪念馆开馆仪式。

1988年，鉴于纪念馆场地狭小，与亭林公园作为主题公园的意旨相距较远，县政府决定易址另建顾炎武纪念馆。新址定于山神庙原址，正对公园大门，且有70余米的甬道，接近于50多年前设计者的构想创意。新馆占地面积约2500平方米，耗资80余万元。馆内以图片、文字和文物复制品、书刊等形式展示，并邀请国内著名书画家王蘧常、沙孟海、钱君匋、程十发等题字、作画、撰联，为纪念馆增光添彩。用清初名人何绍基的书体制匾装于门楣，选择胡厥文的书体制作馆名。李一氓题字的照墙移至新落成的纪念馆大门外大草坪的北端。与此同时，昆山市顾炎武研究会开始筹备成立。1989年9月30日，叶庆文设计制作的4米高的顾炎武花岗岩雕像落成于照墙前方。这是当时国内体量最大的顾炎武雕像。开馆后，又陆续征集到沈鹏、溥杰、溥任、周汝昌、周而复、邵华泽、朱家溍、朱育莲、殷大康、王学仲、沙曼翁、瓦翁等国内名家的书法与绘画作品，并刻碑置于纪念馆的回廊内，作永久展出。

1990年5月10日，昆山市顾炎武研究会获准成立。12月20日召开成立大会。顾炎武研究会

1990年5月建成的顾炎武纪念馆

程十发、王蘧常创作的纪念馆中堂画和对联

委托上海造币厂铸造铜制顾炎武纪念章一枚，出版亭林园碑廊书法作品碑帖一部，作为研究会成立时的纪念品发行。

多轮提升

2005年夏，昆山市人民政府又投资对顾炎武纪念馆进行了全面改造和重新布馆，并运用声光电的现代化科技手段，展示了顾炎武伟大的一生。

2013年4月18日至5月21日，昆山市顾炎武研究会与亭林园在纪念馆前的甬道旁共同举办了一期纪念顾炎武400周年诞辰图片展。7月14日，公祭顾炎武仪式在千灯顾炎武祠堂外的广场上举行。午后，纪念顾炎武400周年诞辰研讨会在昆山宾馆举行，来自京沪宁苏等地的20余名专家学者参加。

2016年6月4日，昆山市人大常委会作出决定，将每年的7月15日设定为“昆山顾炎武日”，届时开展一系列的庆祝活动。

从2016年10月开始，顾炎武纪念馆暂时闭馆进行改造。这是纪念馆建成以来进行的第三次改造工程，也是规模最大、投入最多、耗时最长的一次改造。建起了两座主体建筑和长廊，纪念馆院落的面积扩展为4500平方米，分为7个展厅，展现顾炎武少年、青年、中年与晚年时期的主要事迹。通过浮雕、绢上手绘等艺术形式，引入投影多媒体技术，将传统元素与现代技术有机结合，以多元融合的方式，展示了亭林先生的生平事迹和著述成果。

2019年7月15日，经过装修和布馆的顾炎武纪念馆重新开放。来自顾炎武逝世地曲沃的以县委宣传部部长为领队的一行数人，以回访的名义和会议参加者的身份参观了纪念馆。100多年前曾为昆山购回顾炎武《天下郡国利病书》手稿的方还先生的曾外孙、旅日华侨朱翔先生特地从日本赶来，向纪念馆和研究会赠送他在日本购得的《顾亭林年谱四种》。

2019年10月7日，为配合国家邮政总局发行包括顾炎武形象在内的“中国古代思想家（二）”一套六枚的纪念邮票，昆山市邮政局与顾炎武研究会联合举办相关活动。连同此前发行过的“中国古代思想家（一）”和朱熹880周年诞辰特种邮票上的朱熹，在中国古代13位思想家中，顾炎武被排在第10位。

到目前为止，由许苏民教授编写的《顾炎武评传》一书，仍然是《中国思想家评传》这一套具有两百册数量的大型丛书中篇幅最大、体量最重、文字最多的。

从1842年12月顾炎武入祀昆山乡贤祠以来，历史已经走过了180个年头，古老的中国也已经走过了封建社会和半殖民地半封建社会的历史阶段，走进了社会主义建设的新时期。顾炎武雕像散见于国内多地。100多年中，一代又一代的昆山的顾炎武研究者，在介绍顾炎武事迹、宣传顾炎武思想、弘扬顾炎武精神方面，在对于顾炎武纪念建筑的逐步完善和改扩建方面，在顾炎武著作、遗物和各种历史资料极度匮乏的不利情况下，多方出击，广为搜罗，深入挖掘，谨慎鉴别，前赴

改造后的顾炎武纪念馆大门

后继，一代接着一代干，为丰富展品、充实馆藏、扩大规模作出了艰苦的努力和重要贡献，取得了举世瞩目的成绩。目前，昆山的顾炎武研究者们，正朝着把昆山顾炎武纪念馆和顾炎武研究会打造成世界级的顾炎武研究资料中心的目标而努力奋斗。

昆山顾炎武纪念馆是国家级爱国主义教育基地，是向广大群众进行爱国主义教育的重要阵地。它从无到有，从小到大，从简陋朴素到庄严雄伟，经历了90多年的时间，见证了中国共产党领导全国人民打败了日本侵略者，建立了新中国，进行了社会主义革命和建设以及改革开放40多年来的辉煌的奋斗历史，它将在伴随我们进行第二个百年新征程的奋斗中，发挥独特的作用。

漫话玉峰三洞

陈柏华

昆山城内的西北隅，有座西高东低的山丘，中间平坦，状如马鞍，故称“马鞍山”。马鞍山“广袤三里，高七十丈”，山虽不高，但一峰独秀于苏沪百里的田畴之上，宋盖屿（昆山知县）在著名的《山图记》中描述，立于巅“俯瞰淞江之汹涌，侧顾阳山之巑岏，朝化暮变，供秀气而清光。指掌之间，四望百里，真天下雄壮奇伟之观”实不为过，素有“江东之山良秀绝”之誉，明苏州文士文徵明赞马鞍山为“东南第一峰”。

历朝历代文人墨士、诗词大家纷至沓来，游山赏景，访古探幽，吟诗作文，题咏留迹，留下了丰厚的文化遗迹。如，唐代著名诗人孟郊生于昆山，其父曾任昆山县尉，自幼对昆山胜境铭记于心，入仕后专程赴昆山至慧聚寺观赏张僧繇所绘壁画，感触良深，即题《苏州昆山慧聚寺僧房》诗；唐代张祜饱览马鞍山的山水美景后，作《马鞍山慧聚寺》歌咏；百年后，北宋著名文学家王安石受朝廷委派至江南巡察，曾暮登马鞍山，夜游慧聚寺，秉烛读孟郊、张祜诗，兴致盎然，欣然命笔，挥毫题咏两诗，与先人唐诗珠联璧合，成千古美谈，流传至今，被后人誉为玉峰“山中四绝”，为马鞍山深厚的文化底蕴添上浓墨重彩的一页。

马鞍山积千年灵气，遍山峰塔亭阁、庙宇寺观、石坊碑刻，名人寝墓林立，古籍记山有“七十二景”。环视马鞍山：山不高，岩峦层叠、怪石嶙巍；峰奇灵，形貌峻峭、体态奇异；洞不大，小巧且幽、富有清趣。峰连峰，洞连洞，其洞有形、有险，遍布山林深处，常吸引好奇者探求

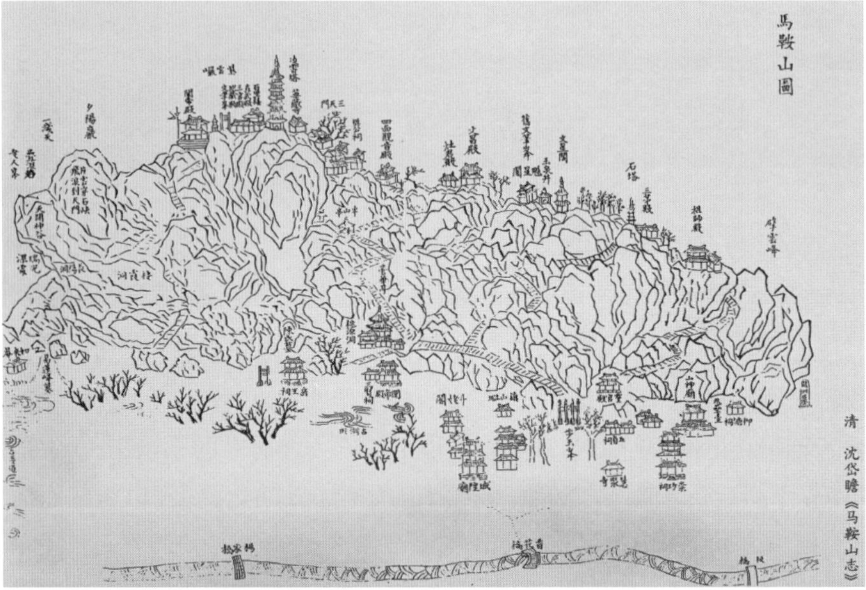

清末马鞍山全景图

访之，尤以桃源洞、长阳洞、抱玉洞著称，先贤不吝笔墨为之有“记”，留下许多名人陈迹，至今仍使游者叹赏之，回味无穷。

桃李掩映桃源洞

桃源洞位于山南的落星潭之北，沿山阶至翠微阁下，洞口朝东偏北，以太湖石垒积而成，在昙华亭旧址边。宋政和年间，诗僧冲邈（号翠微）于此筑庐修行，后由邑人郑准开凿成洞，建阁居之，即以“翠微”名阁，董其昌曾书额“梵音深处”。1984年，昆山县政府重建翠微阁，园林大师陈从周手书“江南园林甲天下，二分春色在玉峰”对联陈列阁中。

郑准，字器先，祖籍河南开封，华原郡王郑居中曾孙。宋建炎三年

（1129），郑氏族因战乱举家随驾南迁，奉母越国太夫人居昆山通德坊。郑准进士出身，家境优裕，气概若儒，素薄于功名，厚于道义，轻财好客，解人之急，有高平范（仲淹）氏义庄之风，出资开凿桃源洞，供人游览观赏。后，洞阁年久失修，风雨侵蚀，“楼阁亭馆，随风雨幻化，惟名载简册尔”。元泰定元年（1324），温州路总管、昆山富商陈志学出资重叠桃源洞，加以整修。

20世纪30年代桃源洞旧影

陈志学，字俊卿，元至正年间人，世居昆山，家世代官宦，家境殷实。志学仪表魁垒，气概轩宇，平生好古，嗜游览胜地险境。史志载：“（陈志学）尝不远千里登泰山日观，上武当绝顶观铜柱，东航海谒普陀大士象，皆若有所遇。至正年间，志学任职晋江，淮兵南下，志学潜走幸免于难；越三年，间走京师，纳数万斛济国，帝旌其义授宣武将军、温州路总管兼劝农防御事。”

时温州恰逢大旱灾年，饥死者相枕藉，饿殍遍地，惨不忍睹，志学莅任后，即开仓济民，以私币计收贫民雇役，一时周边诸城灾民趋之如市城，灾情得以缓解。志学日夜操劳，夜不能寐，元至正二十一年（1361），遽于疾终于温州，孙男奉函骨航海归，落葬于马鞍山先茔之左，长子逢祥拜于元词大家杨维祯门下，求师为其父作《墓碣》：“志学有禄位，不幸卒于海邦数千里外，贵与富不两完，富不以私，补我国漕，赈我岁饥，尔兵尔农，保障立梁，倾其家产，诚力可敬。”

马鞍山盛产玉石，名贵稀罕，颇有价值，常有好事者上山挖采，桃源洞内玉石奇脆，经凿之取石后，久之山洞不支，逐渐倒塌荒废。

明正统年间，县人戴恂出资，在昙云亭故址建小殿，奉玄武神。恂子经熟研阴阳占卦之术，授仕在家，受父命修治桃源洞，恢复前景，并环绕洞口，遍植桃李花卉，自此，每逢春暖花放，粉红的桃花和雪白的李花竞相绽放，争奇斗妍，掩映于苍松岩壁之间，煞是好看，故称该洞为“桃源洞”。今日洞口仍悬有“桃源洞”额，数百年未变。

明弘治初，杨子器任昆山县令，利用政暇休闲之日，曾多次登临马鞍山观赏美景。当游览桃源洞后，对洞情有独钟，于是题额于洞，因旧称“洞”，故仍用旧名。戴恂子邀请杨子器作记，杨欣然应允，《桃源洞记》才留于后世。

杨子器，号柳塘，浙江慈溪人，明成化年间进士。于弘治年间初任昆山县令后，即察民情，重安宁，倡导扶善锄恶，一时社会安稳，百姓乐业。杨子器尤其注重开化教民，地方有好学优异者必择之亲加督促、教习，路过塾馆必停车至学校取童子课程考问之，并督师加强施教，以免误人子弟；政暇时，常与邑中耆儒沈鲁等研习儒学经典，探研时政利弊。他倡教化、反异端，曾撤毁淫祠多处；对邑内先贤极为尊崇，修葺故宅旧祠，成为百姓开启心智、敬仰教化之场所。杨举力在石浦真如观建祭祀宋参政知事、状元卫泾，明副使张和，侍郎叶盛的三贤祠；在县学宫右建安节先生祠，祀明处士龚栩并作记；在马鞍山鬼垒坛下建野鹤轩，修刘龙洲（刘过）墓。为弘扬先贤高风亮节，教化百姓作出不懈努力。主昆三年后以父逝世而去职，后调常熟任职，接着官至河南布政使，最后卒于任上。昆山百姓感其恩德，将杨子器列入昆山孔庙名宦祠，供春秋祭祀。嘉靖初，邑民请求巡抚陈凤梧于玉峰南麓山神庙为杨祭祀，清初改作“柳塘先生祠”，后毁，今亭林园东桂花园中的木犀双亭即为杨祠旧址。

昆山县令杨子器进士出身，精通文墨，治邑史料娴熟于胸。《桃源洞记》开篇抚古，追忆昆山邑名由来。自宋元以来，山上亭台楼阁、峰塔岩洞随风雨幻化，唯在史册记载上留下痕迹。旧地登山游览的杨子器惋惜、伤感之情油然而生。

接着，记述登山寻洞之经过。一日，杨子器自山阳放松脚步，沿山阶而上，略向西，见一山间平地即为翠微阁旧址，至今已荡然无存，从坳处沿石阶而下蛇行入洞；洞以太湖石垒积而成，向南立石，晶莹透亮，泛着光亮若窗棂，洞内石室圆若瓮牖（状似陶器图形盛物皿），洞深幽远且小，仅可纳一人打坐诵经（多有僧和信男在洞内修行），循石上下纡回，“历洞腹，从西出，延袤数十丈，洞历经百年，洞石奇脆，晶莹透亮，谓之名石，为有力者取去收藏、鉴赏，洞力不支，颓塌荒度”，记述洞内所见甚为详备。

接着，作者概述修治废洞及洞名来历。明正统年间，邑民戴恂出资修缮岩洞，并在翠微阁旧址上建一小殿，于洞内修行，可惜洞尚未修竣即逝去。其子戴经遵父嘱继续委人修治，以恢复前景，绕洞口遍种桃李。冬去春来，大地回春，山间一派勃勃生机，所植桃李竞相开放，桃红李白掩映在苍岩翠壁之间，成佳胜美境。杨子器政暇登山搜奇选胜，题诗刻石，沿用“桃源洞”名，戴经延请杨为游洞作记，杨子器应允后却因父丁忧离职返乡，作记无果，甚为憾事，但多年来始终挂念于心。

旧时，游人游桃源洞旧影

最后，交代作记遂愿于结尾。杨子器游洞六年后调任高平知县，有幸调任常熟考功事，专程来昆重登马鞍山，在桃源洞纵目远望，美景如常，往事清晰在目，追忆作记之诺，欣然命笔作《桃源洞记》，时年弘治十一年（1498）冬十一月。

《桃源洞记》开篇举证昆山邑名变更、先贤史迹，展示马鞍山浓厚的文化底蕴；再记述登山观洞、赏景悦情的游程，让人读后仿若与其同游；然后表达对洞之坍废、久未修复的遗憾之情，对邑民热心出资修治旧迹的义举寄予厚望；最后陈述作记缘由。全文一气呵成，涉及有关人、事、史迹幸留至今，成为今人游览桃源洞的导游“图”。

百年后，戴经后裔、清时戴溶登马鞍山游桃源洞，作《游马鞍山记》述：“取道仍向所来路，更过昙华亭，亭张如盖。下故桃源洞，我家有百岁翁（戴洵）栖隐所也。杨子器记其中可布席，绕洞桃花数百株，今皆非故矣，慨焉。”（文载清光绪《昆新两县续修合志》）

日光普照长阳洞

长阳洞位于马鞍山西山坡。山之西部，危岩险峰、峭壁斗石、嶙峋巨石、飞阁奇峰达数十处，奇石、幽洞遍布，移步换景，峰回路转，窈窕静深，尤引人入胜。长阳洞上方为石壁数仞一线天、怪状万千可眺落日之夕阳岩；峰下群豕石上有相传为苏东坡所题刻的“天开神谷”；正南幽邃凿“瑞光深处”的栖霞洞。长阳洞旧名“华阳洞”，又称“斜阳洞”，明昆山县丞刘谐议称“长阳洞”，任职期间登山游洞作《长阳洞记》，著名诗人、书法家俞允文为纪念刘谐题石曰“刘公洞”并作诗以记之。

刘谐，麻城人，明万历年间任昆山县丞（昆山方志记述其生卒、仕途、辅政治理所载甚少），在职期间，喜乐游邑内山水胜景，好文墨，作多篇记述治内诸景，人尊称其“刘二公”。

俞允文，昆山人，字质甫、仲蔚，父明正德年间进士。允文12岁父卒而孤，虽然家贫，但有文名，以孝贤闻于乡里和亲友。少年聪慧，好为诗文，年仅15岁时作《马鞍山赋》，耆宿俊儒读后均器重之，后经乡贤推荐任郡诸生。母殁后，即辞去诸生，一意闭门读书、练字。允文闲暇时常与邑内名士张寰（明正德进士）等研习诗文，至诗社，常被社主推为座上客。时“后七子”之首王世贞素“文人相轻”，不可一世，但与允之相识后，却敬重有加，情意相投而成忘年交，并将允文列为诸子之首，于是允文在士林中声名鹊起。后，允文中年时患头疼顽疾，终岁

长阳洞附近的一线天景观

20世纪30年代长阳洞旧影

不至公庭，时有士林友人造访，仅留舟中答谢而已。允文平时与县丞刘谐交往从密，诗文互有对答，尤对为乡邑山水胜景作记、为诸景题额感兴趣，曾作《赠刘二尹开马鞍山诸洞十绝》，留下珍贵史料。允文殁后由王世贞为其撰写墓志铭。

明弘治十二年（1499）进士、官至太仆寺少卿的文学家都穆在正德十一年（1516）偕文人雅士畅游马鞍山华藏寺诸景，题碑石留念，谓昆山“三绝”：仲蔚（俞允文）诗、熙甫（归有光）文、子宾业。对允文评价甚高。

《长阳洞记》全文分四个部分。第一部分从开头至“意闲且适”。开篇记述刘谐自赴任昆山，多次登马鞍山巅，凝视远景，虽山路崎岖，仍不止步，兴趣盎然，政务繁忙之暇登山，调节心情，自觉意闲舒适，有导入游长阳洞心情愉悦、言简意赅之效。

第二部分从“偶西岩一洞”至“天下之美尽在是者”，记述畅游长阳洞之远眺所见。刘谐登西山坡偶遇长阳洞，洞狭径曲而入，洞内却有数丈之阔，洞南石壁透明，俯视山脚平地，只见山下人在慢慢移动，葱郁林木仅见树梢，城池砖墙犹如一条丝带环城而绕，田野、房屋、河道，随大地所托而随浮云向上飘移。而洞口西侧，则峭峰矗立，奇态各异，绿树环映，青翠秀绝，若郑旦、夷光之玉环，喻之也为之妒忌，要离、专诸藏器之锋利也为之寒栗，可与季扎、子游所佩玉簪相比，而游者刘谐在此山高路险曲径之处，仍可迂回上下，畅游赏景，天下之美也不过如此，尽在其目之所及也。刘谐用历代名士典故衬托登山观景喜不胜收，引经据典，信手拈来，隽永传神，有景有物，有山有峰，记叙翔实，十分传神。

第三部分从“有客曰”至“而揽余之默存也”，通过作者与“客”对答，展示作者对自然万物与人生哲理的深刻见解，是全文精华所在。中国古代流传至今的经典游记中，不乏借景生情，抚今追昔，抒发对人生、万物的感慨，揭示哲理者。北宋苏轼游赤壁，与“客”对答即景生情，借景明理，成千古名文；刘谐在文中与“客”对答，透析人生，与苏文有异曲同工之妙。

陪同刘谐游洞之“客”谓谐道：兹望姑苏，依约青霭中，回注巨海，苍苍茫茫，无际可睹也。“客”认为百里外姑苏城掩没在雾霭中，而大海茫茫，横无际涯，城海均不可睹，你刘谐何以“意闲而适”？刘谐笑而回之你这是无知否？你实在不知，世界万物均无边无际、无穷无尽，而仅“适于性、率于命”。古时长乐、安阳诸士气势雄伟，豪华无比；鉏山、鸥波兵戎相见，建立霸业，而千年后，丽宫荡然无存，霸业已成历史陈述，这又与文人骚客有何关系？而今日之所见浩瀚江面，明月初坠，青葱林木，翠鸟啼鸣，此等景色万世长存，为吾辈享用。今吾端坐于岩洞之中，未觉蟭螟（小虫）之竟，又怎知世间美有大小之分乎？今人视目之所见有限，然眼前所及青翠绿树、水流绿波，均如凌空而出，这不是海上挺拔尖而高的泰山吗？“至人之所居，自非橐籥五行，而得一还虚，其孰能形化神飞乎天地之外哉？”人之所常居，身非乐器奏乐详尽五行，今得赏实景，还予虚空，怎么能身居实境而神思脱离天地之外乎？“客”之所言，“只益妄也”。

刘谐以古论今，古之丽宫、霸业均物有其主，非吾辈之所与，自当一毫莫念莫取，而江上明月、山间翠树，取之不尽，用之不竭，是自然给予吾辈之共享用，是大自然给予吾等的恩赐。刘谐以自然为乐、为情，正是对家乡美景的赞美，陶于自然，怡于心情，超脱世间纷繁，安享现实人生，正体现了作者处世显现积极、乐观之态度。

第四部分从“夫惟是乾坤垂象”至结尾，以长阳洞名之缘由作结。长阳洞旧名“华阳洞”“斜阳洞”，洞名均与阳光照耀有关，而刘谐偕趣游之，深感太阳在晨曦而出，有山间云气相依，虽至日西，阳光仍夕照洞岩，即使天气微阴，或至傍晚，岩洞也深含阳之精华，整座西山也为之透亮，岩洞适居其处。不论阳光普照，还是夕阳西临，岩洞均笼罩在万道阳光之中，终日不断，故岩洞以“长阳”为名适宜。最后点明游记作于明万历七年（1579），作者为麻城刘谐。

全文以刘谐陟山不辍、意闲且适起篇，登山远眺城邑美景，尽述天下之美尽收眼帘，再以与“客”之答话表述天下万物尽有主，非吾则一毫勿取之意，而眼前景物与日月共存，吾辈尽情享受，能超脱凡俗，形化神飞出于天地外，最后以为洞取名缘由作结。全文有景有物，有人有情，有思有感，一气呵成，不失记载家乡胜景之佳作。

晶莹剔透抱玉洞

抱玉洞在马鞍山西芙蓉岭下、玉泉井西。马鞍山之西部，危岩险峰，峭壁陡岩，巍峨巨石，纵横石径，怪石幽洞，比比皆是。芙蓉岭俗称“箬帽岭”，在西山顶部，高数十丈，奇石叠嶂，或起或伏，远凝荷叶，近若芙蓉，故名。玉泉井在山顶中部，宋淳熙七年（1180），邑人徐守仁、僧妙因开凿，深达30米，初名“雪井”，井水清冽而甘醇。明成化间，邑人张绅提出玉以山为名，泉也从山之出，亦可以山名之，遂更名为“玉泉井”。数百年来，井屡经湮没重浚，今不复有水，遗迹犹存，建“玉泉井”石碑于旧址。

抱玉洞原为梁僧慧向禅师所筑石室，以供修行禅坐、居住之用，后，寺僧感念慧向禅师开室之功，雕刻其石像列于洞中。明万历年间，

今日玉泉井石碑

抱玉洞文保石碑

县丞刘谐将石室易名为“抱玉洞”（洞名沿称至今），并由书法家俞允文题额（今失）。“文革”期间，石像被毁，仅存残躯横卧洞中，石洞也被毁荒废。“文革”结束后，亭林园重修了抱玉洞，延聘匠工，刻制慧向禅师头像，复其原貌。昆山民众甚为笃信，每逢初一（朔）、十五（望）来此烧香敬祀者甚众。1997年，被定为昆山市级文物保管单位，洞口有石碑标之。

明万历初，县丞刘谐登马鞍山游抱玉洞后，作《抱玉洞记》。前半部分叙事、写景，讲述登山缘由及远眺昆山胜景所得。刘谐登上马鞍山顶叙述山百里平川、一峰独秀的独特地理位置：“昆山周围百里，毕平沃，独城内一山，兀然突起。”山之东西如雉堞，而中部平坦，有诸多井洞，山之马鞍形突出。面对如此奇境，来自麻城的刘谐在繁忙政务之暇，摆脱案宗之累，整理登山行装，除去官袍“鹤氅杖履”，在好友、随从的陪伴下登山以悦心情。刘谐一行随山间小径曲折而登，来到芙蓉岭，环视四城，极目远眺，豁然开朗，昆山美景尽收眼帘：“飞阁奇峰，若巫峡峻拔；巨石婷婷，若太行直矗。虽无飞瀑湍流，然环城秀水，萦带绕映，皆山所吞没，佳胜自不俭也。”

这是一幅江南水乡精美绝伦的画卷——西峰凌霄塔高耸入云、飞檐雄伟；文笔峰、妙峰塔壮观东南，屹立山顶，如长江险滩中巫峡高

20世纪30年代抱玉洞旧影

峻挺拔；老人峰、紫云岩、夕阳岩怪石嶙峋，峰峦层叠，却又千姿百态，形态各异，犹如山西太行直矗，拔地而起。山虽不高，无急流湍瀑，但俯视山下，娄江、致和塘条条细流，清澈透亮，在阳光映照下，泛起银白水纹，犹如一条条玉带环绕城而过，种种美景秀而丽，尽显江南水乡特色。面对此胜景，连身列官宦、平时衿重的刘谐也禁不住手舞足蹈，放纵一下，“不俭”也。

文章的后半部分，刘谐重点叙述游洞所见及山洞命名缘由。刘谐一行自芙蓉岭石阶下，过玉泉井西，在山岩间见一石洞，室较狭窄，见一僧打坐，刘谐入洞与之招呼，与僧面坐交谈。得知此洞自梁朝始建，已达数百年之久了，虽屡次坍塌，但始终有僧居此，在枯灯陪伴下打坐求佛。为何佛之祖师业宗无，而清心寡欲僧者必有之？僧答：“无有而必有也。”何故？刘谐发现洞深不见底，潮气逼人。“长风可沁心肺，毛骨翛然，气与虚俱。”遂退至洞外，思索再三，将禅洞题名“抱玉”，沿用至今。

刘谐熟读经典，为何将洞取名为“抱玉”？他在与“客”的答话中讲述了取名缘由，是对历史和人生哲理探求的彻悟。刘谐以流传千古的和氏璧故事晓今：战国时，楚人卞和于湖北荆山玉印岩洞（又称“抱玉岩”）采得稀世宝石，“孰石而玉如璞也”，和氏将石先后献至楚厉王、武王，均被疑为石，而被刖双足，和氏抱璞在抱玉岩下泣血三日三夜，楚文王遣使者问和氏何故如此伤悲，和氏答道：“吾非悲刖其足也，悲宝玉视之为石，忠贞之士而名之为狂，以吾所悲也。”文王使人理其璞，果得其宝，玉石层叠，晶莹闪亮，恍若白云攒集，乃稀世珍品，遂命名为“和氏璧”。后，楚欲与赵国通婚以结永好，将璧赠与赵国，成镇国之宝。秦昭王恃强，谓赵王假以十五城易之欲取璧，舍人蔺相如临危受命出使秦国，知秦无诚意，在强敌前，相如引璧睨柱，及叱秦王左右，一奋其气，威信强秦，出使不辱于诸侯，维护国之尊严，终使“完璧归赵”。和氏璧悲壮曲折的动人故事在中国流传千年，古代君子对玉情有独钟，玉经常被用来比作美好的物和高尚的人。孔子曾言：“玉之美，如君子之德。”对君子与玉的相通之处作了精妙的剖析，玉的晶莹透亮、洁白无瑕，象征人们追求温文尔雅、光明磊落的高尚品质，刘谐将洞取名为“抱玉”，在与“客”之所答中作出了明确的阐述：“乃余所谓抱玉又石在是忠信笃敬，州里蛮貊，圣人所恒抱虚极静笃性命双修，神人所恒抱。夫神圣，则余未能随寓祛尘豁坌，余将欲抱混元而毕余志。”

圣人与刘谐（凡人）抱玉的目的、追求不同：圣人抱玉谓之忠信、追求完美，仰慕玉之高洁、珍贵（如和氏、蔺相如），甚至为护玉可牺牲一切，包括自己的性命，是抱“有”之玉；而刘谐将洞取名“抱玉”，希望每个来洞游览之人，甚至乡里“蛮貊”之辈能有玉之高洁、晶莹，不沾染世间恶俗，寄予“祛尘豁坌”之心，希望除世间尘埃、净化心灵、崇德向善，世风旧俗为之一变，还世间清明，这是“余”（刘谐）毕生追求之志向，也是他将洞取名为“抱玉”之良苦用心。文之主旨为之升华。

刘谐所作《抱玉洞记》，开篇写登山远眺昆山美景，呈现了一幅江南独有的山水美景画卷，但作者着重以景抒情，通过为洞取名，以史上和氏身刑泣血、凿璞取玉，相如浩然正气、不畏强暴维玉之完善，表现古人以玉为稀、以玉为贵，羡其高洁。刘谐以较大篇幅阐述取名“抱玉洞”本意为“祛尘豁坌”、开化教民、剔除旧俗、追崇高洁如雪的美德，是“毕余志”。刘谐官不显贵、位不尊，仅为县城一小吏，却钟情山水、心忧百姓，用游山述记抒其志，今日读之也颇受启迪。

马鞍山为江南风景胜地，昆山地区人文荟萃、文脉深远，千百年来，文人雅士、诗文大家在此吟诗作文，描绘山水胜境的佳作不胜枚举，不乏咏马鞍山岩洞之诗文，读之令人回味无穷，择要介绍：

宋冲邈游马鞍山作《翠微山居诗二十五首》，对山之岩洞倍加赞颂，其有诗云：

踏石穿山一老僧，白云为伴水为朋。
通宵只在洞中宿，月上青山便是灯。
人生在世急如风，昨夜今朝事不同。
不信但看挑李树，花开能得几时红。
霜飞峭壁野猿惊，手把松枝照月明。
知有石龛僧入定，朝来不足断肠声。

明诗人俞允文不仅为诸洞题额，慕刘谐题长阳洞为“刘公洞”，并撰写《赠刘二尹开马鞍山诸洞十绝》，录其数诗以赏之：

仙吏闲从物外游，岩如青琐石为楼。
令人忽忆羊司马，在国高怀系岘邱。

梁公南望陇云篇，恋阙还开小有天。
初种碧桃千树满，刘侯无意琐闱眠。

洞比华阳分外奇，更寻蓬阆劈云支。
夕阳欲下鸟飞去，应有仙人来弈棋。

苍崖翠壁依清晖，叠浪轩留胜迹稀。
不是刘侯贪辟谷，乘凫欲傍帝乡飞。

双屐东山拟谢公，云门隔海路难通。
桃源浪说秦人事，蜀国还归汉苑鸿。

明朝诗人张銮对马鞍山胜境题诗八首，其首诗描述的即桃源洞：

谁点苍崖胜，桃源小洞天。

拂枝深夕露，卧石起春烟。

辟霭珠花度，萝寒玉乳涓。

攀缘幽窦黑，疑别有山川。

明末清初奇士归庄在《马鞍山三十韵》也描述岩洞之幽境：

乘此探幽好，兼之眺远明。

桃源窥洞窄，凤石叩声铿。

亭林公园东南大门南，石牌坊花岗岩大方柱背面两侧镌有乡贤、上海《新民晚报》原副主编冯英子的撰联，上联为“亭亭秀秀此间洞幽桃源阁胜翠微”，下联为“林林总总是处莲开并蒂华结琼瑶”，横额“一峰独秀”，由著名书家张森题写，游人常驻足欣赏。

马鞍山生成年代久远，是长三角平原古老的岩山，受地壳运动的挤压和岩浆活动的烘烤，产生许多洞岩，遍布山林。经考证，山上除上述三洞外，还有山东麓的水帘洞、连环洞，山中部的朝天洞，妙峰塔下的朝阳洞，山西部的栖霞洞，老人峰的蟹壳洞，紫云岩的定风洞、黄沙洞等。这些岩洞年代久远，洞内坍塌，贸然进入易生险情，再加上马鞍山特殊的地理位置，西区山被又划为军事禁区，国防守卫十分重要，许多岩洞实施封闭，禁对游人开放，这些岩洞成为历史的记忆。

笔者幼时放学闲暇，常喜随学长登攀马鞍山涉探玩岩洞之乐趣。山东侧水帘洞是我们探访的第一洞，学长点起用松树枝扎成的火把在前引路，我们年少的跟随其后，洞甚宽敞，不需弯腰就可直走，地上湿漉，偶有冰凉水珠沿顶落下，入洞后渐幽黑，伸手不见五指，只能紧紧抓住学长衣襟摸黑前行。不久，光亮渐至，阳光射进洞内，走出洞口，豁然开朗，望着山下东斋，开心异常。最难忘的是爬蟹壳洞，此洞名不虚传，刚入洞时还能弯腰前行，摸着岩壁前行，渐渐洞越来越逼仄，人不能弯腰行走，只能伏在地上匍匐前行，身体紧贴潮湿黄泥，背上岩壁仿佛要坍下来把人压住，恐惧几乎使人喘不出气来，冰凉的水滴在脸上，出洞口在何处又不知，心生惊慌，只能按来路悻悻出洞。一身黄泥，回家免不了父母的一顿责怪。在桃源顶与同学嬉玩时，常远望山北无际四野、波光娄江河，听长辈说，桃源洞可通常熟一山洞，两地隔山隔水，两洞如何相通？我终不得其解。70年岁月已逝，但童年登山探洞之乐趣、好奇涉险之经历至今仍历历在目，难以忘怀。

昆曲名伶陈圆圆

周长江

如今昆山娄江西大桥南堍一带，呈现在眼前的是城市现代化的繁荣景象，到处是车水马龙，到处是高楼林立。让我们乘上时光列车返回至400年前的明末清初，那个风云激荡的年代。这里原是昆山城丽泽门外娄江南岸一个叫“盆渎村”的地方，历史上富有传奇色彩的昆曲名伶陈圆圆就生长在这里。让我们一起回望这位江南女子在惊心动魄的人生际遇中所表现出来的才识和智慧，特别是在昆曲舞台上艺盖群芳的惊艳传奇。

陈圆圆与昆山

陈圆圆生于明天启三年（1623），卒于清康熙三十四年（1695），原姓邢，名沅，字圆圆，又字畹芬，明末清初人。她的出生地众说不一，常见的有常州奔牛镇、苏州四亩田和昆山盆渎村三个地方。

乾隆《武进县志》载：“圆圆金牛里人，姓陈氏，父业惊闺俗称陈货郎……”金牛里现属常州奔牛镇。陈氏父亲是个走街串巷的货郎担，是以小商贩为职业的平头百姓。

清代同治年间，吴江人凌莘庐、谢家福编辑的《五亩园志余》记载陈圆圆出生于苏州四亩田：“陈圆圆父邢三，住四亩田，生圆圆时，群雉集屋，因呼为野鸡。母姨陈，俗所称卖瘦马者。母殁，依之，遂陈姓。”陈圆圆的父亲邢三家住苏州四亩田，母亲生她时，邢家屋头有许多野鸡聚集在一起。陈圆圆的姨母姓陈，以收养穷人女孩加以培养而出卖给富家为生。圆圆母亲亡故后就寄养给姨母，于是改为陈姓。

清代乾隆年间，“鹿城（昆山）一墨生”所写的《圆娘娘外传》中叙述：“圆圆，昆山城坟渎村人，父母早亡，依姑母为生，生辰之日，枯莲现并蒂……”陈圆圆，昆山城南坟渎村（后改为“盆渎”）人，出生时，屋前池塘里一棵枯萎的莲枝竟然盛开出并蒂莲花。后来，陈的父母双双亡故，她跟随姑母一起生活，留下一段难忘而又珍贵的人生启蒙和成长的经历。

笔者认为，陈圆圆出生在常州，生活在昆山。在明代的天启元年（1621），常州一带闹水灾，祖籍在常州奔牛镇的陈圆圆父母离乡投亲来到昆山，落脚在昆山丽泽门城郊盆渎村的亲戚家。盆渎，原本是河浜名。“渎”指小河流、小水渠，“盆”就是地形像盆子一般，说明这里的地势低洼，居住条件差。“草屋里飞出金凤凰”，这个名不见经传的盆渎村凭借陈圆圆而声名远扬，影响至今。

陈圆圆父母安顿下来以后，在村口搭起两间茅草屋，开了一家杂货店谋生。当时，陈圆圆父母算得上是“新昆山人”了。天启三年（1623），陈圆圆出生之时，家门前的荷塘里，一株早已枯萎的荷梗盛开出一朵鲜艳粉红的并蒂莲花。这一异样，是不是预示着这个刚出世的婴儿将来一定是非同寻常之人？

不久，陈圆圆父母先后亡故，好心的姑母将她收养在身边。陈圆圆生来聪明伶俐，勤奋好学，深得姑母一家人的爱怜。岁月不居，光阴流逝。陈圆圆渐渐长大，姑母为了让她找个好人家，做个好媳妇，开始教她学做针线、纺织、刺绣一类的女红。一看相貌，二看女红，是那个年代要找个好丈夫、好婆家的前提条件。

陈圆圆天赋极高，心灵手巧，一看就懂，一学就会， 年四季把姑母一家人的穿戴及日常所需料理得周周到到，将他们伺候得服服帖帖。不但如此，陈圆圆还把自己打扮得漂漂亮亮的，鹤立于周边同龄

陈圆圆画像

的少男少女，引来村里村外一片爱慕的眼神。盆渎村的陈圆圆凭着貌美和手巧成了昆城老少皆知、家喻户晓的人物。

当时，昆曲盛行于昆山城，几乎是家家唱吴歌、户户响南音，城里的百姓十之四五家就有学昆山腔的，民间素有“千家养女先教曲”之说。在这得天独厚的浓烈的戏曲环境的熏陶下，陈圆圆痴迷着被尊名为“国乐”的昆剧（昆山腔）。村上人逢年过节、迎亲送丧时，邀请昆山城里的昆戏班（昆剧堂会）前来演出昆剧节目，陈圆圆总是站在台前从头至尾看个够，不时还跟着学唱几句台词，学做女角色（旦角）的桥段。稍有空隙，她便跑进城里的茶馆听曲学唱。渐渐地，深藏在陈圆圆心灵之处的艺术细胞被唤醒、被激活……

这一年，昆山城里有名的玉峰昆戏班的周班主来到盆渎村走亲访友，顺便为戏班子物色新人。乡亲们举荐说，豆蔻年华的陈家姑娘（陈圆圆）口齿清楚、相貌出众，是一个唱戏演戏的好苗子。陈圆圆一启嗓音，一展身姿，一下把周班主给震住了，他当场将其收下。陈圆圆进入昆山玉峰昆戏班，开始接受昆曲演员角色的习练。拳不离手、曲不离口，没出几年，陈圆圆一跃成为昆山城昆戏演唱女角中的佼佼者。昆山知县久慕其名，常常将其招至县府，听陈圆圆唱上几曲，过一把戏瘾。陈圆圆不仅唱功了得，缝衣刺绣也是一把好手，深得知县一家人喜欢。昆山知县让陈圆圆留在府上，一边让小姐（知县女儿）跟着陈圆圆学做穿针引线的女红，一边让陈圆圆跟着小姐识字读书。颇爱附风趋雅的知县时常在府上举办曲会，天生金嗓子的陈圆圆登场，亮嗓放歌，艺惊四座。

陈圆圆与吴伟业

明崇祯十二年（1639）的阳春时节，陈圆圆的人生出现了转机。在京城里当官的吴伟业从家乡太仓路过昆山准备返京，他特地拜访昆山知县。为了讨好这位朝廷高官，知县摆酒饯行，请人唱戏助兴。吴伟业（1609—1672），字骏公，号梅村，祖籍昆山，出身于江苏太仓的富商家庭，他是明末清初的著名诗人，曾担任明、清两朝的官员。吴伟业十分喜爱昆曲，度曲清唱样样精通。酒席间，知县请出陈圆圆唱曲助兴。这时，陈圆圆已是大姑娘了，出落得姿容美丽，楚楚动人。一身戏装，分外艳丽夺目，一启朱唇，声质婉约圆润，一下子把吴伟业给迷住了。他听完陈圆圆唱的一段昆曲后，被她的声色所吸引，连连击掌叫好。他惊叹昆山城有这样一位昆曲唱得好、人又长得俊的大美人。如果得到更好的深造和教养，假以时日，陈圆圆必定可以跻身江南名伶之列。席间，吴伟业问起陈圆圆叫什么。陈圆圆回道：“吴官人，民女姓陈名沅，三点水的沅。”吴伟业听到声如珠玉、看到面若圆月的陈圆圆，乘兴之时，就帮着陈圆圆起了同“沅”读音相同的“圆圆”的艺名，从此，陈圆圆以此艺名行世。

吴伟业画像

曲终人未散，喜欢吟诗唱曲的吴伟业陈情知县，挽留陈圆圆，一起品茶闲聊。其间，吴伟业以度曲填词的形式与陈圆圆交流。两人先是玩起了出对子的游戏。吴伟业先出上对“吃面靠汤”，陈圆圆马上答出下对“唱戏靠腔”。吴伟业出有关演戏的问题：“戏班子外出叫‘跑码头’，那么你们演员更换演出戏服叫什么？”陈圆圆不假思索地答道：“昆山人叫‘换行头’。”就这样十来个一问一答，始终没有难倒陈圆圆，这让吴伟业对陈圆圆刮目相看，大为欣赏，萌生了爱慕之情。昆山知县生怕陈圆圆被这个大才子难倒，乘着空隙，对着吴伟业说道：“吴大才子，这下可轮到陈圆圆出上联考考你了，怎么样？”恃才傲物的吴伟业当然不会示弱，借机还可以显摆显摆自己的才华。陈圆圆早就胸有成竹，她把昆山城里的酒坊桥、通河桥、无不利桥三座桥名连起来，出上联：酒坊通河无不利。吴伟业一时竟对不上来，感到十分羞愧，这位大才子只得在无名小女子陈圆圆面前甘拜下风，认输受罚，在众人面前出了一个不大不小的洋相。时辰不早了，知县为吴伟业打了圆场，两人一笑拜别。由此，吴伟业和陈圆圆两人结下一面之缘。在吴伟业的牵线搭桥下，陈圆圆离开昆山城，前往繁华的姑苏城桃花坞，在昆曲更加盛行的姑苏城接受全面系统的昆曲演唱做功的训练，又涉猎琴棋书画，尝试吟诗填词。具有超强天赋的陈圆圆能歌善舞，色艺盖众，赢得了“昆曲名伶”的美誉，这其中，离不开昆曲前辈的言传身教、同龄艺人的交流切磋。昆山给了她得天独厚的良好传统熏陶和人文环境涵养，使其成长、成才。

在陈圆圆同吴伟业相识后十年，大明江山易主，关外清兵一统中原。在明亡后长达十年的时间内，吴伟业一直隐居乡里，游山玩水，遍访好友，写下许多脍炙人口的诗文。其中代表作有《圆圆曲》，以陈圆圆为题材，反映山河易主、故国沦亡、物是人非的众多变故，描写动荡岁月中人物的人生画卷。吴伟业写就了可与《长恨歌》相媲美的《圆圆曲》，由此奠定了他在中国文学史上的地位，留下了“恸哭六军俱缟素，冲冠一怒为红颜”的千古名言。所谓“悲愤出诗人”，就是这个道理。

清顺治六年（1649），吴伟业为了写就《圆圆曲》，再一次私访昆山，浏览昆山城，寻访盆渎村，拜会玉峰昆戏班，了解和搜集陈圆圆早年生活、演戏的素材。吴伟业同时寻思着十年前没有对上的陈圆圆出的上联。一路走过，一眼望去，历经世事动荡的昆山城时过境迁，百废待兴。无限的感慨涌动不息、满腹的惆怅却上心头。吴伟业漫步昆城街头，历数桥名坊址，见识街巷弄堂。他细细辨别，反复斟酌，灵机一动，惊叹一声："有了！"他将果老弄、管家弄、东太平弄联成一句，对出下联：果老管家东太平。如果请上八仙之一的张果老管家，东家当然太平无事了。于是"酒坊通河无不利，果老管家东太平"这副由陈圆圆、吴伟业联袂完成的对联一直流传至今，传为昆、太两地的美谈。

陈圆圆与昆曲

1919年，昆山国乐会的昆曲社团历经数十年之功，集合数百出曲剧，精心编辑出刊了民国建立之后的第一本昆曲工尺谱——《昆曲粹存初集》，其中序言里引用了清初陆次云《圆圆传》中对于其的赞美："声甲天下之声，色甲天下之色。"陆次云（1636—1699），浙江钱塘（杭州）人，著名诗人、文人。与陈圆圆同时代人。陆次云是昆曲的发烧友，度曲填词是其平生一大爱好。这"声甲天下之声"特指盛行的昆曲之声，形容"玉峰歌姬"陈圆圆唱的昆曲是天下人间"第一好声音"，后再添补一句"殆非溢美"，应该不是过分夸张的赞美。陆次云这样评价应该是真实和可信的。

在明朝，要想跻身上层社会，结交权贵富家，显示身份象征，度曲填词是文人必备的"进门钥匙"。普通无名小辈唱演昆曲可以改变命运，当作人生华丽转身的"敲门砖"。陈圆圆学戏后，凭借天资聪颖，苦学昆山腔（昆曲），兼顾南戏弋阳腔等诸多流派，唱念俱佳，能歌善舞，达到了貌冠群芳、艺盖同行的程度。机会是留给有准备的人的。有一次，《西厢记》中的红娘扮演者因故不能演出，一时间找不到合适的人，陈圆圆自告奋勇顶替上台出演红娘。一位艳如桃花、莺声呖呖、俏皮动人的小丫鬟红娘出现在了舞台上，让观众看得如痴如醉，掌声雷动。凭借红娘这一角色，陈圆圆崭露头角，一举成名，声名鹊起，昆曲界的一颗明星冉冉升起。陈圆圆挂起了“玉峰女优陈圆圆”的招牌，很快在苏州、南京成为达官贵人争相邀请的大明星。有史料记载：陈圆圆身价极高，凡侍一宴须五金，为度一曲者亦如之。即使如此，那些王公贵族、达官富豪、风流才子还是接踵而至，陈圆圆门前大有车马盈门之势，盛极一时。

除了陆次云对于陈圆圆作出极高的评价，与陈圆圆同时代的邹枢、冒辟疆等江南文人名士都曾亲睹她国色天香的丽质，倾倒于她扮相极佳的红妆，对于陈圆圆曲尽其妙的昆曲演艺，更是不惜笔墨地给予“冠绝一时”“观者为之魂断”等赞赏。

邹枢，江苏吴江人，生长于明末清初。其著写的《十美词纪》成书于康熙二十年（1681）。其中有对陈圆圆的描写：“少聪慧，色娟秀，好梳倭坠髻。纤柔婉转，就之如啼。”年少时聪敏灵慧，相貌清秀美好，善于打扮，喜好扎一种坠髻发型（盘在头顶或脑后的发结），演唱昆曲诸腔“纤柔婉转，就之如啼”，感染全场，直指心灵，观众听着不禁纷纷流泪低泣。《十美词纪》中记载陈圆圆演《西厢记》中的红娘角色“体态倾靡，说白便巧，曲尽萧寺当年情绪”。秀美的扮相、委婉的唱腔和巧便的说白，让观众如痴如醉、为之折服。明朝时，达官富商均有邀请或供养昆曲戏班、昆曲艺人的惯例。从邹枢的《十美词纪》中可见，陈圆圆经常在邹枢家唱戏，使得邹枢留恋不忍离去。

冒辟疆（1611—1693），江苏如皋人。著名文学家、书法家。娶著名的秦淮八艳之一董小宛为妻。他年轻时风流倜傥，持有文人气节，称得上当朝的风流雅士。他和陈圆圆有一段刻骨铭心、失之交臂的爱情际遇。冒辟疆对陈圆圆一见倾心，陈圆圆对他一见钟情，两人上演了一场才子佳人悲情的爱情剧，终因时局突变，人事变故，两人与同结百年之好的机会擦肩而过……

冒辟疆在怀念董小宛的《影梅庵忆语》中记载对于陈圆圆的美好印象和看戏听曲令人陶醉的感受。崇祯十四年(1641)早春，冒辟疆在探亲途中，经朋友引见，终于见到了才貌出众、歌舞俱佳的陈圆圆。“此中有陈姬某，擅梨园之胜，不可不见。”陈姬某就是陈圆圆，擅长梨园(泛指戏曲)中最好听的昆曲。《影梅庵忆语》中这样描述陈圆圆的外貌与表演：“淡而韵，盈盈冉冉，衣椒茧时，背顾湘裙，真如孤鸾之烟雾，是日演弋腔红梅。以燕俗之剧，咿呀啁哳之调，乃出之陈姬身口，如云出岫，如珠在盘，令人欲仙欲死。”形容陈圆圆容貌淡雅而又风韵迷人，她的举止仪态轻盈优雅而又缓慢舒展。穿戴椒蚕衣衫，背披湘裙，远远望去如暮霭中孤单的青鸾。当日，陈圆圆出演弋阳腔的《红梅记》，本是一出较为粗狂、豪放的剧目，唱腔充斥着杂乱细碎的北戏风格，而陈圆圆的演绎完全颠覆了弋阳腔《红梅记》原先的唱腔，分明融入“秀美娇甜”的雅调，曲调如一朵朵青色的云霞从山洞里袅袅飘逸而出，又似一颗颗圆润珍珠在盘中滚动发出清脆音响，轻柔婉转，流丽悠远，行云流水。冒辟疆凝神屏气，入迷着魔，达到快要成仙成佛那一种极致的感受。原来，擅长昆曲的陈圆圆本来就以昆山“水磨腔”见长，她把弋阳腔的《红梅记》融合昆山腔元素，风格兼顾，去一点粗俗、增一分韵味，因而让第一次听曲的冒辟疆始料不及，大有耳目一新之感，更让冒辟疆五体投地，拜倒在陈圆圆的戏装之下。

陈圆圆与才识

陈圆圆不仅仅是一位色艺双绝的江南佳丽，也是一位腹有诗书的才女，提笔作词，颇得佳句，词风婉约清丽，足见陈圆圆的诗文修养，着实有动人之处。陈圆圆的词作传世不多，各种词集都少有记载，即便如此，有三首词作幸运地流传至今，读来令人别有一番感受。

第一首《荷叶杯·有所思》：“自笑愁多欢少，痴了。底事倩传，杯酒一巡时，肠九回。推不开，推不开。”“荷叶怀”是词牌名，“有所思”是词名。其作词时间为陈圆圆在青楼当歌姬的时候，描述和感慨那一种生活境遇和情感历程。开头句就流露出作为歌姬的无奈和感叹，“愁多欢少”，并不如意，但她还是痴迷于此，不能自拔。尤其是这一唱三叹，“推不开”的是什么？是梦求的爱情，是人生的厄运，还是恐怖的死亡？

第二首《转应曲·送人南还》：“堤柳，堤柳，不系东行马首，空余千缕。秋霜凝泪，思君断肠。断肠！断肠！又听催归声唤。”“转应曲”为词牌名，“送人南还”是词名。全词充满着“思君断肠”的相思之苦，这君又是谁呢？其实此君就是陈圆圆一心想托付终身的人——冒辟疆。相思之情溢于字里行间，读之令人动容。上阕写景。门前长长的杨柳堤上，没有见到冒公子骑行的高头大马，只见千余枝杨柳在空中随风飘荡。下阕写情。晨中秋霜伴随着思念冒公子的泪水，接连三个“断肠”，充满着“千古第一才女”之称的宋代女词人李清照的风格。一个痴情女子真情表白，对于心上人充满爱恋，饱受相思之苦。

明末，崇祯皇帝正面临内忧外困之局面，处于风雨飘摇之境。关外的清兵日益强盛，对于明朝虎视眈眈；关内的李自成揭竿而起，已成气候，席卷西南，染指京师。陈圆圆虽然身处江南，稍显安宁，暂避战乱。但是，倾巢之下，岂有完卵？陈圆圆很清楚自己的处境和将要来临的危险。当冒辟疆听完陈圆圆的《红梅记》时，这位才子动了心，挽留陈圆圆作彻夜长谈，陈圆圆含情脉脉，溢于言表。因冒家有急事，冒辟疆只得告别离去。临别时，陈圆圆拉着冒辟疆的衣角相约重逢佳期。半个月后，两人一起去太湖边的香雪海，观赏“冷云万顷”的梅花。陈圆圆为什么这么主动，急于私托终身呢？原来，这时明朝崇祯帝的丈人田弘遇带着一帮子人马从北京城千里迢迢奔赴江南的苏州、南京和杭州，为崇祯帝物色能说会唱且色貌俊美的江南女子，编入皇宫女乐，为崇祯皇帝取乐之用。陈圆圆得知这一消息，知道自己凭借“秦淮八艳”的声望很有可能被选中，因此就不顾世俗羁绊，大胆地主动追求起冒辟疆来，希望能早日成亲，有一个家庭，早日脱离风尘，做一个普通的女子。冒辟疆当时处境十分尴尬，一是自己已有心仪的董小宛，二是家事紧迫，其父亲处于北方流寇的包围之中，尚未脱险。在谈婚论嫁上，冒辟疆没有思想准备，他借口对陈圆圆说，放心不下母亲的安全，连夜离开了陈圆圆。可是，陈圆圆还是不离不弃。第二天早上，她化了淡妆主动去拜会冒母，要知道在当时，一个青楼女子厚着脸皮去见心上人的母亲，直接表露自己的心意，算得上惊世骇俗之举。其实，陈圆圆这样的举动，充分表现了冲破世俗、追求自由的勇气，体现了陈圆圆对于时局超于常人的洞察和预判，以及在乱世中想方设法求得明哲保身的策略和胆识。即使未能如愿，陈圆圆和冒辟疆的爱情仍旧流传百年之久，成为佳女爱才子的又一个经典。

第三首《丑奴儿令·梅落》：“满溪绿涨春将去。马踏星沙，雨打梨花，又有香风透碧纱。声声羌笛吹杨柳，月映官衙，懒赋梅花。帘里人儿学唤茶。”“丑奴儿令”为词牌名，“梅落”是词名。这首词反映了陈圆圆在云南生活的状况，表达她鲜为人知的内心世界。以早春谢落凋零的梅花为对象，描述梅花在风雨中飘落，随绿色的溪流流去，以此联想自己过往充满硝烟和坎坷的人生际遇。即使“香风透碧纱”“羌笛吹杨柳”，在“月映官衙”中有过一段暂时的平静安定的生活，刀光火影、血雨腥风也还是会随时随地降临，潜藏的危机、杀机始终未能远离。陈圆圆追求的理想生活又是一场空梦。她悲叹自己如同无数梅花中的一朵，无可奈何地伴随着春风飘落飘零。江南故乡再也无法回去了，无论是遥远的祖籍地常州、出生地昆山，还是繁华的成长地姑苏、扬名地南京……

后来，为逃避清王朝对于反清复明势力的穷追猛打，陈圆圆离弃

云南的陈圆圆墓碑

安逸富裕的生活，隐姓埋名，从南国重镇云南昆明迁徙至人迹稀罕、荒无人烟的贵州省岑巩县马家寨，开荒造地，男种女织，繁衍后代，过着一种与世隔绝、世外桃源般的生活。晚年的陈圆圆患上了一种罕见的头痛病，发作时往往痛得昏死过去，不省人事。后来病情越发严重。清康熙三十四年（1695），命运多舛的一代传奇女杰陈圆圆客死他乡，魂撒异地。

时至今日，陈圆圆依然没有远去，她的人生遭遇、传奇故事历来为史学界、文学家和地方文史提供研究的课题。以陈圆圆为题材的电影和电视剧屡屡出现在观众面前。在陈圆圆生活过的地方，社会各界为陈圆圆树碑立传、修建纪念场所。1941年5月的《苏州新报》记载《陈圆圆故居》一文："陈圆圆曾居我苏虎丘山塘街，而其旧居则在阊门城内桃花坞之红板桥头，在清代道光年间，此屋前尚有一石碑，上刻'陈圆圆故居'字样。"现在她曾经生活过的云南昆明和贵州省岑巩县等地，均建有陈圆圆纪念场所或者以她名字命名的文化园。

盆渎村口飘佳音，娄水河畔忆曲魂！集才、色、声于一身的陈圆圆，是我们昆山历史上的著名人物。她是昆山培养的，是昆曲成就的。在我们传承昆曲、振兴昆曲、弘扬昆曲的当下，陈圆圆作为一个生动而鲜活的案例，能够激励我们培养造就出更多的昆曲英才。

附：《鹿城故事》总目录

《鹿城故事1》目录

《鹿城故事2》目录

《鹿城故事3》目录

《鹿城故事4》目录

《鹿城故事5》目录

《鹿城故事6》目录

《鹿城故事7》目录

《鹿城故事8》目录

《鹿城故事9》目录

《鹿城故事10》目录

《鹿城故事11》目录

《鹿城故事12》目录

《鹿城故事13》目录

编后记

《鹿城故事14》的内容主要汇集了2021年下半年以来讲述的20篇故事文稿。为了庆祝中国共产党诞生100周年，昆山讲师挖掘了三个与昆山有关的鲜为人知的革命故事，分别是马一平先生的《蓬朗籍老红军胡昌治》、周长江先生的《诸敏将军情缘昆山六十年》、陆宜泰先生的《锦溪一家三姐弟的革命经历》，不管是聆听还是阅读这些革命事迹，都会对这些先辈肃然起敬。

在为"神舟十三号"和"神舟十四号"载人飞船先后飞入太空，而令人激动不已的时刻，张银龙先生讲述了《航天英雄费俊龙》，回顾费俊龙为了乘上"神舟六号"载人飞船而历经坎坷，不懈追求的拼搏事迹。

本辑对发生在昆山的重要历史事件进行了新一轮的挖掘，并取得了一些成果，如毛经球的《昆山稻作试验场始末》和郭志昌的《昆山传是楼兴衰纪实》，都是作者首次披露他们发现的珍贵史料，值得一读。

还有一些如周刚的《明代有个昆山籍驸马邬景和》和郑涌泉的《明初葛芝与他的昆山同人们》等故事，对这些昆山百姓还比较陌生的名人也给予了首次介绍，读来令人耳目一新。

还有一些文稿为读者提供了比较详尽的诗文资料，如马一平先生的《近代蓬朗三贤之间的友谊》和陈柏华先生的《漫话玉峰三洞》，由于内容丰富，史料翔实，可供后人赏析和研读之用。

本书仍追求图文并茂的版式，每文图片如无特别注明均由该文作者提供，特此说明。本书虽经作者和编者反复修改和校对，但肯定存有错谬，敬请指正。

编者　2022.4